日本国際フォーラム叢書

インド太平洋地経学と
米中覇権競争

国際政治における経済パワーの展開

On Indo-Pacific Geoeconomics:
Exercising Economic Power in
International Politics

【編著】寺田 貴

彩流社

はじめに

　「経済的手段を通じて政治的目的を達成しようとする国家行動」と広義に定義づけられる地経学は、国際問題を読み解く上での新しい概念です。この概念の重要性、妥当性、そして認知度が一気に高まったのは、2022年2月25日午前2時（日本時間）、北京五輪終了を待って開始されたロシアによるウクライナへの軍事侵攻でした。ロシアの侵攻に対してウクライナの軍事的防衛が展開される中、欧米などの西側諸国が取ったロシアへの対抗手段は貿易の制限やロシア通貨ルーブルの国際金融市場からの締め出しといった経済制裁でした。さらに、それに対するロシアの対抗策も天然ガスなど欧州の自国資源への依存度の高さを利用した輸出操作などが含まれており、ウクライナ戦争を通じて、安全保障問題が金融・通貨・通商などの経済分野によって左右されることが現実的に示されるなど、国際政治において経済はパワーであるという地経学の重要命題が明白になったと言えるでしょう。

　地経学の登場は、モノやカネ、ヒトの自由な動きを推進する制度や協定に象徴されるグローバリゼーションと無関係ではありません。グローバリゼーションは経済の拡大をもたらすと同時に、世界規模での格差の拡大をも助長しましたが、中国はそのグローバリゼーションの恩恵を受け、世界第2位の経済大国まで昇りつめました。その一方でグローバルレベルでの格差に苛まれる途上国の代表として、アメリカ主導のグローバリゼーション推進とその基盤となる国際経済制度へ挑戦する野心を隠さなくなりました。習近平政権が進める一帯一路構想への参画や同政権が設立したアジアインフラ投資銀行（AIIB）から得られる融資が、欧米や世銀などの国際融資機関と異なり、インフラ投資ルールに人権や環境規制を課さない点など、多くの途上国にとって、より魅力的に映っています。つまり、グローバリゼーションは中国に経済発展と政治的影響力増大という両面で大きな利点をもたらしており、それを基にアメリカとの覇権競争に挑んでいることを鑑みると、現在の米中関係の実相は「米中地経学競争」とも称せうるわけです。

本書がとりあげる米中地経学分析の対象地域は、主にインド太平洋に関するものです。ロシアによるウクライナ侵攻に欧州と共に関与し続けながらも、米バイデン政権は長期的な視点から「主戦場」は独自の経済支援と軍事戦略を絡める中国をにらんだインド太平洋地域にあることを明確にし、米中関係の現状を民主主義と全体主義の「体制間競争」であるとの認識を鮮明にしています。それは、政治体制の違いが経済力の進展に大きな影響を与え、その結果、アメリカとその同盟国を含む西側陣営は、経済成長を達成する面で不利な立場に立たされているとの共通の懸念に基づいています。特に、中国共産党の独裁体制による政策決定の迅速さや、国家予算を直接的に活動資金として用いることのできる国有企業の存在により、非民主主義や国家資本主義など中国型の「体制」が世界で多数を占める途上国に浸透していく可能性はしばしば指摘されています。さらに、先端半導体など戦略物資の軍事分野への転用が進めば、ミサイルの巡航距離が伸びたりして、軍事バランスが中国有利に傾き、世界全体の安定にも大きな影響を与えることになります。

　このような認識の下、インド太平洋において中国との覇権競争を勝ち抜くために、2022 年 5 月にバイデン政権が立ち上げたのが「インド太平洋経済枠組み（IPEF）」です。「インド太平洋」という地域概念を冠する初の多国間制度となる IPEF は、先端半導体製造のサプライチェーンの同盟国・パートナー国間での構築や、より自由なデジタル貿易ルール形成を目指しています。中国が参加しない地域経済枠組みには、かつてオバマ政権が進めた「環太平洋経済パートナーシップ協定（TPP）」がありますが、IPEF は「フレンド・ショアリング」と称して中国市場に過度に依存した状況に対応すべく参加国が脱中国経済圏創出を推進する意図を鮮明にしており、TPP に比して、より競争的、排他的、そして戦略的であり、米中によるインド太平洋地経学競争の象徴的な制度と言えます。

　その一方で、日本など 14 カ国の参加を得た IPEF ではあるものの、米印を除いたそのほとんどの国にとって中国が最大の貿易相手国であり、中国市場で利益を上げる参加国企業も多いため、経済協力や市場統合に中国を含めて進めることが望ましいとの声もビジネス界を中心に根強いのも事実です。実際、欧米で声高に叫ばれた中国経済との分断を意味する「デカップリング」という対中対応の表現は、広島 G 7 首脳宣言にあるように、中国経済への依

存低減を意味する「デリスキング」にとって代わられるなど、世界の多くの国は中国経済へ依存する現実をより反映した国際経済秩序形成を模索しつつあります。東アジアはその動きを先取りしており、2022年1月に発効した15カ国による「地域的な包括的経済連携協定（RCEP）」は、TPPなど他の自由貿易協定同様、IPEFでは扱わない関税など貿易障壁を撤廃・削減する市場アクセス分野を含み、さらに世界第2位と3位の経済大国である中国と日本の市場統合を実現するなど、東アジアでのサプライチェーン形成が中国を中心に一層進む可能性が指摘できます。

　中国との競争と協力の按排（あんばい）は、経済成長と安全保障を共に追求しなければならない多くの国にとって共通の課題となっており、日本を含む東アジアの多くの国が米主導のIPEFと中国中心のRCEPの両枠組みに参加するのはそのためです。インド太平洋地経学は、RCEPに対峙する形でのIPEFの登場を促し、かつて「開かれた地域主義」を標榜したこれまでのアジア太平洋地域概念に基づく地域協力の在り方を根本から覆す可能性も秘めるほど、重要なテーマと認識されうるでしょう。

　本書は、「経済安全保障」や「経済的威圧」、「経済制裁」や「債務の罠」、「相互依存の罠」など、米中覇権競争を形成する様々な概念の実態を分析対象としており、これらすべてを網羅する政策的かつ学問的総称として「地経学」という言葉を使っています。本書はこれらの概念に関する事例を各分野の専門家により平易に論じようとする試みであり、各章の執筆者は地経学の動きが日常生活にも大きな影響が及ぼすことを鑑み、日本の経済外交そしてインド太平洋経済秩序の行方を考える一つのヒントを提供したいとの希望から、研究成果を本書に託すことに致しました。

　日本では従来、国際政治学と国際経済学の共同研究はあまり盛んではありませんでした。しかし国家の対外政策やその特性、地域情勢を地理的側面から研究、分析すると定義づけられる地政学と異なり、経済と政治あるいは軍事的要素が交錯する地経学の分析を網羅的に行うには、政治と経済の両分野の専門家の協力が不可欠です。本書執筆陣には、そのような両学問領域間の垣根を取り払い、両者の分析アプローチを共に把握する努力を意識した、学術研究を中心に活動する大学教員、政策の現場を熟知し「リアリティチェック」の役割を果たす元官僚、政策提言を目的とした現状分析を行うシンクタ

ンカーが集いました。そしてこの新たな学術・政策分野の登場がより多くの読者層に受け入れられるよう、数式は使わず、専門用語の解説も適宜加えるなど、読みやすい工夫をして執筆を試みております。

　本書の構成内容は、インフラ投資やデジタル貿易、金融・通貨などの政策分野と、日本や英国、中国、EU のインド太平洋への関与を扱う国・地域分野の二つの内容から成り立っています。例えば本書を通じ、昨今、なぜ英国や EU がインド太平洋を称する対外政策を追求するようになったのか、それがいかに地経学思考と関係があるのかを、読者の皆様は理解頂けるのではないでしょうか。いずれにせよ、本書が日本にとって相即不離なインド太平洋情勢の行方を、現代国際問題の重要課題となった経済と安全保障が交錯する地経学の視点から考える契機になれば、望外の幸せです。

執筆者を代表して　令和5年8月

寺田　貴

目　次

第1章
地経学とは何か：国際関係論の視座から問う

寺田　貴

はじめに

　長きにわたり国際構造要因として世界各国の対外政策に大きな影響を及ぼしてきた冷戦が終結した直後の 1990 年、戦略思想家のエドワード・ルトワックは「商業の文法における対立の論理」という表現で「地経学（geo-economics）」という概念を打ち出した。冷戦後の大きな流れとして、ルトワックは国家間競争の舞台が軍事から経済へとその中心を移しつつあることに着目し、地理的な環境が国家に対して政治的、軍事的に与える影響を俯瞰したものが地政学（geo-politics）であるとし、さらに国家による研究開発の支援といった産業政策や貿易政策における関税操作などの経済的側面を付加し、地経学の概念を提唱した。それ以降、政治あるいは戦略的な目的の達成に、ある国家が経済的な手段を用いることを意味する際に、「地経学」という用語が使用されるようになる。昨今、米中覇権競争の激化やインド太平洋という新しい地域概念の進化・浸透を背景に、国家・地域安全保障と経済外交の両領域にまたがる新たな国際関係の課題を浮き彫りにする形で、地経学という概念は再び脚光を浴びるようになってきている。

　米中覇権競争時代の今日、両超大国、そして日本が位置するインド太平洋地域においては、主として経済的手段を通じて他国に影響力を行使し、自らの利益を達成する様な強制性を伴う対外経済政策の分析に関心が集中している。しかし、そこでは例えば、近年「過去最悪」と称された日韓関係や中豪関係のような個別事象の散逸的・単発的な課題を扱うことが多く、地経学の「Geo-（地理性）」の要素が抜け落ちており、元来の意味からこの点をどのように、現在のインド太平洋地域の国際関係に基づいて政策的に分析できるの

かという、包括的かつ建設的な議論は殆どなされていない。こうした背景から本章は、半ば「混乱」状態にある地経学分析の各種成果を一旦、整理し直すことを目的とする。とりわけ、経済制裁、経済強制や経済国政術（エコノミック・ステイトクラフト）等、地経学と関連する類似の諸概念との比較・検証を通じて、現実に即した形で「インド太平洋地経学」を再定義し、社会科学的に説明可能な分析枠組みであると同時に、積極的に活用すべき政府の政策手段の一形態と捉えて、本書を通読するためのガイダンスを提供する。

1. 地経学の定義と研究トレンド、問題の所在

　米国の駐印大使を務め、現在は米外交評議委員会（CFR）の上級研究員であるブラックウィルらは、2016 年に出版した地経学研究の代表作とされている *"War by Other Means: Geoeconomics and Statecraft"*（邦訳『進化する覇権戦争』2022 年）にて、地経学を「経済的な手段を用いて国益を追求し、守ること。また、地政学的に望ましい結果を生み出すこと。そして、自国の地政学的な目的に資する他国の経済活動を引き出す効果の総称」と三段階で定義している。同書は地経学的戦略を、貿易政策・投資政策・経済金融制裁・サイバー・開発援助・金融財政政策・エネルギーの 7 つに分類し、主に中国やロシアのような非民主的国家の意思決定は、その規模とスピードという二点において米国とは決定的に異なるとした上で、巻末に米国のとるべき 20 の地経学的政策提言を行なっている。同著の詳細かつ包括的な記述は国際的な議論を巻き起こしたが、特に有用な功績として国家の 4 大地経学的資質を、（1）対外投資をコントロールする能力、（2）経済規模や自国経済へのアクセス（介入度合い）や他国との経済関係における非対称性等の国内市場形態、（3）商品市況やエネルギー流通網に与える影響力、そして（4）国際金融システム（外貨準備や経済制裁）における位置関係、であると簡潔に要約し、分析の応用性に優れている点が挙げられる。実際、（1）と（2）は中国に、（3）と（4）はロシアに対して、米バイデン政権が取っている地経学方策に呼応している。

　他方、これとは異なる文脈で地経学を研究するフィンランド国際問題研究

所の研究者らによる整理によれば、先述の *"War by Other Means"* も含めて従来の研究の多くは地経学という概念に「地理的要素」を加味していないと論じており、地政学・地経学の定義上、経済的手段や軍事的能力は地理的要因ではないため、用語上の混同が生じていることを指摘している。これら地経学における「フィンランド・スクール」は、地理的条件が経済的成果を規定し、特定の場所や空間を経済力行使の対象とするという解釈前提に基づいている。その特徴は、国家以外の企業や民間人等のアクターも参加する経済相互依存的なコネクティビティ（接続性）という空間の広がりを特に重視し、その上で、従来の研究が進める軍事的手段に代替する経済的手段の戦略的行使の在り方に着目すべきだとの主張にある。

2. 地理的近接性

　国家の役割は国境で区切られた領土を排他的に支配することに基づくため、冷戦後のグローバル経済の広がりは当初、地理的距離が持つ経済的意味が失なわれるという「地理の終焉」とも称する現象が生じ、世界経済は脱領土化される時代が到来すると論じられていた。しかし、自由主義経済諸国によるリベラルな国際秩序、すなわち、国際社会における「ルールに基づく国際秩序」の確立と共に、市場経済が世界を覆うようになると、自由民主主義の下で体制を越えて人々が企業や NPO 等の多様なネットワークを介して結びつくとする「新しい中世」論の想定とは異なった事象が生じ、例えば、自由民主主義諸国と、戦略的に対抗関係にある中露などの権威主義国家との間にも経済交流が形成されるようになった。ここに安全保障問題に経済が入り込み、それを契機に政治的手段として使う国が出現することとなった

　その代表例は、習近平国家主席の下、中国が広域経済圏「一帯一路（BRI）」を通じて国際的なサプライチェーンを通じた新たな接続性の構築を目指して、基幹産業へのインフラ投資による勢力圏の拡大を図ろうとしている国家戦略である。一方、日米豪印といったアジア域内の主要経済各国は、アジア太平洋からインド洋を経て中東・アフリカに至るインド太平洋地域を法の支配に基づく自由で開かれた海洋として、国際社会の安定と繁栄を図ろうとす

る「自由で開かれたインド太平洋（FOIP）」の構築に取り組んでいる。特に、日米豪によるブルー・ドット・ネットワークは、先進国の開発ルールに基づいた透明性の高いインフラプロジェクトを認定するなど、同地域で中国が進める開発ルールとは一線を画す目的で設立されている。今や国際貿易の約8割がグローバル・バリュー・チェーン（GVC）上で行われており、ボールドウィンらが「（GVCは）国際的な生産ネットワークというよりはアジア工場、欧州工場、北米工場といったほうが適切だ」と指摘するように[2]、これまでサプライチェーンと地域経済枠組みのあり方は地理的要素や距離と貿易を巡る関係から説明されてきた[3]。こうした地理的近接性の重要性は、例えば領土係争問題では明らかであるが、比較地域主義研究の観点からも経済のグローバル化や経済相互依存との関係については、国家の利害が地理的近接性のある国々の間で起きやすく、その利害を一致させる必要性から地域統合や連携が生じるとの主張がなされている[4]。

3. 制度的近似性

　現下の米中覇権競争は、直接的な軍事衝突や貿易摩擦ではなく地域覇権を形成するための新たな支配プロセスとしての競争であり、相互排他的で、自らの勢力圏を作るために地域協力・統合へ強く関与するなどして国家間協力を推進してきている。例えば協力案件や統治ルールの設定は、米中それぞれの意向が強く反映される等、その影響力の源泉と行使の方法、その帰結については、学術的のみならず政策研究としても重要なイシューとなっている。現在、バイデン大統領が就任後から「中国による国際経済システムの基盤を損なう不公正な経済慣行や威圧的行動に対抗する必要がある」と繰り返し主張するように、日米豪などが対中交渉力を高める狙いから、重要戦略分野で国際協調路線の方向へシフトしており、地理的近接性に基づく生産ネットワークに加え、法や技術体系などの制度的近似性によって結ばれたネットワークへと、国家間の紐帯の性質が移り変わっている。

　制度的近似性とは、制度的に類似した国家群は互いに経済的な相互作用を行う傾向が高く、最終的には同等の成長レベルを達成し、国同士のスピル

オーバーも大きくなるとの特徴を意味し、実際に、空間的な相互作用やスピルオーバーは国が地理的に近いことに加えて、本質的には国の制度的特性の共有によって促進されることが例証されている。これまでも制度の「質」が貿易やサプライチェーンの参加にどのような影響を及ぼすかという研究で、法や政策運営の実効性、政治的腐敗の程度等の要素が注目されていたが、米中覇権競争時代においては、経済分野でも人権や環境といった普遍的な「共通価値」への配慮が現実的なビジネスへの圧力としてより強く求められており、新たな距離や壁を生じさせる要因にもなっている。こうした文脈では、同じ経済ルールを形成する同志国間で、制度的近似性が経済圏形成の求心力・促進要因となっていると捉えることが可能であり、具体的には、法整備支援、ソースコード開示、知的財産権保護制度、政府調達基準、許認可制度等の事例研究が挙げられるだろう。

　2022年2月に公表されたバイデン政権の『インド太平洋戦略』は、インド太平洋地域への米国の関与強化を象徴しており、同年5月、東京にて「インド太平洋経済枠組み（IPEF）」を立ち上げ、法や技術体系を巡る経済圏と同質国家の連携によるサプライチェーンの再編成（フレンド・ショアリング）の推進を目指している。地経学的に言えば、IPEFの目的は「中国外し」もしくは「脱中国市場化」であり、地理性に経済ルールを追加し、14の参加国における規制の変更を強いる可能性も指摘できる。2020年7月、これに先んじた形で日本では「骨太方針2020」において、リスクに対応できる強靭な経済社会構造の構築に向け、経済安全保障の観点から、サプライチェーンの多元化や価値観を共有する国々との物資融通のためのルール作りを進めるとの方向性をすでに打ち出している。こうした有志国または米国が称する「フレンド」の連携による抑圧的で排他的な経済の武器化への有効な対抗策または抑止力としても進められている。特に米中争覇時代においては、第一に、インド太平洋という新しい地域概念の出現、第二に、冷戦後の国際社会における「ルールに基づいた国際秩序」への挑戦及びそれがもたらす不確実性の時代への突入といった構造問題、第三に、米中両国による超大国同士の覇権競争という大局的な国際政治の潮流を、それぞれ考慮しながら、地経学の定義を発展させ、分析していく必要性が高まっている。

4. 地経学分類への試み

　以上のことを踏まえ、協力と競争という国家の利害を一致させる必要性から地理的近接性と制度的近似性、もしくは両特性を中核とした経済分野の統合や国家間連携が生じており、他国に自ら望む行動を強いる動きを意味する地経学アクションへの対抗措置としての形成過程やその手段の実証分析が可能となろう。ただし、政治制度や経済法体系など基本的な価値観を共有しない国同士の連携は破綻する可能性が高い傾向があるため、地理性と価値観を共有する国家群は必ずしも一致しない。さらに国際関係論のリベラル学派が喧伝する「経済的相互依存の深化は、当該国家間の戦争のリスクを低下させる」との命題には、必ずしも政治的関係の安定という帰結が付随する訳ではなく、深い経済関係を有しながら、例え戦争状態までいかなくとも政治的には激しく対立する現下の米中関係を筆頭に、実際には様々な例外事例が存在し、第8章で論じる「経済相互依存の罠」と称すことができる事象が発生している。また、戦後の国連を中心とした国際法体系では、武力行使を禁ずる集団安全保障体制が確立されたのに対し、経済分野ではGATT/WTOにおける多角的貿易体制の主眼が「差別的待遇を排した円滑な経済循環を通じた生活水準の向上」に置かれており、「相互依存の罠」の事例に多く見られる経済的な武力行使を規制・抑止する有効な法的手立てを確立していないため、同問題に関する研究も未発達のまま、現代国際関係論の課題として現在に至る。

　地経学アプローチには、ある国家が「軍事力ではなく経済的な手段を通じて他国に自ら望む行動を強制する行為」を含むが、一般にその目的と手段、行使条件等がある程度法制化されている「経済制裁」の研究を除き、その分析視座として「経済的強制（Economic Coercion）」、「経済の武器化（Economic Weaponization）」、「経済国政術（Economic Statecraft）」等の用語が乱立し、研究者がそれぞれの解釈で使用している状況がある。「戦略的目的のため内外の経済活動に国家が影響力を行使する」という点でこれらの概念は共通しているものの、従来の地経学分析の成果では明確な使い分けがなされないまま、個別事象の単発的分析が多数を占め、米中両超大国が覇権競争を繰り広げる

インド太平洋地域という文脈での包括的な考察を欠く、半ば混乱状態にある。

地経学分類の一覧

地経学的アクション	主な特徴	目的	対象国・制度	経済的手段
経済的強制 Economic Coercion	仕掛け側が標的に対して経済的コストを賦課	他国への要求や報復など	例）中国→星、日、比、韓、豪	輸入制限や交渉中断、人的交流制限、港湾封鎖など
経済の武器化 Economic Weaponization	経済政策の手段が侵略・威嚇等の手段として性質変化	一国による制裁措置	例）日本・韓国の様な「非対称的」相互依存ネットワーク	例）半導体製造における必須製品の輸出管理体制の見直し
経済国政術 （エコノミック・ステイトクラフト）	内外の幅広い経済活動に対して、国家が影響力を行使	産業競争力の強化等	外的要因を契機に国内制度を変更、主に対外経済政策	国家によるテコ入れ（投資規制や貿易管理、デカップリング等）

（出所）筆者作成.

（1）経済的強制（Economic Coercion）

　経済的強制には長い歴史があり、かつては古代ギリシャで採用され、以後、輸入制限や人的交流制限、港湾封鎖等、経済大国を中心に多種多様な方策により何世紀にも渡って使用されてきた。主に、国際法の分野では、「（標的の）政策や慣行、あるいは統治構造の変更を誘導するために採用される、外交や軍事とは対照的な経済的性格の措置の使用（あるいは使用するとの脅迫）」という定義が存在する。経済的強制を理解する上では、状況に応じて強制的手段に該当しうる経済活動を分類することが有効で、いずれも共通して経済的措置の対象となる国家ないしその他の主体を「標的」、こうした行動をとる国家主体を「仕掛け側」と称する。例えば、「仕掛け側」の国は、その市場や援助額、通貨など、「標的」国を凌駕する量や質を保持し、これらをコントロールすることで相手国を動かそうとするが、非対称的な経済関係が存在する時にこのような経済的強制が採られる傾向にある点である。少なくとも量的に凌駕できていないと、米中の相互関税引き上げなど報復を受ける可能性があるからだ。この非対称的状況が意図的に作られる場合は、債務の罠、経済相互依存の罠などのように、「罠」という意味合いが強くなる。人民元の基軸通貨化は覇権奪取を目指す中国にとって重要な地経学分野だが、米国と最も非対称的なのは、この通貨・金融分野である。通貨の強さはその国家

の信用度に起因することから、人民元が米ドルにとって代わるのは至難の業であり、そのため経済制裁に使われる SWIFT を避け、ブロックチェーンと連動する形で、中国は全く異なるシステム上でデジタル人民元を推進し始めている。

　他方、国際関係論では、「ある国家が他国から政策的譲歩を引き出す目的で脅迫的または実際に経済的コストを課すこと」と定義される[5]。一般に、経済的相互依存が戦争の確率を低減するという命題の前提には機会費用が存在する。機会費用とは、ある行為を選択することによって、同時には選べない別の選択肢であれば得られた可能性のある理論上の失われた利益のことを指す。経済的強制のポイントは、国家が相手にコストを発生させることができるかどうかであり、研究者たちはそれが可能な条件を特定し、仕掛け側がどの様にしてそのコストを最大化するかを主に分析している。この点、先に引いたリベラル学派では、平和的な関係を維持していれば引き続き享受できたものの、関係の悪化（究極的には戦争の勃発）によって失われる経済的利益全般を機会費用と捉え、こうした機会費用が大きいほど、ある国家が仕掛け側にまわり、経済的強制措置に訴えようとする際に一定の抑止的効果が働くと考えられてきた。

　しかし、現代の経済関係は貿易や投資、経済連携協定、開発援助等、多くの領域で複雑な相互依存関係が存在し、多様な経済的相互依存の形態、特に経済関係における非対称性は、強圧的交渉において、より依存度の高い国家が利用可能なレバレッジを生み出している。通商領域ではかつて、ハーシュマンが『国力と外国貿易の構造』の中で、強大な国家が非対称的な貿易依存関係を結び、相手国をその政治的影響下に置くため、どのように経済力を利用するか（影響力効果）を検討している。ただし、ハーシュマン自身が後年、この所謂「若い頃の著作（Jugendschrift）」を自己批判している。つまり、「国家間の非対称的な経済的相互依存が政治的パワーの源泉である」という命題もしくは影響力効果には、実のところ様々な相殺方法がある点や、必ずしも小国だけが犠牲になるわけではなく、むしろ大国の注意が他の大国との関係構築に向きがちで小国に対しては散漫になる一方、小国はその政治的・経済的資本を選択的かつ集中的にその大国とのある一つのイシューに投射できるため凝集的パワーがある、等の考察が欠落していたと批判的に述懐している[6]。

その後もこの分野では、影響力効果を過大評価することなく冷静かつ批判的に捉える見方が発表され[7]、現在では一般に、国家が経済的手段を利用して他国の政策変更を強制する余地は、実はかなり小さいと理解されている。

　上述のブラックウィル元米駐印大使は、地経学の目的に適した経済手段として、通商協定の締結とその一方的変更、投資政策やインフラ向け借款、経済・金融制裁、サイバー攻撃、経済援助、通貨・為替政策、エネルギー・資源商品の供給・販売への介入を挙げるが、特に中国こそが地経学的なアプローチに長け、地経学的な強制（geo-economic coercion）に訴えることが多いと指摘している。ただし、このような地経学に基づく外交は、その効力を発揮するための条件を醸成するために数年あるいは十年以上の時間がかかるため、最近は中国など即効性を求めるような方法を採る国が出てきた。例えば、その有り余るマネーを外国の政治家個人、大学や研究機関、出版社などにつぎ込み、自らの政治姿勢や外交政策を支持する勢力を増強したり、あるいは反対勢力を抑える手段に使ったりしている。そのようなアプローチを批判する声がイギリス、ドイツ、カナダ、ニュージーランド、オーストラリアから相次いで出され、2017年12月、米国議会も外国の世論や教育といった国内制度や国民を使った中国の影響力行使のやり方に警戒心を強める形で公聴会を開いている。全米民主主義基金（NED）は、このような中国の動きを「シャープパワー」と名づけ、その特徴として、外国の世論操作を含め、独裁国家が外国に自国の方針をのませる強引な手段を列挙している。中国によるシャープパワーの行使に関しては、あまりにそのやり方が強引で、社会に与える影響力が直接的であるため、オーストラリアのように海外からの政治献金を法律で禁止したりするなど、政府の取り組みが迅速に進むなど、経済強制へは国内法で対応するという新たな要素が加わりつつある。

（2）経済の武器化（Economic Weaponization）

　古来より用いられた経済的強制と異なり、「武器化」は比較的新しい概念である。例えば、通商政策を巡る言説が「保護主義」「安全保障」「国益」「防衛」と言った表現へシフトする中で「貿易の武器化」に焦点を当てたハーディングの研究では、武器化を「良性の道具が、侵略の手段に変わること」と定義し、トランプ政権の誕生を例に、近年は貿易関係を強圧的に活用する

国家が一層増えてきている。元々、この概念は冷戦期のロケット技術を皮切りに、核弾頭関連技術への展開を経て広く使用される様になった経緯があるが、現代においては貿易関係のみならず、情報通信や金融等の国際的な経済ネットワークも国家間で密接に繋がっていることから、経済的に非対称な相互依存関係の性質に基づき、新たな地経学ツールとして転用され得ることを示唆している。

　この非対称性に関してファレルとニューマンは、国際金融のメッセージングサービスとして機能するSWIFTやGoogle（Android OS）のクラウドコンピューティングといった情報保管施設が様々な手段を提供する一方で、グローバルインフラとしてのシステムに国際的な一極依存が生まれる状況は、敵対者に対する新たな影響力の源泉になると主張する。複雑なネットワーク構造においては、中枢へアクセス権を有する国（主として米国）のみに戦略的な影響力が与えられるとされ、非対称的力学の構図が先端技術の分野でも伺える。この戦略的影響力には、具体的には二つあり、このネットワークを武器化してテロリスト情報を入手・監視する能力としての「パノプティコン効果」と、特定の銀行をSWIFTから排除し、米ドルアクセスを拒否する等、要衝に限定して行使する「チョークポイント効果」である。後者は、ウクライナ侵攻後の対露制裁で効果的に活用されたが、米国にはインターネットは自由なものとの条理もあって必ずしも万能薬的措置とは言えず、また、乱発すると独自ネットワークの構築を目論む国の登場も招きかねない。例えば、トランプ政権下で、安全保障上の理由から米国が5G通信網から華為技術（ファーウェイ）を締め出し、他国にもその追従を要請したことや、日本が韓国に対して輸出管理の多国間枠組みを新たな「締め上げ」の手段として活用した事例が同様の考え方とされる。前者に関して、2020年に華為は「中国軍に所有か管理された企業」とトランプ政権に認定され、台湾のTSMCから米国の技術を用いて製造した5G対応の半導体供給を受けられず、スマホの世界市場占有率では19年の18%から21年には3%に急落するなど、その締め出し効果が如実に表れるケースとなった。

（3）経済国政術（ES: Economic Statecraft）

　ESは定義が最も多岐にわたる概念である。この分野の代表的研究者の

ボールドウィンは、先の経済制裁や経済的強制と区別して、より広範な手段を含む概念としてESを「金銭を単位とした市場価格と相応の類似性を持つような資源を主に用いた、国家の影響力行使の試み」と定義した[9]。その一方でESはあくまでも概念であり、その実証は困難と述べている。同様に、他の代表的な先行研究では、関税や制裁、経済安全保障の確保等の経済紛争に関する議論を扱っており、外部経済環境の劇的な変化を受けた応対としての（受動的な）旧来の経済「的」安全保障とは区別され、それらは基本的に（積極的な）対外的経済政策に限られる。また、中国のESに焦点を当てたノリスは、「国際経済活動の大部分を担う商業アクターの行動をコントロールする能力を必要とする、戦略的な目的のための国際経済活動の国家操作」と定義し[10]、中国の特徴として政治指導者が国有企業を通じてES能力を振るうという形態を指摘している。また、ウェイスとサーボンはESの特徴を、国家が産業育成を支援する一般的な産業政策や米国の地政学的な動機付けに基づく国家安全保障戦略と明確に区別し、「国政術（Statecraft）とは、国家が直面する地経学的な課題に対する認識と、その課題に正面から取り組むための一連の戦略的行動を意味する。ESには、特定された経済的ライバル国に対する国内企業の技術産業競争力及び輸出競争力向上のための具体的目標の設定や監視」といった国内的要素に力点が置かれていることにあるとしている。そのため「産業発展の戦略的イニシアティブ」とも称される[11]。

　伝統的なES研究においては、商業的な機会を奪うだけでなく、最先端技術へのアクセスを奪う可能性がある意味で冷戦期にはハイテク技術のみがその一翼を担っていた。しかし、技術革新が国家の影響力に繋がる現代の主要国間の対立を説明するためには、少なくとも経済制裁を越えて、汎用的な情報技術進化とデータの管理を含む広範な技術的要素を考慮に入れる必要が出てくる。この観点から、「米国は、最低でも20年間というスパンで中国との覇権争いに突入したと認識」しており、仮に過渡的な対中売上の落ち込みを強いられても、米国はハイテク分野で中国に対する競争優位を維持する可能性も指摘されている[12]。現に中国を「21世紀で最大の地政学的試練」としたブリンケン国務長官の最初の外交演説では、「技術での主導権確保」を優先課題として掲げ、「同盟国やパートナーとともに先端技術の行動を形成し、悪用に対するガードレール確立」の方針を示している。そのため2021年4、5

月に開かれた日米、米韓首脳会談では、半導体を含む先端分野のサプライチェーンを巡る連携を基に、同盟・友好国と公正な半導体の配分、生産増、投資拡大への関与を強化することに合意、この動きはその後、さらに関与国を拡大する形で半導体製造の対中包囲網形成につながっている。その代表例は、米国が 2022 年 10 月 7 日より着手した対中半導体規制の導入と、その規制の一部を半導体技術・製造装置市場で有力企業を抱える日蘭両国に取り入れさせたことである。同じような対中包囲網的な動きは G7 や IPEF にも広がりつつあり、米国を中心とした「フレンド」間での経済同盟国網が重層的に構築されることが予想される。

おわりに：「インド太平洋地経学」が提供する視座

本章では「経済的強制」、「経済の武器化」そして「経済国政術」を代表的な地経学的行動として、その定義及び分析射程を政策的効果やその対策の観点から整理した。しかし、いずれの地経学行動も地経学定義に望ましい「Geo-（地理性）」の要素が抜け落ちており、インド太平洋地域の現代国際関係の分析に適しているとは言い難い。本章では、中国が貿易や投資のネットワーク形成における「地理的近接性」に基づいた地経学行動を取っている一方、米国は法体系や政治制度の近似性を持つ国同士の連携である「制度的近似性」を重視していることから、この３つの地経学行動の議論は、米中地経学競争を視野に、これらの２つの属性を加味した形でさらに進める必要性を強調した。特に、イエレン財務長官が述べたように、アメリカは規範と価値観を共有する「多数の信頼できる国・地域にサプライチェーンを整備するフレンド・ショアリング」を目指しており、中国も BRICS の再強化や RCEP を利用した東アジア市場統合の深化に乗り出す可能性も否定できない。米国の参加しない CPTPP（環太平洋パートナーシップに関する包括的及び先進的な協定）への中国による加盟申請もこの文脈で理解できよう。インド太平洋地経学の動きは米中によるルール統一や市場統合による経済圏構築を「主戦」とした方向に進むことになり、地経学の政策的、学術的な精緻化とそのケーススタディの蓄積が求められる。

　この中で、日本にとっての IPEF の重要性は TPP そして RCEP からそれぞれ脱退した米国とインドが参加している点だ。両国は FOIP そして QUAD という「日本ブランド」の外交構想の中心的な国であり、中国の経済的台頭に対応（対立ではない）する意味では、中国が参加しない IPEF でのみ、日本が印米という大国と協働できる。また TPP で日米が当初、共に進めようとしたデジタル貿易ルールの形成や、コロナ禍で大きな問題となった医薬品供給のサプライチェーン再構築の課題は、他の国際協定では扱っていない喫緊の課題であることも、日本にとっての IPEF の意義を高めている。

　ただし、日本の輸出にとって中国市場が依然として極めて重要であることに変わりはない。その両国市場の統合を成し遂げようとするのが RCEP である。例えば、日本の工業製品の約 8% だけが無関税であったが、RCEP 発効後はその割合が最終的に 86% へと大幅に上がるなど、実質上の日中 FTA としての機能を持つ。つまり IPEF または政府補助金による投資の誘致などの動きがなければ、RCEP により日本の対中市場依存度は高まるばかりであり、中国に相互依存の罠を仕掛ける機会を提供することになりかねない。つまり RCEP が中国中心の、IPEF がアメリカ中心の経済圏構築の基盤となる可能性を考慮すれば、両国経済との結びつきが重要な日本を含むアジア諸国にとって、IPEF の設立は RCEP とのバランスを取るという観点からも最善の道筋と言えよう。このバランスが崩れる可能性があるとすれば、中国の CPTPP 加盟であろう。ただし、そのためには中国は強制労働や児童労働を禁じるなど CPTPP の既存ルールの踏襲と 90% 以上の関税撤廃率確保という条件をクリアする必要があり、さらに日豪政府が一貫して主張するように、経済的強制や威圧を慎むことも重要な条件となる。これらの条件を完全にクリアするのであれば、中国は多くの国にとって経済安保の脅威とみなされない可能性が出てくるため、中国の CPTPP 参加は日本にとって望ましいであろう。

〔註〕

（1）Sören Scholvin and Mikael Wigell "Geoeconomics as concept and practice in international relations: Surveying the state of the art," *FIIA Working Paper*, (April 2018), pp. 102.

（2） Richard Baldwin and Javier Lopez-Gonzalez "Supply-Chain trade: A portrait of global patterns and several testable hypotheses," NBER Working paper 18957, *National Bureau of Economic Research*, April 2013.

（3） 実際、戦後の国際経済秩序の形成及びそれに伴うグローバル化の進行にも関わらず、2000年代後半でも距離と貿易の相互関係は高止まりしていることが経済学の研究でも指摘されており、「距離のパズル（Distance puzzle）」と称されている。

（4） Andrew Moravcsik *The Choice for Europe: Social Purpose and State Power From Rome to Maastricht,* Ithaca, NY: Cornell University Press, 1998; Tanja A. Börzel & Thomas Risse "Grand theories of integration and the challenges of comparative regionalism," *Journal of European Public Policy*, 26:8, 2019, pp. 1231-1252.

（5） Elena V. McLean, T*he Oxford Handbook of International Political Economy*, Oxford Academic, May 2021.

（6） Albert O. Hirschman, *National Power and the Structure of Foreign Trade,* University of California Press, 2018 (Originally published 1945).; Idem, "Beyond Asymmetry: Notes on Myself as a Young Man and Other Old Friends," *International Organization, 32* (1), 1978, pp. 45–50.

（7） R. Harrison Wagner, "Economic interdependence, bargaining power, and political influence," *International Organization*, 42(3), 1988, pp. 461-483.

（8） Henry Farrell and Abraham L. Newman, "Weaponized Interdependence: How Global Economic Networks Shape State Coercion" *International Security*, 44 (1), 2019, pp. 42–79.; *Idem, The Uses and Abuses of Weaponized Interdependence,* Brookings Institution, 2021.

（9） David A. Baldwin, *Economic Statecraft,* Princeton University Press, 2020 (Originally published 1985).

（10） William J. Norris, *Chinese Economics Statecraft: Commercial Actors, Grand Strategy, and State Control,* Cornell University Press, 2016.

（11） Elizabeth Thurbon and Linda Weiss, "Economic statecraft at the frontier: Korea's drive for intelligent robotics," *Review of International Political Economy, 28*(1), 2019, pp. 103-127.; Linda Weiss and Elizabeth Thurbon "Developmental State or Economic Statecraft? Where, Why and How the Difference Matters," *New Political Economy*, 26(3), 2020, pp. 472-489.

（12） 國分俊史『エコノミック・ステイトクラフト：経済安全保障の戦い』日本経済新聞出版、2020年、pp. 32。

第2章
「自由で開かれたインド太平洋」戦略とは何か

兼原信克

1．中国の台頭と自由主義的国際秩序への挑戦

（1）中国の現状（status quo）への挑戦

　自由主義的国際秩序にとって、今世紀前半、最大の挑戦は中国の台頭である。西側は対中戦略を誤った。1976年に毛沢東が死に、中国政治に極端なイデオロギー性が薄れ、鄧小平が西側に門戸を開いたとき、多くの国が中国は「いつか私たちのようになる」と信じた。しかし、ちょうどその時、ソ連を中心とした共産圏が崩壊した。恐怖した鄧小平は、進歩派の胡耀邦総書記と趙紫陽総書記を解任した。89年、憤死した胡耀邦を偲んで天安門に集まった学生たちは人民解放軍に虐殺された。それでも鄧小平は中国の改革開放を推し進めた。しかし、それは日本の攘夷開国に似て、近代化による富国強兵を進める手段にすぎず、共産党独裁という金科玉条は決して譲らないという頑なな決意が裏に秘められていた。

　今、慣例を破って第3期目に突入し、一強支配ともいうべき個人独裁に舵を切った習近平国家主席の下で、中国は古色蒼然としたイデオロギー的傾斜を強め、西側との対決姿勢を強めている。腐敗に塗れた金権政治が蔓延し、豊かさの中で共産党の支配が弛緩する中で、廃れていく共産主義イデオロギーを補完するために、「中華5000年の栄光」といった狭隘な漢人ナショナリズムを煽り、過去の屈辱の歴史の清算をバネとして、少なくともアジアにおいて米国を追い落とす覇権国家となることを国家目標としている。自由や良心と言った人類を導く哲学や理念を持たない習近平の野望は、ジャングルの掟しか理解できない。それは強硬な領土と勢力圏の拡張主義につながる。

　既に、中国の国内総生産は米国の75％に達する。核弾頭は米国の試算で

は2035年までに1500発を数える勢いである。中国海軍の規模は既に米海軍を抜いた。中国は、自らを頂点に戴く勢力圏、即ち「天下」の再構築という復古主義的な野望に取り憑かれているように見える。中国の規模感からして、習近平の対外政策は、自由主義社会にとって戦略的挑戦である。中国との大国間競争に勝利することが、西側が支える自由主義的な国際秩序が地球的規模で確立されうるかどうかを決することになる。

　残念ながら、中国は、その近代国家の成り立ちからして、自由主義的な政治思想を知らない。明治初めに日本が開国したとき、日本は議会政治が確立しつつあったベルエポックの欧州を見た。四民平等の欧州や米国を見て憧れた。そして早くも1889年に近代的な大日本帝国憲法を書き、1890年には帝国議会を開設して総選挙を実施し、二大政党制からなる大正デモクラシーへと進んだ。1930年の満州事変以降の軍の暴走はあったが、日本の議会政治は呼吸を続けていた。

　ところが、中国では、明治の御代が終わった1912年にようやく清朝の命運が尽きた。その後の中国は、軍閥割拠、国民党、共産党といった三つ巴の内乱と日本との戦乱に明け暮れた。その頃、中国が範を取ろうとした欧州では、第一次世界大戦後の混乱の後に生まれたナチズム、ファシズム、共産主義といった全体主義が全盛を極めていた。そして1949年、中国全土を制圧した毛沢東は、スターリンのロシアに範を取り、マルクス・レーニン主義を掲げた全体主義国家の中華人民共和国を建設した。中国の共産化は、共産党軍による全土征服、国民に銃口を突きつけた共産革命と表裏一体であり、自由主義、民主主義が入り込む余地はなかった。中国の指導者は、未だに自由や、民主主義という言葉の本当の意味を知らない。

　中国が変わるには時間がかかる。特に、習近平はウクライナに攻め込んだプーチン露大統領と同じ裸の力の信奉者である。狭隘なマルクス主義の教義にこだわり、イデオロギー用語を操れても、愛や良心と言った民主主義国家を支える土台となっている倫理感情を理解できない。自由主義的な社会の本質が理解できないのである。

　だが、遠い将来であっても、半世紀後、あるいは、一世紀後、いつか必ず多様化した価値観を持つ中国人が数多く登場し、私たちの考え方に近づいてくるであろう。もともと皇帝は仁を具現するべきであり、天命に背く暴虐な

王は誅殺してよいという孔子、孟子の国である。しかし、それまでの間、西側の自由主義的な価値観を敵視し、共産党一党支配に執着したまま強大化し、一方的な拡張主義に転じた中国にどうやって臨めばよいのか。西側は、これまで通り強い立場から中国に関与し続けることができるのか。日米同盟はどうやって台湾戦争を抑止するのか。今、西側の大戦略が問われている。

（2）西側の団結と「自由で開かれたインド太平洋」

　先に述べたように中国は、既に米国の75％の国内総生産を誇る。第二次世界大戦中のナチスドイツでさえ米国の3割程度だった。当時の日本はそれよりもはるかに小さかった。しかし、中国では、既に都市化の完遂、それに伴う少子高齢化が始まっており、早晩、労働人口も縮小に転じる。国力のピークアウトは近い。中国が米欧日韓豪印などの西側全体の軍事力、経済力を抜く日は決して来ない。西側が団結していることが、中国との勢力均衡を西側に有利に維持するために必要不可欠である。中国共産党は弱者の言うことは聞かない。その指導者たちは西側の団結を全力で分断にかかるであろう。まず狙われるのはアジアから遠い欧州である。西側諸国としては、逆に地球的規模での勢力均衡を西側に優位に保つことだけが、中国に関与（engage）する前提条件である。

　安倍総理は、2016年、ケニアで開催されたTICADで「自由で開かれたインド太平洋戦略」を打ち出した。この戦略・構想は、瞬く間に米国、欧州、アセアン諸国の共感を呼び、世界中に広まった[1]。それは19世紀に大西洋から始まった自由主義的な国際秩序が、20世紀後半には環太平洋地域に広がり、そして今世紀にはインド洋にまで広がり、地球的規模に拡大していくことを予言するものであった。安倍構想の起源は、アルジェリアのテロ事件で急遽ジャカルタから帰郷されたために未実施に終わった幻のジャカルタ演説（2013年[2]）、そして、第一次安倍政権下のインド国会訪問の際に行われインド国会の熱狂的な支持を受けた「二つの海の交わり」演説（2007年[3]）に遡る。

　そこでの新しい主人公はインドであった。1962年にインドを侵略した中国との対峙に悩んでいたインドは、米中、日中国交正常化の反動として、非同盟主義を掲げつつも最新兵器を求めてロシアに接近していた。トランプ前政権以来、米中対立が本格化するにつれて、賢明なインドはゆっくりと軸足を

西側に移し替えようとしていた。そこでインドの手を思い切り引いたのが安倍総理であった。ガンジーが産み、ネルーが育てた根っからの民主主義国家である。サティヤグラハ（愛と真実）、アヒンサー（非暴力）を唱えるガンジーが産んだインドは、本来、価値観を同じくする西側と共に自由主義的国際秩序を支える主力の大国であるべきである。安倍総理の呼びかけにモディ首相は熱く答えた。もうすぐインドは中国の人口を抜く。既に日本の国内総生産の半分に迫っている。10年後には日本の経済規模を駆け足で抜き去っていく。インドの平均年齢は中国より10歳若い。日本の平均年齢より20歳も若い。最後の超大国インドと西側の戦略的連携は必然であった。

2022年2月のプーチン大統領のウクライナ侵略と言う愚かな決断は、トランプ大統領の「アメリカファースト」、英国の「ブレグジット」でガタガタになっていた西側の結束を再度実現した。西側の団結の前に、厳しい経済制裁を受け、ウクライナとの消耗戦に持ち込まれたロシアの国力は凋落の一途である。ロシアは、いかに不承不承とはいえ、19世紀以来一貫して見下してきた中国のジュニアパートナーとして中国に接近せざるを得ない。中露接近は、インドにとって、1950年代後半の中露（ソ）対立及び1962年の中国の対印侵略以来、対中牽制のパートナーとして頼りにしてきたロシアに依存することが難しくなったことを意味する。インドもまた、ロシアと決別はできないまでも、立ち位置の重心をロシアから西側に静かにずらすことを余儀なくされているのである。

もとより非同盟主義、多極主義を唱えるインドが、西側との戦略的連携を越えて、例えば日米同盟と軍事的連携に入ることは難しい。しかし、自由主義的国際秩序は、本来、多極的なものである。「自由で開かれたインド太平洋」構想は、外交戦略上のネットワーキング、フレイムワーキングのための構想であり、北大西洋条約機構（NATO）のような軍事機構ではない。だからこそ、その裏付けとして、QUAD（日米豪印）、AUKUS（米英豪）、北朝鮮抑止のための日米韓、ASEAN諸国との戦略的・軍事的連携といったミルフィーユ状の努力が必要になる。

また、2022年、岸田総理は、バイデン大統領の計らいで、韓国の尹大統領や豪州、NZの首脳と共に、マドリードで開催されたNATO首脳会合に初めて招かれた。それはNATOが同年、新戦略概念で中国を初めて「体制上の

挑戦」(systemic challenge) と位置付けたことと無縁ではない。太平洋側の米国の主要同盟国あるいは友好国である日本、韓国、豪州、NZ が、世界経済の中で米国と並ぶ巨躯を誇り、世界最強の軍事機構である NATO を抱える欧州諸国と連携することは、西側の団結のために不可欠である。

　欧州の人々は特に人権問題に対する感度が高い。チベット、ウィグルでの人権弾圧は欧州人の中国のイメージを変えた。習近平氏が香港返還協定で約束したはずの一国二制度を踏み躙り、香港の自由を吹き消したとき、英国をはじめとする欧州諸国は大きなショックを受けた。対中経済進出一辺倒だったドイツが対中警戒心を示しはじめ、また、ソ連のくびきに苦しめられたバルト三国、チェコ、スロバキアなどの東欧諸国には独裁色を強めて少数民族の人権を弾圧する中国に強い反発が出始めている。

　現在、プーチン大統領のウクライナ侵略に忙殺される欧州であるが、ユーラシア大陸の両端を抑える日本と欧州諸国が、大陸の東端、西端でバラバラに動くのではなく、一枚の戦略的概観図を共有する時代がきているのである。

(3) 自由主義的国際秩序のグローバルサウスへの拡大と日本の責任

　今、私たちが享受し、中国の挑戦から守ろうとしている自由主義的な国際秩序は、その成立まで数百年を要したことを忘れるべきではない。人類が一つの共同体になるには、13 世紀のチンギスハーンの騎馬兵によるユーラシア大陸制覇、豊かなアジアとの交易を求めた15 世紀の大航海時代における欧州人の世界雄飛、産業革命以降の欧米日諸国による地球分割を経ねばならなかった。その間、人類は、流血、革命、戦争、独裁、人種差別、植民地支配、奴隷的労働搾取などの多くの過ちを犯してきた。それが地球的規模で正され、今日、私たちが住む自由主義的国際秩序が地球的規模で姿を現し始めたのは、ようやく 20 世紀末のことである。

　19 世紀中葉には、流石に大西洋で猖獗を極めた残酷な奴隷貿易は否定された。20 世紀に入ると、産業革命によって巨大な国力を手に入れた国々が、二度にわたる世界的規模の大戦争を戦い、ようやく戦争が禁止された。20 世紀後半に入ると、50 年代、60 年代にアジア、アフリカの植民地が大挙して独立して、英仏蘭西及びポルトガルが16 世紀以来先導してきた大植民地帝国時代の幕を引いた。

同じころ、アメリカで公民権運動が澎湃と沸き起こり、制度的な人種差別が引き倒された。欧州諸国や豪州はその後を追った。最後まで頑強に変化を拒んだ南アフリカのアパルトヘイトも、不屈のネルソン・マンデラたちの闘士によって終焉を迎えた。

　そして、80年代から、東欧諸国ではロシアのイデオロギー的くびきから逃れようとする動きが出始めた。同じころ、アジアでは、独立後、手っ取り早い富国強兵を目指して独裁化していた新興独立国家の多くが、次々と民主化へと舵を切り始めた。フィリピン、韓国、台湾、一部のASEANの国々である。そして91年に、米国と半世紀にわたる冷戦を構えたソ連邦が内側から崩壊し、20世紀中盤までイデオロギー的な猛威を振るった共産主義思想が一気に退潮した。そうして歴史の終焉が語られ（フランシス・フクヤマ）、地球的規模での自由主義的国際秩序の成立が語られ始めたのである。

　今日、この自由主義的国際秩序が、グローバルサウスを含めて地球的規模でどんどん拡大するのか、それとも縮小に転じるのかが問われている。特にアジアは、今世紀中に、人口とGDPの双方で世界の6割を占めると言われている。アジアの国々は、欧米日がこれまで創り上げてきた自由主義的国際秩序に参画するであろうか。それとも背を向けるであろうか。

　アジアの国から唯一、欧米の国々に並んで先発の工業国となり、19世紀の末から議会制民主主義の導入に奮闘してきた日本は、自由と独立を奪われて差別され搾取されたアジア人の悔しさと、同時に、四民平等、自由と平等といった自由主義思想への強い憧れの双方を理解することができる。そして、民主主義制度が花開くには、その土台に成熟した道徳哲学や宗教哲学が必要であり、アジアの人々が儒教、仏教、ヒンズー教などを通じて育んできた温かい心が欧米の普遍的価値観の根底にある自由や愛の精神と同じものであり、その温かい心を生む良心は、全ての人類に共通のものだということを、自らの経験に基づいて語ることができる。

　グローバルサウスの国々は、先進工業国家と全く異なる道を歩んできた。民主主義と自然科学と産業技術が人々の生活をよりよく変えていった19世紀は、欧州の国々にとってまさに「光の世紀」だった。しかし、それは帝国主義を掲げた欧州列強が地球分割を終えた世紀であり、誇り高いアジアやアフリカの国々にとって、屈辱と隷従を敷いられた世紀であった。私たちは、

アジアやアフリカの国々の人々と自由主義社会の生成に関する共通の世界史を持たなければならない。そうして西側の国々もまた、民族自決と人種差別撤廃に賛同し、多様性こそが価値であると信じていることを理解してもらわなくてはならない。

西側の国々には、宗主国であったことを思い出させるような上から目線で、自分たちの人権や民主主義を押し付けることを止めてもらう必要がある。対等なパートナーとしてグローバルサウスの国々と向き合い、まだまだ経済発展の方に関心が強く、また、民族国家（nation-state）、工業国家、民主国家建設という昆虫の変態のような全面的な社会改造に取り組まねばならない彼らの苦労を理解せねばならない。西側諸国の自由も民主主義も一日にしてなったものではないのである。

日本は今世紀、国際政治の主人公の一人として、普遍的な価値観と自由主義的国際秩序のグローバルサウスへの拡大、特に、アジアへの拡大に取り組むことが求められている。だからこそ安倍晋三首相の「自由で開かれたインド太平洋」構想や、麻生太郎外相（後の首相）の「自由と繁栄の弧」構想などが、この 20 年、次々と打ち出されてきているのである。それは今世紀の日本の役割であり責任である。

（4）地経学（geoeconomics）の登場と経済安全保障

西側諸国が結束してその優位を保つためには、持続的な経済発展による世界経済への貢献が欠かせない。市場経済と自由貿易は、世界経済の発展に大きく貢献してきた。2020 年の通商白書によれば、世界の GDP は多角的開放的自由貿易が制度化され、また、アジア、アフリカの国々が独立を果たした 1960 年前後から 2019 年までに約 60 倍の規模に成長している[5]。80 年代からは途上国の工業化と猛追が始まる。1990 年には、日米英仏独伊加の G7 は世界 GDP の 3 分の 2 を占めていたが、2018 年では既に半分を切っている。これに対して新興国の中国、ロシア、インド、インドネシア、メキシコ、ブラジル、トルコ（E7）の 7 カ国は、1990 年では世界 GDP の 1 割に満たなかったが、2018 年には 3 割近くを占めるようになった。その半分は急成長した中国が占めている。先に述べたようにインドは日本の経済規模の半分に迫り、ASEAN が既に日本の 75％を占める経済規模に成長している。両者は、後

10年で日本を抜き去ると予測されている。

　特に、冷戦終結と共産圏消失後の世界経済の発展は、自由貿易と自由な投資が大きく貢献している。世界貿易額は1990年で約10兆ドルであったが、2019年には38.8兆ドルを記録している。世界GDPにおける貿易の比率は1990年の30％から2019年の45.2％に増大している。世界直接投資残高は1990年に比して2018年に約14倍に拡大している。その多くが単なる合併買収ではなく、外国に子会社を設立して雇用を創出するグリーンフィールド投資であった。

　市場経済と自由貿易は、先進国の経済成長に貢献するだけではなく、マーケットの論理に従って富をグローバルサウスに再分配しているのである。そこには世界貿易機関（WTO）や様々な経済連携協定などの貿易円滑化措置の発展が大きな役割を果たしている。日本は、第二次安倍政権以来、米国が離脱した後の環太平洋経済連携協定（TPP）締結に尽力し、米欧諸国不在の地域的な包括的経済連携協定（RCEP）締結に際して出来るだけ質の高い自由貿易制度の構築に努め、また、米国がトランプ大統領の下で「アメリカファースト」を掲げはじめた時、それに逆らうようにしてメガ自由貿易圏の創設に努めてきた。その最たる例が、日EU経済連携協定である。日本とEUを足した経済圏は、米国市場に匹敵する巨大なものとなる。日本がメガ自由貿易圏の構築に、このような世界的なリーダーシップを取ったのはこれらが初めてである。

　しかし、2011年の東日本大震災、コロナ禍による世界各地での工場閉鎖は、世界中に毛細血管のように張り巡らされたサプライチェーンを寸断し、自由貿易体制がマーケットの外側から加わる衝撃に対して、いかに薄弱なものかを白日の下に晒した。

　冷戦末期から、マーケット（市場経済）こそ神の見えざる手によって優れた資源配分を実現するのであって、愚かな政府が手を引けば世界経済は発展し平和になるかのような新自由主義的な言説が流行った。冷戦終結と東欧共産圏の消失は、ますますその確信を強めた。しかし、マーケットは万能ではなかった。それは戦争、自然災害、パンデミックのような巨大な厄災から守る広い意味での安全保障という土台があって初めて万全に機能するのである。安全保障というしっかりした花壇があってこそ、経済的繁栄という巨輪の花

が咲くのである。

　2021年のロンドンサミットでは、著者も参加した経済強靱性に関するG7パネルが、サプライチェーンの強靱性に関する提言「コーンウォールコンセンサス」を提出している。また、パネルによる詳細な報告書も提出された。そこではマーケットの脆弱性とマーケットを脅かす様々な原因に対して、西側諸国のサプライチェーンを強靱化するべきことが謳われている。

　このG7パネルの議論では、地経学的なリスクも取り上げられた。自由貿易は、世界の公共財であり、最適な資源配分を実現し、消費者の生活を豊かにし、グローバルサウスに対する直接投資と言う形で技術を移転させ、富を拡散させる。

　しかし、中国のように、共産党独裁体制と言う異質な政治体制を取っている経済大国が、自由貿易をもっぱら自国の利益のためだけに利用し、他国の技術を模倣し或いは盗み、国有企業に巨額の補助金をつぎ込み、廉価な労働力で競争力のある製品を大量生産し、世界市場を席巻することを国策とすれば、自由貿易体制は大きく歪曲され、棄損する。

　のみならず、中国は、自由貿易制度がもたらす経済的相互依存を武器化して、自らの政治的主張や領土的主張を押し通すようになってきた。この2千年紀の間、中国皇帝にとって、特に明朝の皇帝にとって、貿易とは朝貢国家に与えられる一方的な恩恵であった。皇帝が不快に思えば、当然、貿易は遮断される。そして中国共産党にとって、自由貿易とは、中国の利益を利己的に追求する道具に過ぎない。中国に逆らう国があれば、当然、経済的相互依存は武器化される。

　日本との関係でも、2010年、ミンシンリョウ事件（尖閣近辺で泥酔した中国人船長が海上保安庁巡視船に体当たりして逮捕された事件）での中国による対日レアアース禁輸は、対中相互依存関係は、経済規模のより大きな中国によって容易に武器化されるリスクを内包するものだという教訓を残した。また、台湾代表部をヴィリニュスに受け入れたリトアニアは対中貿易を拒否された。まさに現代に海禁政策（朝貢国家以外に貿易を拒否する政策）の明朝がよみがえったかのようである。

　現在、レアアースなど重要鉱物資源は、中国が独占的、寡占的地位を追求する姿勢をあらわにしている。これらの希少な重要鉱物資源は、充電池など、

これからのグリーンテクノロジーや軍事技術に不可欠な戦略資源である。西側としては、これに対抗するために協調する必要が語られ始めた。日本では、2022年、岸田内閣で成立した経済安保法制の一環として特定重要資源のサプライチェーンの強化に関する法律が定められ、2023年、日米間では、重要鉱物資源サプライチェーン強化協定が結ばれて、日米間の協力が定められた[7]。

　昨今、注目を集めているのが半導体である。先に述べたコーンウォールG7サミットのパネル報告書においても、中台戦争が世界の半導体の供給に及ぼす影響が取り上げられたことは注目に値する。半導体には二つの次元の異なる問題がある。

　一つは、先進半導体が現在の戦場における勝敗を決定する情報技術の要であるということである。最先端半導体を作るための技術は米英蘭日のような先進国にある。米国は、自国の技術が中国に流出することを恐怖しはじめ、米国製の技術を用いた半導体の対中輸出を禁じた。日蘭の企業も追随しているようである。中国は7ナノ以下と言われる軍事転用可能な最先端半導体製造の技術を持たない。最先端半導体の供給を断たれたファーウェイの5G事業とスマホ製造は壊滅した。今日、最先端半導体は、戦争の帰趨を左右する戦略物資であり、戦時法規が定める禁制品のように、平時から自由貿易の例外のように扱われ始めている。まさに台湾のTSMCのモーリス・チャン氏が述べたように、最先端半導体に関する限り、「自由貿易も、グローバリゼーションも死んだ」のである。

　もう一つは、世界の半導体製造がファウンドリーと呼ばれる中台韓の受託生産者に偏っていることである。特に、台湾のTSMCは半導体市場の半分以上を占める。もし中台戦争が起きれば、台湾は中国に海上封鎖されるであろう。中国もまた、西側諸国の制裁対象になる。中国と台湾から世界の半導体市場に対する供給は途絶するであろう。

　そのため日本をはじめ、多くの国が、巨費を投じて半導体製造拠点のリショアリング、フレンドショアリングに踏み切り始めた。米国はアリゾナ州へ、日本は熊本県へ、台湾のTSMCの工場誘致に動いている。韓国のサムソンやSKも対米進出でTSMCに追随している。逆に、中国もまた、半導体の内製化に向けて巨費を投じるようになっている。有事には西側の半導体の対中供給がストップすると考えているのであろう。

　なお、米国のチップス法は、外国企業が米国に半導体製造工場を作れば、3割程度の補助金を与える。その補助金を受け取った外国企業は、向こう10年間の対中投資を禁止される。それは事実上、これらの外国企業に対して中国国内での半導体開発や製造を断念させるに等しい厳しい措置である。

（5）台湾戦争の抑止

　中国が大規模な武力紛争を起こし、世界経済に大混乱を引き起こす唯一の危険は、台湾併合戦争である。西側諸国は団結して、台湾戦争の勃発を抑止する必要がある。台湾戦争を台湾や西側が起こすことはあり得ない。台湾戦争は、習近平が開戦を決意した時に始まる。習近平は、鄧小平を越え、毛沢東を抜くことを個人的な野望としている。しかし、彼には今のところ大きな業績もカリスマもない。深い道徳哲学を持たず、権力闘争に長けただけの凡庸な指導者であり、世界史に名を遺す逸材ではない。その習近平が、中国正史に残そうとしているトロフィーが台湾併合なのである。

　しかし、天才政治家、李登輝総統の下で見事に民主化し、自由の島となった台湾の人々は独裁中国への併合など望まない。とすれば習近平の結論は武力併合しかない。独裁国家である中国では、言い訳は何とでも捏造できる。「台湾に独立志向勢力がある」とか、「日米両国が台湾独立勢力を支援している」と言えば良い。その主張を正当化するために、強力な中国共産党の中央宣伝部や中央統一戦線工作部が、認知戦部隊を大動員して、大量のフェイクニュースを世界中にばら撒くであろう。

　しかし、台湾人の自由人としてのアイデンティティは本物である。今や殆どの台湾人が「私は台湾人です」と言い切る。かつてのように「台湾人であり、中国人です」と言う人はいなくなった。「共産主義的中国人」という人工のアイデンティティ創出に失敗した中国共産党は、ウィグル、チベット、内蒙古の少数民族統合に苦しみ、激しい人権弾圧を伴う強制的同化政策に踏み切っている。他民族の共産国家が成功した例はない。ソ連もユーゴスラビアも分裂した。台湾人の新しいアイデンティティは、既に輝（ひび）の入りつつある共産中国という人工国家崩壊の序曲となりえる。何が何でも潰さねばならないであろう。

　中国人民解放軍が巨躯を揺するようになった今日、台湾戦争を物理的に抑

止することは容易ではない。北西太平洋にはNATOのような軍事機構はない。日韓豪比タイという脅威認識も異なる5カ国だけが米国の太平洋同盟網を構成する。その実態はNATOに比して悲しいほど弱い。

　中国が台湾に侵攻すれば、台湾を中心として東シナ海、南シナ海全体が戦場となる。中国が心血を注いできたA2AD（接近阻止領域拒否）戦略は、多数のミサイルと爆撃機により米空母機動部隊を第一列島線（沖縄・台湾・フィリピン）に近づけさせない。米国は、日本にスタンドインする在日米軍（海兵隊、陸軍、空軍）の機動的攻撃と、太平洋のはるか遠方にスタンドアウトする米空母機動部隊からのミサイル、爆撃機などの兵力投射によって、中国軍の台湾への着上陸作戦の阻止に全力を挙げるであろう。

　それは日本の先島諸島近辺海域はもとより、東シナ海において米軍の航空優勢、海上優勢が確保されえず、日本が台湾同様、裸の前線国家となることを意味する。日本は、自らの防衛予算をせめてNATO並みのGDP比2%に引き上げ、今、全く不足している弾薬、部品などの足腰の強靭さを確保し、同時に、大きく出遅れているサイバー、宇宙、電磁波、無人攻撃機などの新分野に注力するべきである。2022年12月に岸田政権によって発表された国家安保戦略、国家防衛戦略、防衛力整備計画は、大きくその一歩を踏み出した。

　しかし、本当に台湾戦争を抑止したいのであれば、米国に台湾防衛の「曖昧政策」を捨て、台湾に核の傘を被せるよう言うべきである。習近平が台湾戦争に踏み切る瞬間には、経済制裁も、国際世論も、中国軍を止めることができない。最後の瞬間に、怒涛の様に動き出そうとする中国軍を止めることができるのは軍事力だけである。米国が核の傘を台湾に被せなければ、中国は、「米国は台湾問題で核のエスカレーションに踏み切る決意がない」と見切って、域内で優位な通常兵力での勝負に出るであろう。

　実際、米国は、今のところ台湾戦争を核の次元で抑止することは想定していない。米中間の戦略核の撃ち合いのリスクを最大限避けることを優先しているのである。それは、取りも直さず習近平にとって台湾戦争の敷居が低い、つまり、通常兵器での戦争ならば台湾併合は可能かもしれないということを示唆している。

　曖昧政策は、米国の抑止力を既存しているのである。米国国務省は、依然

として曖昧政策に固執しているようである。それはますます大きな危険を呼び寄せつつあるのではないか。昨年来、バイデン大統領は、折に触れ、国務省の曖昧政策を離れ、中国が台湾に侵攻すれば米国は「介入する」と明言するようになった。

　10年後、20年後、中国が核兵器を数千発保持するようになれば、米露間のような透明性と最低限の信頼を確保した相互確証破壊が成立し、米中関係は冷戦中の米露関係のような緊張感の高い、しかし、安定した冷たい平和の時代に入らねばならない。その時は、台湾に核の傘を被せねばならない。軍備管理軍縮における最大の眼目は、透明性の確保と相互信頼である。とすれば、核対峙の下での曖昧政策は非常に危険である。

　先に述べたように、日本は台湾戦争においては、台湾同様の「前線国家」となる。たとえ米軍が勝利しても、日本という国が壊滅的打撃を被ることは避けねばならない。台湾戦争は、勝たねばならないが、それ以前に始めさせてはならないのである。抑止を万全にするのであれば、核抑止と通常戦力の双方を含めた議論が必要である。曖昧政策の放棄は、米中が全面的な核対峙の時代に入る前に、日本が米国に申し入れするべきであろう。

　現在、日米同盟の抑止力の最大の脆弱性は、日本が反撃力として中距離ミサイルを多数保有していないことである。米国は、最近までトランプ大統領が脱退した米露 INF 条約に阻まれて、地上発射の中距離ミサイルを保有してこなかった。日本もまた、短距離ミサイルしか保有してこなかった。このミサイルギャップは、日米同盟の抑止力という巨大な壁に入った大きな輝のようなものである。敵はこちらの最も脆弱なところから狙ってくる。日米同盟による抑止力は、このミサイルギャップから崩れ始めるかもしれない。日本が独自の本格的反撃力保持に直ちに進まなければ、習近平は、台湾戦開戦と同時に、日本本土の攻撃を躊躇しないであろう。

２．日本の価値観外交に魂を入れる

（1）一つの人類共同体の基盤をなす倫理感情とその普遍性
　冷戦終結後、敗戦国となりながら西側主要国として復権を果たした日本が、

経済面のみならず、軍事面でも国際社会に貢献するべきだという「国際貢献」論が論じられるようになった。今世紀に入ると、第一次安倍政権下の麻生太郎外務大臣（後に総理大臣）の「自由と繁栄の孤」や、第二次安倍政権での安倍晋三総理による「自由で開かれたインド太平洋」構想が次々と打ち出され、価値観の外交が主張されるようになった。

　価値観の外交は、冷戦時代には不可能であった。国内が分裂していたからである。敗戦と同時に占領国の厳しい非軍事化政策に晒され、冷戦開始以来、国内において東側陣営の全体主義的な思潮と西側陣営の自由主義的な思潮が激しくぶつかり合い、55 年体制と呼ばれる国内冷戦構造が定着した。政府および与党・自由民主党は吉田茂、岸信介、中曽根康弘、橋本龍太郎、小渕恵三、小泉純一郎、安倍晋三、麻生太郎等の歴代首相の優れた指導力で「西側の一員」としての立場を貫いてきたが、国会が保革真っ二つに割れた。与党の自民党と第一野党の社会党が、各々東西陣営を代弁している状況では、国民的コンセンサスのある価値観外交を打ち出していくことは難しかった。キッシンジャー博士は、名著『国際秩序』の中で冷戦中の日本について、「法的には西側の一員だったが、実際には冷戦のイデオロギー闘争には参画しなかった」と喝破している。鵺のような国だったと言っているのである。

　冷戦の終了は、日本社会党の凋落を招き、日本外交に西側の一員として更に大きく舵を切る余地を与えた。それが、日本が自由や平等や民主主義や法の支配と言った価値観外交に踏み出した一つの大きな理由である。野党に主張が近い一部のメディアは「日本は価値観を云々するような国ではない」と社説に書いたが、冷戦の重圧から解放された国民の共感を得ることはなかった。

　国際社会においても、冷戦時代の価値観による国際社会の分断が終わり、人類社会が一つの共同体であるとの認識が広がってきた。グローバルサウスがますます力をつけてきており、最早、先進国の価値観を押し付けることは不可能になってきた。リーマンショックのような大規模金融危機や、パンデミックがもたらしたサプライチェーンの寸断がもたらす痛みは、世界経済がマーケットの力によって加速度的に一体化していることを示した。さらに、年々、激しさを増す異常気象は、地球環境問題に全人類が真剣に協力して取り組まねばならないことを教えてくれる。

　何よりも情報技術の進展が、人類は一つの種族であり、基本的な価値観を共有することが可能であることを教えてくれる。言葉の要らない画像や動画がインスタグラムやフェイスブックによって世界中に拡散する。見たこともない人がアップロードした写真に数万、数十万の人たちが「いいね」を押している。その画像は、母鳥が雛鳥を狙う蛇に立ち向かう姿であったり、河にはまっておぼれる小象を大勢の大人の象たちが力を合わせて救出する姿であったりする。

　多くの心温まる画像と無数の「いいね」が、人間のもつ基本的な倫理感情が同じものであることを教えてくれる。それは2300年前に孟子が「惻隠之情」とか、あるいは「不忍之心」と呼んだものと変わらない。「惻隠之情」とは、他人の子供でも井戸に転げ落ちそうになれば、傍に駆けつけて抱きしめる優しさのことを言う。それは人間に固有の倫理感情であり、誰もが持っているものである。儒教の最高価値は「仁」である。孔子は論語の中で「仁」とは何かと問われ、「人を愛することだ（仁是愛人）」と答えている。その教えは、イエス・キリストの説いた「愛」や仏陀との説いた「悟り」と変わらない。仏陀は悟りの中身を決して言葉で説明しようとされなかったが、仏滅後5世紀を経て、大乗仏教徒はそれを「大悲」と名付けた。それは日本人が大切にしてきた「温かい心」と同じものである。

　人は弱い生き物である。だから依存性を本能の一部としており、群れを成して生き延びようとする。他の群生動物と同様に、強力なリーダーが選ばれ、リーダーのもとに権力が集まり、序列が定まる。リーダーは、外敵を排除し、共同体の掟を守らせ、人々の善意の暮らしを守る。人々は、自らの家族を単位にまとまり、強く正しいリーダーに自発的に従う。その姿は象やオオカミやイルカのような他の群性の動物と何ら変わらない。それは単なる力と隷従の結果ではない。「共に生き延びる」という群れとしての生存本能から噴き出す優しさが、そうさせるのである。だから人は「誰も見捨てない。置いて行かない」という包摂的な共同体を作る。弱者が守られる。

　今ようやく、人類は、人類社会、地球社会という共同体の成立を、リアリティを持って語ることができる。このような考え方が、その基盤となる。それは、仏教や儒教によって倫理感情を磨いてきた日本人にとって、また、天災の数多いこの島国で数千年間、力を合わせて生き延びてきた日本人にとっ

て、ごく自然に受け入れられる考え方である。

（2）良心──法を生み出す知的議論の出発点

　普遍的な価値観を外交の主軸の一に据えた日本は、自由や、平等や、民主主義や、法の支配が、本当に自らが普遍的と信じる価値観なのか、自分自身、深く納得する必要がある。

　価値観の問題を論じるとき、その出発点が大切である。議論の出発点を間違えると魔にはまる。宗教戦争に代表的にみられるように、人は考え方の違いを理由にして大規模な相互殺戮を繰り返してきた唯一の動物である。私たちは、生存のために共同体を作っているのであって、その逆ではない。そこを誤ると人は平気で人を殺せるようになる。

　軍国主義時代の日本もまた、「国体」護持を叫びつつ世界中を敵に回して戦争し、国家を崩壊させて三百万同胞の命を奪った。「国体」とは天皇制のことであった。しかし、賢明な昭和天皇は東條英機首相に対して日米開戦回避の御優諚を下されていたはずである。ならば、日本を破滅させた「国体」とは何だったのか。その正体を未だに日本人は知らない。おそらく近代化初期に噴出するナショナリズムだったのであろう。近代ナショナリズムは近代化と民族国家（あるいは国民国家）形成初期に出てくる一過性の激しいエネルギーであり、永続的な価値観にはなり得ない。議論の原点を誤ると人は狂い、大量の死を招く。日本人が決して忘れてはならない太平洋戦争の教訓である。

　世界戦争だけではない。20世紀前半、福祉国家成立以前の激しい社会格差是正の要求は、穏健な議会制民主主義を批判し、急進的にあるいは暴力的に社会を改造しようとする全体主義勢力を生んだ。それは、共産主義を生み、ナチス（国家社会主義ドイツ労働者党）を生み、ファシズムを生み、日本の青年将校を政治化させた。全体主義の残した爪痕は深い。ヒトラーは600万のユダヤ人をジェノサイド（大量虐殺）し、スターリンはホロドモールで数百万のウクライナ人を餓死に追いやり、毛沢東は大躍進および文化大革命で数千万の命を奪い、ポルポトのジェノサイドは数百万の命を奪った。独裁者の過酷な仕打ちによって、百万、千万単位の無辜の人命が失われた。誰も彼らの名を覚えていない。ただ歴史の闇の果てに流れ去ったのである。

　議論の原点は、常に個人の良心に置かれねばならない。自分以外に真の拠りどころはない。キリストは「神の国は汝の衷心にあり」と述べ、仏陀は「己の中に押し流されない島を作れ（自灯明法灯明）」と教えた。「自分は人間として正しいことをしているのか」という問いは、人が人として生きるために、常に自分自身に問い続けなくてはならない問いである。

　人間の良心は、傷ついたもの、弱いものをいたわる感情を生む。それが愛であり、仁であり、慈悲であり、優しい包摂的な社会を作るために与えられた根源的な倫理感情である。良心はそれを覗き見る窓である。あるいはそれを汲み出す泉である。困難や絶望の淵にある人が、愛や慈悲が噴き出す自らの根源に触れたとき、「光を見た」、「神を見た」、「仏を見た」というのである。そこを基点として共同体を構想することが正しい議論の組み立て方である。

（3）自由主義的国際秩序の構成原理

　人間一人ひとりが平等であり、人間は須らく生まれながらにして良心を与えられており、愛を与えられている。だから、人間は、公の議論を通じて、他者に対する優しさを忘れず、自らの良心に従って発言し、全ての構成員の生存のために共同体を構想する。それが自由主義である。自由主義社会は、善意の暮らしをするものは守られるという信頼を基盤として成立している。

　もとより、裸の力が共同体の骨であり、金と富がその肉であり血液である。しかしそれだけでは人間の共同体は成立しない。共同体をまとめ上げているのは、人々が自分と自分の家族の生存を確保するために、自らが属する共同体に与える信頼である。

　共同体のリーダーはその信頼にこたえねばならない。共同体はリーダーのためにあるのではない。リーダーもまた、共同体を維持するための一つの道具に過ぎない。政府も同様である。暴虐なリーダーは排除してよい。2300年前、孟子は民意こそ天意であり、天意に逆らうものは滅びるのであって、暴虐な王は誅殺してかまわないとさえ述べた。この真理は、フランス革命の思想に酷似する。人間の真実は古今東西不変である。

　今日の時点で、地球に生きる多くの人々が納得する人類共同体の構成原理とは次のようなものである。

　1、この世に生まれきた者は、誰もみな自由であり、等しく尊厳を持って

いる。肌の色、人種、性別、障害の有無、門地、政治信条、宗教は、いかなる意味でも差別の理由にならない。

　２、なぜなら人はみな良心を持っているからであり、己の良心を通じてのみ愛という名の神を見るからである。良心があるから人は包摂的な社会を作ることができる。共に困難を乗り越えて生き延びることができる。それが自己実現である。自由とは良心に基づく自己実現のことである。

　３、人の社会があるところ必ず法がある。共同体を規律する法が生まれる。法は紙に書かれる前から存在しており、外界の変化に合わせて変化する。その内容は、自由な人々の公の議論を通じて確定され、常に改変されていく。意見の違い、立場の違いは必ずある。しかし、人に愛が与えられている限り、人は同じ方向を向き、法を生み、また、作り変えることができる。

　４、巨大な近代国家の法は、自由に選ばれることによって人々を代表する議会において定められる。議会は、人々の一般意志を確認し、立法する。その法は政府を縛る。政府は人々の暮らしを守る道具に過ぎないからである。政府の過ちは、独立した司法府が正すことが出来る。

　このような考え方は、今の日本人にはすとんと腹に落ちる。このような考え方が地球的規模で広まってきたのは、つい最近の話である。このような考え方を構成原理とする国際社会を「自由主義的国際秩序」と呼ぶ。あるいは、「ルールに基づく国際共同体」と呼ぶ。どちらも同じことを指している。21世紀に、国際政治を指導する立場に立った日本は、自らの信じる価値観について、魂の底を凝視して確認することが求められている。

〔註〕
（１）TICAD VI 開会に当たって・安倍晋三日本国総理大臣基調演説（2016 年 8 月 27 日）。
　　　https://www.mofa.go.jp/mofaj/afr/af2/page4_002268.html
（２）安倍総理大臣演説「開かれた，海の恵み─日本外交の新たな 5 原則─」（2013 年 1 月
　　　18 日）。https://www.mofa.go.jp/mofaj/press/enzetsu/25/abe_0118j.html
（３）インド国会における安倍総理大臣演説（2007 年 8 月 22 日）。
　　　https://www.mofa.go.jp/mofaj/press/enzetsu/19/eabe_0822.html
（４）NATO「戦略概念 2022」（2022 年 6 月 29 日）。
　　　ttps://www.nato.int/nato_static_fl2014/assets/pdf/2022/6/pdf/290622-strategic-concept.pdf

（5） 経済産業省「2020 年版通商白書：第 2 節グローバリゼーションによる世界経済の発展」。https://www.meti.go.jp/report/tsuhaku2020/2020honbun/i2220000.html

（6） 経済の強靭性に関する G7 パネル「主要政策提言」。
https://www.mofa.go.jp/files/100200091.pdf

（7） 日米重要鉱物資源サプライチェーン強化協定。
https://www.meti.go.jp/press/2022/03/20230328007/20230328007-j.pdf

第3章
「一帯一路」構想と発展途上国の過剰債務

河合正弘

はじめに

　世界の発展途上諸国は、1970年代から2000年代末の時期にかけて、3波にわたる過剰債務問題を経験した。主要先進諸国を中心とするパリクラブなどの債権国団は、債務国の問題解決のために、公的対外債務の返済繰り延べや債務削減などの債務再編措置で対応してきた。発展途上諸国は、2010年以降、第4波の過剰債務問題に面している。

　第4波の過剰債務問題がそれまでと異なる点は、中国が主要な債権国となり、主として中国から融資を受けた低開発国を中心に対外債務への脆弱性が高まっていることである。中国は、2013年に発表した「一帯一路」構想の下で、インフラ支援のための途上国向け融資を短期間のうちに大幅に拡大させた。「一帯一路」事業は、途上国の経済発展に貢献してきた一方、米欧諸国から、借り手国に過剰債務をもたらし、「債務の罠」を生み出してきたと批判されている。「債務の罠」とは、ある国が中国など特定の債権国から過大な借り入れを行う（そして、しばしば返済に行き詰まる）結果、当該債権国に対して政治・経済的な自律性を失う状況に追い込まれる事態を指す。

　G20財務大臣・中央銀行総裁会議は、2020年からの新型コロナウイルスの感染拡大を受けて、低開発国を始めとする途上国経済が疲弊し対外債務の返済が難しくなったとして、公的対外債務の返済猶予や債務削減などの救済措置を講じてきた。実際、対外債務返済ができずデフォルトに陥る途上国が次々に現れている。米欧諸国は、中国が「債務の罠」を作りだしているだけでなく、その融資実態が不透明で、債務脆弱性の高い途上国に対する救済措置にも消極的だとして批判してきた。

本章では、中国による途上国融資がなぜ過剰債務や「債務の罠」をもたらすのか、近年の中国による途上国向け融資の実態をどう評価すべきか、G20主導の債務救済措置は有効に機能してきたのか、先進国、中国、途上国にはそれぞれどのような対応が求められるのか——について考察する。とりわけ、中国が「地経学」的な観点から戦略的・意図的に途上国の「債務の罠」を作り出してきたとは断定できないものの、独自の開発金融体制の下で、十分な審査なしに短期間の間に巨額の融資を行ってきたことが過剰債務を生み出し、それが結果的に「債務の罠」につながった可能性が高いことを指摘する。[2]

1. 発展途上国の過剰債務問題

(1) 途上国の過剰債務問題の「3つの波」

　発展途上諸国は、1970年代以降、3波におよぶ広範な過剰債務問題を経験し、そのすべてにおいて金融危機に見舞われてきた（Kose, Nagle, Ohnsorge, and Sugawara 2021）。過剰債務問題とは、ある国が持続的に経常収支赤字を作り出して対外借り入れを続け、対外債務を累積させる結果、各種の望ましくない経済的な困難が生じることを指す。とくに対外債務が過大な水準にまで増大すると、債権者は債務国のデフォルト・リスクを懸念して追加の貸付けに慎重になり、当該国への資金流入を停止したり貸付金利を引き上げたりする可能性がある。また、債務国が十分な外貨準備を持っていない場合、利子・元本返済の支払いや借り換えの困難に直面したり、為替レートが大幅に下落したりして金融危機・債務危機に見舞われることがある。

　過剰債務問題の第1波は1970年代から1980年代にかけて中南米やサブサハラ・アフリカ地域で起き、第2波は1990年代から2000年代初にかけてメキシコ、東アジア諸国、ブラジル、アルゼンチンなどで見られた。第3波は2000年代を通じて中東欧やバルト諸国で起き、世界金融危機で顕在化した。これらの過剰債務問題の中でも、途上国政府による公的対外債務の拡大が引き起こした第1波の解決のためには、パリクラブ加盟国政府、国際金融機関、民間債権者などによる債務返済の繰り延べ（リスケジュール）や債務削減などの救済措置が必要とされた。第2波以降は、債務者、債権

者ともに公的部門の役割が低下し、民間部門の役割が増加した。とくに途上国の民間部門（銀行、企業）による対外借入れが拡大し、途上国政府がそれを保証する（したがって公的債務と見なされる）ケースが増えた。途上国の公的部門が対外借入れを行う場合でも、債権者側が民間銀行から債券投資家へと多様化してきた。民間債権者が少数の大銀行に限られる場合には、公的債務危機の解決は比較的容易だが、多数の債券投資家に分散されると、問題解決は難しくなり、かつ長期化する傾向にある。

（2）過剰債務問題の「第4波」

　過剰債務問題の第4波は、2010年以来、多くの途上国が対外債務を積み上げてきたことで進行中である。その背景として、米国が世界金融危機を契機に低金利政策をとったため、途上国側が経済発展のための投資、特にインフラ投資の資金調達の目的で対外借り入れを拡大させたことが挙げられる。また、2020年以降は、新型コロナウイルスの感染拡大による経済危機に対応するため、拡張的な財政政策を採用し、対外債務を含む公的債務を拡大させた。その一方、観光など対面サービスに依存してきた途上国の中には、輸出の低迷で対外債務の返済に困難をきたすものがあらわれた。さらに2022年には、ロシアのウクライナ侵攻を受けて、世界的にエネルギー・食料価格が高騰し、加えて、米国FRBによる急激な金利引き上げにより、債務返済に困難をきたす途上国が増えている。

　図1は世界銀行の『国際債務統計』に基づく発展途上国の対外債務状況を示したものである。図1Aから、途上国全体（低・中所得国[3]）の対外債務が、2000年代後半から急速に拡大し、2021年まつで9兆3000億ドルに上っていることがわかる[4]。最近時点における対外債務の構成では、公共・公的保証（PPG）債務は全体の40％以下であり、民間債権者への非保証（民間PNG）債務と短期債務が全体の60％近くを占めるようになっている。PPG債務の時間的な動きを見ると、多国間機関に対する多国間PPG債務は微増しているが、二国間機関に対する二国間PPG債務は長期にわたり低位で安定的に推移している。2000年代後半以降は、PPG債務の大半が民間債権者への公的保証（民間PPG）債務になっている。

図1：発展途上国の対外債務の推移、1990-2021年

1A. 低・中所得国の対外債務とその構成（十億ドル） 1B. 低開発国の対外債務とその構成（十億ドル）

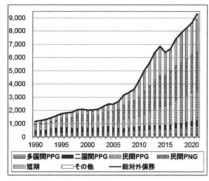 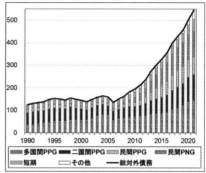

PNG ＝ 民間非保証（private nonguaranteed）、PPG ＝ 公共・公的保証（public and publicly guaranteed）。
注：対外債務は、世界に対する対外債務総額（External debt stocks, total〔DOD, current US$〕）を指す。低・中所得国の定義については本文の註（3）を、低開発国の定義については本文の註（1）をそれぞれ参照のこと。
出所：World Bank, International Debt Statistics（2022）より筆者作成。
https://databank.worldbank.org/source/international-debt-statistics#

　図1Bは、低開発国の対外債務の推移を示したものだが、その全般的なトレンドと債務の構成は、図1Aに示された途上国の全体像と比べてかなり異なっている。第1に、低開発国の債務は1990年代前半から2000年代央まで増加しておらず、急激な拡大を始めたのは2010年前後である。第2に、低開発国の対外債務の大半がPPG債務でありかつ時間とともに増大しており、その中でも多国間・二国間PPG債務が大きく、民間PPG債務がそれに続いている。民間PNG債務と短期債務は、他の発展途上国と同様、時間の経過とともに累増しているが、債務総額の大宗を占めるほどにはなっていない。
　世界銀行は、債務に対して脆弱な発展途上73か国に焦点を当てて、[5]対外債務の返済状況や返済可能性の状態をモニターしているが、このうち9か国がすでに「対外債務危機の状態」にあり、30か国が「対外債務危機のリスクが高い」と判断されている。対外債務問題を抱える国の大半がサブサハラ・アフリカ諸国であり、それに大洋州、中南米諸国が続いている。

（3）「債権大国」中国の登場

　発展途上国の対外債務統計をみると、中国が最大の二国間債権国として台頭していることがわかる。図2は、発展途上国がどの主要債権国・機関に対する対外債務を負っているかのデータを時系列的にプロットしたものである。主要債権国・機関としては、先進3か国、パリクラブ（主要債権国会議）、世界銀行、中国が示されている。パリクラブは、加盟22か国の債権総額を意味する[6]。世界銀行は国際復興開発銀行（IBRD）と国際開発協会（IDA）の融資残高の合計である[7]。

図2：発展途上国に対する主要債権国・機関、1990-2021年

2A. 低・中所得国に対する主要債権国（十億ドル）　　2B. 低開発国に対する主要債権国（十億ドル）

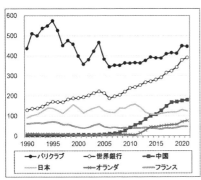 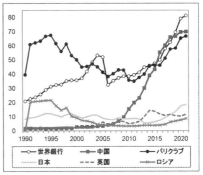

注：各国の対外債務総額（External debt stocks, total〔DOD, current US$〕）のうち、世界銀行と主要債権国に対する債務額を示す。パリクラブとはパリクラブ加盟22カ国に対する対外債務の総計。
出所：World Bank, *International Debt Statistics*（2022）より筆者作成。
https://databank.worldbank.org/source/international-debt-statistics#

　途上国全体（低・中所得国）の対外債務額を債権国・機関別に示す図2Aによれば、パリクラブ債権総額が一貫して最大の規模で推移しており、1995年にピークに達した後、数次の債権カットを経て低下し、2000年代後半から回復を始めたが、2021年の水準は95年のピークに届いていない。それに続くのが世界銀行による融資残高であり、2006年の債権カットで低下した後、一貫して上昇を続けている。日本は1990年代前半から世界最大の債権国になったが、その後は伸びず、2010年代央に中国にとって替わられた。中国は

2000年代後半から途上国向け融資を拡大させ、21年には1,800億ドルに上る債権を保有して、単独の国としては世界最大の債権大国になった。

　低開発国に対しては（図2B）、2000年代央からパリクラブ加盟国による債権総額と世界銀行による融資残高がほぼ拮抗して増大していた。しかし、中国が2000年代後半から債権額を急拡大させ、短期間で日本の債権額を上回っただけでなく、2010年代後半にはパリクラブ加盟国の債権総額を上回り、世界銀行の融資残高と並ぶようになった。2021年の債権額は世界銀行が810億ドル、中国が700億ドル、パリクラブ加盟国が670億ドルとなっている（日本は中国に次ぐ第2位の二国間債権国として190億ドルの低開発国向け債権を保有）。このことは、途上国（とりわけ低開発国）の過剰債務問題を解決するためには、パリクラブ加盟国だけでは限界があり、中国の積極的な関与が欠かせなくなったことを意味する。

2．中国の「一帯一路」構想と途上国インフラ融資

（1）「一帯一路」沿線国と事業の拡大

　中国政府は、2013年に「一帯一路」構想を発表し、対途上国融資を拡大させることになった。中国の対途上国融資は、この時点で始まったわけではなく、すでに対外投資を奨励する「走出去」戦略の一環として打ち出されていた。「走出去」戦略の中心は、中国企業による対外直接投資の促進にあったが、対外経済援助・経済協力や海外建設工事の請負なども含んでいた。従来の対外貿易と「引進来」（外資導入）に「走出去」（海外進出）を加えることで、経済の対外開放・国際化をさらに深化させることを試みた。「一帯一路」構想は、それをさらに後押しするものだと言える。

　「一帯一路」構想の参加国（「沿線国」とも呼ばれる）は爆発的に拡大した。参加国は当初、アジアと欧州を結ぶユーラシア地域を中心に64か国（中国を除く）とされたが、現在ではアフリカや中南米まで含む約150か国にまで拡大している（Nedopil 2022）。ただし、これら諸国のすべてが中国から融資を受けているわけではなく、2008‐21年の期間に2大政府系金融機関（中国国家開発銀行〔開銀〕と中国輸出入銀行〔輸銀〕）から融資コミットメン

トを受けたことのある国は 99 か国である（Global Development Policy Center, Boston University 2023）。

　「一帯一路」事業への資金供給機関としては、国有商業銀行（全体の約半分）、開銀（全体の約四分の一）、輸銀（全体の四分の一以下）、シルクロード基金、アジアインフラ投資銀行（AIIB）、新開発銀行（BRICS 開発銀行）などが挙げられる。このうち、後者の 3 つの基金・国際開発銀行の役割は限られている[8]。

　ボストン大学の世界開発政策センターのデータによれば、中国の開銀と輸銀による海外開発融資は 2008 年以降、件数・金額ともに拡大して 2016 年にピークに達し、その後は急速に縮小している（縮小の理由については次節で述べる）。21 年までの累積件数は 1,099 件、累積金額は 4,980 億ドルに上る。これを世界銀行のデータに基づく図 2A の 2021 年の途上国の対中国債務額 1,800 億ドルと比較すると極めて大きい。過去の融資に対する返済が始まっているケースがあると考えられ、かつコミットされた融資が必ずしも実行されたとは限らないので、実際の債務残高は 4,980 億ドルよりも低いであろうが、ボストン大のデータは、世界銀行の統計が途上国の対中国債務のすべてを捉えているとは言い難いことを示唆する。実際、ロシア、ベネズエラ、イランの対中国債務は、世界銀行の統計では報告されていないが（そもそもベネズエラの統計自体が世界銀行の統計には含まれていない）、ボストン大のデータでは極めて大きな金額に上っている[9]。

　同データによれば、累積開発件数として多いのは輸送、電力、電気通信、行政などであり、累積開発金額として大きいのは、資源・エネルギー、輸送、電力、行政となっている。資源・エネルギー部門の一件当たりの開発金額が大きいといえる。地域別の累積件数として多いのはアフリカ、アジアであり、累積金額が大きいのはアジア、中南米、アフリカとなっている。また、主要国別の累積件数が多いのはアンゴラ、スリランカ、ラオス、ケニア、カザフスタンであり、累積金額が大きいのはロシア、ベネズエラ、アンゴラ、ブラジル、イラン、パキスタンとされる。

（2）「一帯一路」事業の評価
中国によるインフラ支援のための途上国向け融資は、インフラ開発資金を必

要とする途上国の経済発展に貢献し、多くの途上国によってプラスの評価を受けてきた。その一方、「一帯一路」事業には様々な問題があることも指摘されてきた。

　河合（2020）は「一帯一路」事業の問題点として、以下の点を挙げている：

- 中国は「一帯一路」事業を通じて、インフラ融資の受け入れ国の利益（雇用機会の拡大、地場企業への発注、技術・ノウハウの現地移転、環境保全など）でなく、自国の経済的な利益（中国の国有企業による事業の受注、中国からの建設機器・資材の輸出、本国からの中国人労働者の動員など）を優先する傾向がある。
- 中国の途上国向けインフラ融資においては、データや融資契約の透明性が確保されておらず、借り入れ国の腐敗が助長されやすく、かつ対外債務の実態が十分示されていない。
- 中国の途上国向けインフラ融資においては、借り入れ国の債務返済能力や各プロジェクトの経済性・採算性やリスクを十分考慮することなく、融資の決定を行うことが多く、その結果、途上国に過剰債務をもたらすケースが多い。
- 借り入れ国が債務返済に行き詰まった場合、中国は独自かつ個別に対応し、他の債権国と協調して借入れ国の債務問題解決のための共同行動をとる傾向にない。とくに、債務の繰り延べや新規融資の供与などと引き換えに、プロジェクトの対象であるインフラ施設の管理権や資源開発権益などを手に入れたり、相手国の政策や外交に圧力をかけたりすることがある（「債務の罠」）。
- 中国当局が非経済的（たとえば政治的・戦略的・軍事的）な関心からインフラ融資を行っているのではないかという疑念がもたれている。たとえば、不透明なかたちでインフラ融資を行うことで自らの権威主義的な統治モデルを輸出したり、世界各地で鉄道や港湾などのインフラ整備を行うことで戦略的・軍事的な足掛かりをつくって事実上の「勢力圏」を形成したりすることで、現行の国際秩序を再編しようとするなどの疑念がある[10]。
- 「一帯一路」事業では、インフラ・プロジェクトの結果や効果を評価するための透明性の高い枠組みが存在していない。

　これらの問題に対して、中国もそれなりの対応をとってきた。とくに、習近平国家主席は、2019年4月の第2回「『一帯一路』国際協力サミットフォーラム」での演説で、「質の高い『一帯一路』協力」の重要性を訴えた。[11]中国指導部の質の高いインフラ・プロジェクトをめざす姿勢が、実際のプロジェクトの現場にどこまで反映されるようになっているかは必ずしも明らかでないが、その浸透には時間がかかるものと思われる。

3.「一帯一路」構想と過剰債務

（1）中国の途上国向け融資残高の拡大

　既にみたように、世界銀行の統計によれば、発展途上国の中国に対する債務額は2021年に1,800億ドルに上っている。途上国の対中債務額のGNI比と対世界債務比（対世界債務に占める対中債務のシェア）を所得別、地域別にみると、対中債務の近年の増加は一部のグループ（低所得国や低開発国、サブサハラ・アフリカ地域）に集中的に現れていることがわかる。

　すなわち、対中債務額のGNI比を所得別にみると、低開発国ないし低所得国が対中債務を拡大させており、直近では5-6%の水準にある。地域別にみると、サブサハラ・アフリカの対中債務のGNI比が突出して高く、近年では4.5%程度に達している。途上国の対中債務額の対世界債務シェアを所得別にみると、低開発国と低所得国が対中債務に依存しており、それぞれ14%、10%と高い。地域別にみると、サブサハラ・アフリカ地域の対中債務の対世界債務のシェアが10%以上と高い。

　表1は、世界銀行の統計に基づき、2021年の時点で、途上国の対中債務額（GNI比）が大きい上位25か国をリストアップしたものである。同時に、対中債務額、対中債務の対世界債務比、対世界債務のGNI比、対外債務危機のリスクの評価も示している。この表から、16か国がGNIの1割を超える額を中国から借り入れており（アジアでは、モルディブ、ラオス、モンゴル、キルギス、サモア、トンガ、バヌアツ、カンボジア、タジキスタン）、ジブチは実にGNIの44%、アンゴラとモルディブはGNIの30%以上、ラオスなど7か国がGNIの20%以上の対中債務を抱えている。また、対世界債務に

占める対中債務のシェアが30％を超えている国が9か国あり、うちトンガは50％、ジブチは45％という高い値を示している。対外債務危機のリスク評価によれば、大半の国が既に債務危機の状態にあるか、債務危機のリスクが高いとされる。中国は対外債務危機が既に顕在化している国や債務危機リスクの高い国に対して債権を抱えているといえる。

表1：発展途上国の対中国債務：GNI比でみた上位25か国、2021年

	対中国債務			対世界債務	対外債務危機のリスク
	億米ドル	GNI比（％）	対世界債務比（％）	GNI比（％）	
ジブチ	14.4	44.0	45.1	97.7	高
アンゴラ	220.1	32.9	32.7	100.7	--
モルディブ	14.0	31.7	36.5	86.8	高
ラオス	52.3	29.5	30.4	97.2	高
コンゴ共和国	24.0	24.2	34.4	70.5	債務危機
モンゴル	31.2	23.9	9.2	260.7	--
キルギス	18.0	23.0	19.8	115.8	中
サモア	1.6	20.8	36.3	57.3	高
トンガ	1.1	20.3	50.3	36.7	高
ザンビア	38.5	20.0	16.0	124.7	債務危機
バヌアツ	2.0	19.3	38.1	50.6	中
カンボジア	40.5	15.9	20.2	78.4	低
モンテネグロ	8.7	14.6	8.2	177.9	--
モザンビーク	18.6	11.8	3.0	398.6	債務危機
ギニア	15.4	11.0	32.8	33.6	中
タジキスタン	11.0	10.4	15.6	66.7	高
スリランカ	72.2	8.7	12.8	68.6	債務危機
カメルーン	37.8	8.5	23.6	36.1	高
パキスタン	273.6	8.0	21.0	38.2	--
ジンバブエ	19.1	7.5	13.9	53.7	--
コモロ	0.9	7.1	27.9	25.5	高
ケニア	73.7	6.8	17.9	37.9	高
エチオピア	74.4	6.7	24.8	27.1	債務危機
ガボン	11.4	6.7	14.8	45.3	--
ベラルーシ	42.6	6.5	10.2	63.5	--

GNI = 総国民所得（gross national income）。
注：対中国債務、対世界債務は、それぞれ中国と世界に対する対外債務総額（External debt stocks, total〔DOD, current US$〕）を指す。
出所：World Bank, International Debt Statistics より筆者作成。
https://databank.worldbank.org/source/international-debt-statistics#

（2）「債務の罠」：中国の開発金融体制の課題

既にみたように、中国の融資を受けた発展途上国が過剰債務に陥る事例が多く、「債務の罠」が問題視されている。スリランカ政府が中国からの資金支援でハンバントタ港を開発したところ返済に行き詰まり、99年間にわたるハンバントタ港の運営権を中国の国有企業に譲渡した（2017年）ことが、「債務の罠」の例としてしばしば取り上げられている。[12]海上輸送の要衝であるジブチでは、政府が中国による巨額の支援で港湾や鉄道開発を行う見返りに、中国海軍基地の建設・使用を許す（それにより中国海軍が遠方展開するための支援拠点になる）という事態も「債務の罠」の例として取り上げられることがある。

「債務の罠」を生む要因として、二つの可能性が挙げられる。第1は、中国が借り入れ国の返済能力が乏しいことを知りつつあえて過剰な融資を行い、返済不能の状況に追い込むことで、相手国を中国の意向に沿わせるという戦略的な意図をもって行動している可能性である。ただし、中国の戦略的な意図の存在を示すことは容易でない。Jones and Hameiri（2020）は、中国による途上国向け融資の決定方式や債務返済困難に陥った際の対応を検討することで、中国が戦略的・意図的に借り入れ国に対して過剰な融資を行って当該国を「債務の罠」に追い込み、それら諸国への影響力を高める行動をとっているとはいえないとしている。その理由として、「一帯一路」構想が総論として中国の国際的な影響力を拡大し、既存の国際秩序に挑戦しようとするものだとしても、①個々のプロジェクトは主に経済的・商業的な要因（国有企業の海外活動の支援など）によって決まっており、地政学的・戦略的な観点から決まっていない、②中国の開発金融体制は戦略的な観点から統一性のあるものとして運用されておらず、関連政府機関の間で相互に調整されたものでもない――点を挙げている。

「債務の罠」を生む第2の可能性として、中国が現行の開発金融体制の下で、途上国政府による「政府保証」が確保され、事業を行う中国国有企業などが借り入れ側から十分な担保を取れれば、たとえ採算性に疑問のあるプロジェクトであっても十分な審査なしに融資の決定を行うことがあり、それが過剰債務を生み出し、結果的に「債務の罠」につながっている点を挙げることができる。中国の政府系金融機関（開銀や輸銀）は、借り手国の信用状況や債

務返済能力、対象プロジェクトのリスク等を注意深く審査して融資決定を行わず、むしろ融資案件があれば安易に貸し出す傾向にあり、そのことが過剰債務を生み出してきた可能性が高い。そのため、これらの金融機関は、将来の返済条件の変更（返済期限の延長や金利減免など）に備えて、融資したインフラ施設の運営権や資源開発の権益などを担保として設定する条項を融資契約に盛り込もうとする。また融資を行う際、借り入れ国に対して、融資条件や案件そのものに関する情報を公開しないよう「守秘義務」を明記する事例が多くあり、借り入れ側の途上国政府も、政権の政治目的や利権・腐敗を背景に透明性の低い融資を求める結果、「隠れ債務」が多くなる傾向にある。実際の融資残高は公開データのほぼ2倍に上るとも言われる（Horn, Reinhart, and Trebesch 2019）。

　要するに、中国は借り入れ国を戦略的に「債務の罠」に追い込む意図をもって融資決定を行っていないとしても、融資においてはプロジェクトの採算性やリスクを十分考慮することなく国有企業の海外事業展開の拡大を支援する傾向にあり、結果的に過剰債務と「債務の罠」につながっているといえる。

（3）中国の途上国向け新規融資（フロー）の拡大と縮小

ボストン大学のデータにみられたように、中国の政府系金融機関（開銀と輸銀）による途上国への海外開発融資（フロー）は2016年にピークに達し、その後は縮小傾向にある。図3は、世界銀行のデータに基づき、発展途上国が中国から受けてきた新規の長期対外債務（基本は融資）フローの推移を示したものである。図3Aによれば、発展途上国全体（低・中所得国）の中国からの長期債務フロー額は2000年代央から10年以上拡大を続けて18年に340億ドルのピークに達した後、19-21年と傾向的に縮小した。21年には若干増大したが、債務フロー額は150億ドルと18年の45％の水準に下っている。低開発国グループの対中債務フロー額は16年にピークに達し、その後縮小している。図3Bによれば、サブサハラ・アフリカ地域が最も多くの対中債務フローを受け入れてきたが、16年にピークに達した後大幅に縮小している。それに次ぐ中南米地域と南アジア地域はそれぞれ17年と18年にピークに達し、その後縮小している。

図3：発展途上国の中国からの長期対外債務フロー（十億米ドル）、2000-21年

3A. 途上国の中国からの長期債務フロー：所得別　　3B. 途上国の中国からの長期債務フロー：地域別

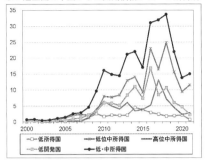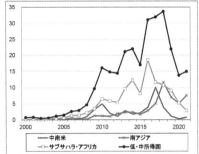

注：発展途上国の中国からの長期債務フローは、長期対外債務の実行額（Disbursements on external debt, long-term〔DIS, current US$〕）を指す。低位中所得国と高位中所得国の定義については本文の註（3）を参照のこと。
出所：World Bank, International Debt Statistics より筆者作成。
https://databank.worldbank.org/source/international-debt-statistics#

　このように、中国からの新規の長期債務フローは、2000年代央から10年ほどトレンドとして急速に伸びたが、2018年までにピークに達し、その後縮小している。その理由として、いくつかの点を挙げることができる。第1に、2020年以降の縮小は、コロナ禍の影響による可能性がある。第2に、中国の外貨準備は3兆ドル以上あるが、2015-16年に資本流出、為替レートの下落、1兆ドルの外貨準備の喪失というミニ通貨危機を経験しており、必ずしも潤沢とはいえず、途上国への対外融資を右肩上がりで行う余裕がなくなっている。第3に、中国の経済成長率がトレンドとして低下しており、これまでのような経済力・金融力の急拡大を背景にした巨額の対外融資が難しくなっている。第4に、途上国（とくに低開発国）向け融資について、返済猶予や金利減免など融資条件の変更が増えてきた結果、債務国の返済能力や投資リスクを意識した慎重な融資姿勢が迫られている。とりわけ、途上国の実物資産を担保にした融資が「債務の罠」を生むと批判される中、厳しい融資審査が必要になり、それが途上国向け融資の抑制につながっていると考えられる。

4．第4波の過剰債務問題への国際的な対応

2010年以降、対外債務を累増させていた途上国の中には、新型コロナウイルスの世界的な感染拡大の影響を受け、経済的な苦境に面し、債務返済に支障をきたすケースが現れた。とりわけ、多数の途上国が保健医療資源や財政資源の不足により危機的な状況に陥った。そうした状況を受けて、G20財務相・中銀総裁会議で債務救済の議論が活発化することになった。G20は、債務脆弱な途上国の公的対外債務の返済を一時的に停止するための措置や債務削減を含む措置を導入した。国際社会は同時に、IMFや世界銀行による脆弱な途上国への融資の拡大や、特別引出権（SDR）の新規配分などを通じて、資金支援を拡充した。途上国全体の対外債務が9.3兆ドルを超える現状で、脆弱な途上国の債務救済に失敗すれば、巨額の対外債務を抱えるアルゼンチン、ブラジル、トルコなど新興諸国に深刻な危機や信用不安が波及しかねないと考えられた。

（1）債務返済猶予イニシャチブ（DSSI）

G20財務相・中銀総裁会議がまず取った対応策は、債務返済猶予イニシャチブ（DSSI）の実施だった。これは、脆弱な途上国73か国をDSSI適格国として定め、2020年4月－2021年12月の期間にわたり、公的対外債務の返済を猶予する措置だった。この措置を受ける途上国は、IMF・世銀に金利、期間、担保など対外債務の情報を開示し、G20が返済猶予の条件などを決めることとされた。[13] 債務返済猶予の対象は、公的債権者に対する債務だけでなく、政府保証のない民間債権者に対する債務も含むとされた。

DSSI適格73か国中、2021年末までの期間に返済猶予を享受した国は48か国であり、計129億ドルの債務返済猶予が実行された。[14] ここで特筆すべきは、中国が公的債務の救済措置に関する多国間の協調行動に初めて参加したことである。公的債務の返済猶予などの債務措置はこれまで先進国などが構成するパリクラブが主導してきたが、今回はパリクラブに正式参加していない中国を巻き込むかたちで、G20の枠組みでの協調行動がとられた。その一方、期待された民間部門の参加は限られた（1機関しか参加せず）。

DSSIは、脆弱な途上国の債務負担を軽減させて経済状況を好転させる意

図をもつものとして、それなりの成果を挙げたが、いくつかの限界も明らかになった。第 1 は、既述のように DSSI への参加途上国が限られたことである。たとえば、バングラデシュ、カンボジア、ガーナ、ケニア、ナイジェリアなど対外債務残高の大きな途上国が参加しなかった。その理由として、① DSSI から得られる利益が小さい、② DSSI への参加により、自国の信用力が低下する、③二国間機関への返済停止により、債務不履行に陥る（G20 とパリクラブは、そうはならないことを表明）、④特定の商業銀行融資契約におけるクロスデフォルト条項で他の債務についても不履行に陥る――と判断ないし懸念した国があったことが挙げられる。第 2 は、債務の返済猶予は一時的な措置で、いずれ債務返済を実行する必要があり、債務問題の根本的な解決策にはならないことである。実際、2021 年末に DSSI が終了したことから、22 年からは DSSI 適格国といえども債務返済の再開に迫られた。

　この間、世界銀行などの多国間開発銀行は、2020 年 4 月から 21 年 12 月までの期間に、DSSI 対象国向け融資額として合計 1,000 億ドルのコミットメントを行い、うち 660 億ドル（純額 482 億ドル相当の移転）を実行した[15]。IMFもこの期間、緊急融資など様々なファシリティを通じて、DSSI 対象国に対して 260 億ドル（純額では 214 億ドル）の融資を実行した。IMF はさらに 21 年に、新型コロナの影響を受けた脆弱国を支援する目的で、全加盟国に対して 6,500 億ドルに上る SDR を配分した（うち 210 億ドルが低所得国に割り当てられた）。G20 の首脳らは、SDR 配分の効果を大きく高めるために 1,000 億ドルに上る自国の SDR を転貸して、脆弱国を支援するとしており、23 年 2 月時点で 870 億ドル（及び 14 億ドルのグラント）のプレッジがなされている。

（2）債務措置の「共通枠組み」
　G20 財務相・中銀総裁会議は、DSSI の終了を踏まえ、脆弱国（DSSI 適格国）における返済不能や長期的な流動性問題に対処するために、2022 年に「DSSI 後の債務措置の『共通枠組み』」を導入した。「共通枠組み」における債務措置としては、① IMF 支援プログラム期間中の名目債務支払額の変更、②適切な場合には割引現在価値での債務削減、③措置対象の債権の償還期間の延長――が含まれる。
　債務措置の「共通枠組み」の意義は大きい。第 1 に、債務返済の長期繰

り延べや債務削減などの解決策を含むので、対象国にもたらすメリットは
DSSI のメリットよりも大きい。第 2 に、パリクラブ加盟国だけでなく、中
国など非加盟国を含む G20 全体で、脆弱な途上国の公的債務の再編（債務削
減を含む）の枠組みが初めてできた。第 3 に、民間債権者に対する公的債務
も対象になることから、包括的な債務再編が可能になる。こうした観点から、
チャド、エチオピア、ガーナ、ザンビアが「共通枠組み」に参加している。
チャドは 2022 年 11 月に公的（中国を含む）・民間債権者との間で、当面の
債務返済の繰り延べで基本合意した。ザンビアは 23 年 6 月に公的債権者（中
国を含む）との間で、20 年以上の債務元本の返済繰り延べで大筋合意に達
した。続いてエチオピアでの債務再編交渉の進展が期待される一方、ガーナ
の交渉は十分進んでいない。他にも潜在的な参加国は多数存在するとみられ
る。適格国でないスリランカも債務不履行の状態にあり、日本（およびイン
ド、フランス）の主導の下、公的対外債務の再編のための債権国会合が立ち
上げられ、協議が進められている（ボックス 1 を参照のこと）。

ボックス 1：スリランカの公的対外債務の再編に向けた動き

　スリランカ政府は、財政赤字の拡大、新型コロナウイルスの影響、食
料・エネルギー価格の急騰などで急激な通貨安やインフレに見舞われ、
2022 年 4 月に公的対外債務の支払いを一時停止することを発表し、同 5
月には大手格付け会社により債務不履行（デフォルト）状態に陥ったと
認定された。2022 年末のスリランカの公的対外債務は 415 億ドルに上り、
うち国際機関等への債務額が 115 億ドル（全体の 28％）、二国間債権者へ
の債務が 101 億ドル（24％）、民間債権者への債務が 178 億ドル（43％）、
その他が 20 億ドル（5％）となっている。二国間債権者への債務のうち、
中国向けが 41 億ドル（10％）と最大で、次いで日本向け 27 億ドル（7％）、
インド向け 17 億ドル（4％）となっている。

　スリランカ政府と IMF は 2022 年 9 月に、29 億ドルの金融支援プログ
ラムに合意したが、官民の債権者による債務再編を通じた貢献が IMF 理
事会での承認の条件とされた。2023 年に入ると、パリクラブと一部の中
国以外の非パリクラブ加盟国（インドやサウジアラビアなど）、そして

中国が相次いでIMFプログラムが前提とする債務再編の実施にコミットしたことから、3月にIMF理事会はスリランカ支援プログラムを承認し、同国に対して第1回目の資金供与を行った。

　スリランカが中所得国であり、G20が債務脆弱な途上国向けに創設した「共通枠組み」が適用されない現状を踏まえ、その債務救済に向けて、日本、インド、フランスが主導して2023年4月に債権国会合を発足させ、返済条件の変更など債務再編を協議することになった。同5月に第1回の債権国会合をオンラインで開催し、会合には、スリランカに債権を持つ19か国（うちパリクラブ加盟15か国、非加盟4か国）とスリランカに債権を持たない7か国の計26か国が参加した。二国間債権者として最大の中国は正式参加でなく、オブザーバーとして参加した。中国は債務再編措置として債務の削減には前向きでないとされる。日本などは、引き続き中国に正式な参加を呼び掛け、中国が参加した場合はこれを歓迎するとしている。

出所：緒方・小荷田・鳥沢・上坂（2023）および日経新聞等の記事から筆者作成。

　中国は途上国の債務処理にあたり、「共通枠組み」だけでなくケース・バイ・ケースでの対応もありうるとし、かつ世界銀行など多国間開発銀行も債務措置（債務削減など）に応じるべきだとして、他のG20諸国とは異なったスタンスをとってきた。[16]

　そのことは「共通枠組み」にも課題が存在することを示している。第1に、G20合意に法的な拘束力はなく、制度の実効性に疑問が残る。第2に、中国に対する公的債務には、「隠れ債務」が相当程度あるとされ、また「守秘義務」の下で情報開示を控える借り入れ国があり、債務の実態を把握することが難しい。第3に、債務削減がデフォルトとみなされ、かつ担保として資源開発権益や港湾の管理権などが債権者としての中国に委譲されることを恐れ、「共通枠組み」に参加しないケースがある。第4に、民間債権者は同等の条件で参加し、公平な負担分担を行うことが求められているが、かつてのように少数の商業銀行や投資銀行だけでなく、多数の債券保有者も含むことから、それは容易でない。いずれにせよ、中国が情報開示に向けて十分な透明性を確保し、他の債権国と協調した債務措置をとらなければ「共通枠組み」の実

効性を確保できないといえる。

（3）展望と課題

　過剰債務問題を解決するために重要な点は、債務国自らが主体的に問題の解決に取り組むことである。すなわち、必要な構造改革を進めて、対外債務を持続可能な水準にまで引き下げる努力を行うことだ。そのために、債務国はIMFや世銀などの国際機関、二国間債権者、民間債権者と緊密に協議・交渉し、債務再編を進める必要がある。債権者側は、この債務交渉の期間中は債務返済を停止すべきだ。より根本的には、途上国政府・公的部門が二国間機関を通じて対外借り入れを行う際、透明性の高いかたちで借り入れを行い、担保物件の設定や融資条件に関する守秘義務には応じるべきでない。

　世界最大の「債権大国」になった中国は責任ある行動をとることが求められる。以下の点が重要だろう：

- 公的部門向けないし公的保証付けの民間部門向け融資について、融資契約やデータの透明性を確保すべき
- 途上国向けインフラ融資決定において、借り入れ国の債務返済能力やプロジェクトの採算性・リスクを十分考慮した上で融資の決定を行うべき
- 融資先の法令や規制を遵守し、現地でのビジネス機会、雇用機会、技術・ノウハウの移転の向上、汚職・腐敗の抑止、環境保全に努めるべき
- 借り入れ国が債務返済に行き詰まった場合は、IMF・世界銀行や他の債権者と協議しつつ、債務持続可能性分析に基づき対応すべき。実物資産（資源開発権益やインフラ施設の運営権など）の入手と引き換えの返済猶予、金利減免、追加融資は避けるべき
- G20の「共通枠組み」については、他の債権国・民間債権者と協調しつつ、脆弱国の経済再生のための債務再編を行うべき。借り入れ国が脆弱な中所得国（スリランカなど）の場合も「共通枠組み」を援用すべき
- パリクラブに正式に参加して、債務返済不能に陥った途上国の債務再編に向けて、債権大国としての責任を果たすべき。

まとめ

　これまでの3波にわたる発展途上国の過剰債務問題は、いずれも主要先進国による過大な融資や債券投資によって引き起こされた。先進諸国はしばしば、パリクラブ等を中心に、債務国政府に対する公的対外債務の返済繰り延べや削減などの債務再編措置による対応を迫られた。世界金融危機後に高まってきた第4波の途上国債務問題は、主として中国による「一帯一路」融資の拡大と歩調を合わせたもので、世界最大の「債権大国」になった中国の積極的な関与なくして解決できなくなっている。

　実際、世界銀行の『国際債務統計』によれば、中国は途上国（低・中所得国）の公的部門に対する世界最大の二国間債権国になっており、とくに低開発国に対する融資残高（各途上国の債務残高から推計）はパリクラブ加盟国全体の債権総額を上回る水準に上っている。しかも、中国による実際の途上国向け融資残高は、こうした公表統計値をはるかに上回っている可能性がある。途上国政府の未公表の対中「隠れ債務」が極めて大きな規模に上っていると考えられるからだ。

　中国は、米欧諸国から、途上国に対して過大な融資を行って「債務の罠」を作り出してきたと批判されてきたが、中国政府が戦略的・意図的に借り入れ国を「債務の罠」に追い込む政策をとってきたかどうかは確認できない。しかし中国の政府系金融機関は、これまでの「開発金融体制」の下で、不十分な審査基準に基づく安易な融資を短期間のうちに急拡大させ、それが途上国の過剰債務につながった可能性が高い。審査基準が不十分であることから、債権者側は将来の返済条件の変更（返済期間の延長や金利支払いの減免など）に備えて担保物件（融資案件のインフラ施設の運営権や資源開発の権益など）の設定を融資契約に盛り込むケースがあり、「債務の罠」が生まれてきた可能性がある。かつ、このような融資契約には融資条件に関する「守秘義務」条項が含まれるなど、不透明な融資が過剰債務につながったともいえる。

　中国が世界最大の途上国向け債権大国になった現状では、先進国を中心としたパリクラブ加盟国だけでは債務脆弱な途上国の問題を解決できず、パリクラブに加わっていない中国を巻き込む必要がある。これら途上国の公的対外債務の再編を進展させるためには、中国を含む全ての債権国が透明性の高

い債権情報の開示を行い、官・民の債権者の間で「同等な」債務再編措置を共同で国際協調的に実行していくことが欠かせない。中国は、これまで多国間の枠組みでの債務削減に慎重な姿勢をとってきたが、チャド、エチオピア、ザンビアのケースを上回るかたちで、パリクラブ加盟国と協調して積極的に債務国支援を強化すべきだ。同時に、途上国政府・公的部門自身も、透明性の低さが腐敗や過剰債務につながりやすいことを鑑み、透明性の高いかたちで対外借り入れを行うべきだ。IMF・世銀など国際金融機関は途上国に対して、公的対外債務の管理能力強化のための技術協力を強化すべきだろう。

　中国の途上国向け新規融資（フロー）額は 2018 年前後をピークに急減しており、それに応じて債権残高も頭打ちになっている。政府系金融機関（開銀や輸銀）が、15-16 年の資本流出や外貨準備の喪失、融資先に対するリスク認識の高まり、20 年からの新型コロナウイルス禍などで新規融資に慎重になった可能性がある。中国は、これを機に、対外融資の審査基準をより厳格化させ、かつ債権情報をより透明化させるとともに、融資先の返済行き詰まりに対しては国際基準に則った債務再編措置で対応するなど、開発金融体制を整備していくことが欠かせない。名実ともに「質」の高い「一帯一路」事業を進めて、真の国際公共財を提供するという姿勢がますます重要になる。

参考文献

緒方健太郎・小荷田直久・鳥沢紘悠・上坂美香、「スリランカの債務再編（デフォルトから債権国会合創設までの歩み）」、『ファイナンス』（財務省）、No. 691（2023 Jun.）、19-26 頁。

河合正弘、「『一帯一路』構想と『インド太平洋構想』」日本国際問題研究所『世界経済研究会報告書』、2020 年 3 月。

河合正弘、「『一帯一路』構想と発展途上国の累積債務問題」未公表論文、2023 年 6 月。

Gelpern, A., Horn, S., Morris, S., Parks, B., and Trebesch, C. *How China Lends: A Rare Look into 100 Debt Contracts with Foreign Governments*. Peterson Institute for International Economics, Kiel Institute for the World Economy, Center for Global Development, and AidData at William & Mary (31 March 2021). https://docs.aiddata.org/ad4/pdfs/How_China_Lends__A_Rare_Look_into_100_Debt_Contracts_with_Foreign_Governments.pdf

Global Development Policy Center, Boston University. *China's Overseas Development Finance Database* (2023). https://www.bu.edu/gdp/chinas-overseas-development-finance/

Horn, Sebastian, Carmen M. Reinhart, and Christopher Trebesch. "China's Overseas

Lending." *Journal of International Economics,* Vol. 133(C), 2021. https://doi.org/10.1016/j.jinteco.2021.103539

Hurley, John, Scott Morris, and Gailyn Portelance. "Examining the Debt Sustainability Implications of the Belt and Road Initiative from a Policy Perspective." *CGD Policy Paper* 121 (March 2018). Washington, DC: Center for Global Development. https://www.cgdev.org/sites/default/files/examining-debt-implications-belt-and-road-initiative-policy-perspective.pdf

Jones, Lee and Shahar Hameiri. "Debunking the Myth of 'Debt-trap Diplomacy': How Recipient Countries Shape China's Belt and Road Initiative." Chatham House (August 2020). https://www.chathamhouse.org/sites/default/files/2020-08-25-debunking-myth-debt-trap-diplomacy-jones-hameiri.pdf

Kose, M. Ayhn, Peter Nagle, Franziska Ohnsorge, and Naotaka Sugawara. *Global Waves of Debt: Causes and Consequences*. Washington, D.C.: World Bank Group (2021).

Nedopil, Christoph. "Countries of the Belt and Road Initiative." Green Finance & Development Center (2022), FISF Fudan University. https://greenfdc.org/countries-of-the-belt-and-road-initiative-bri/

〔註〕

（1）低開発国（LDC: least developed country）とは、国連により以下の3つの基準のいずれかを満たすと認定される発展途上国であるが、認定のためには当該国の同意が前提となる。①一人当たり GNI が 1,085 ドル以下の低所得国、②人的資源開発指標（HAI: human assets index）が 60 以下の発展途上国、③外的ショックに対する経済の脆弱性（EVI: economic vulnerability index）が 36 以上の発展途上国。2022 年 8 月現在で、世界の発展途上国のうち低開発国は 46 か国存在する（アフリカ 33 か国、アジア 9 か国、大洋州 3 か国、中南米 1 か国）。

（2）本稿は河合（2023）の短縮版である。

（3）発展途上国は低所得国及び中所得国からなり、世界銀行の『国際債務統計』（2022 年版）には、低所得国 26 か国、中所得国 95 か国のデータが掲載されている。低所得国及び中所得国は、2021 年の一人当たり GNI が、それぞれ、1,085 ドル以下の国、1,086 ドル以上 13,205 ドル以下の国だと定義される。なお、中所得国はさらに、2021 年の一人当たり GNI が 4,255 ドルを境に、低位中所得国と高位中所得国に分けられる。

（4）途上国全体の対外債務額は 2015 年に一時的に落ち込んだが、これは主に中国が 2015-16 年にミニ通貨危機に遭遇し、対外短期債務などが減少したことを反映している。低開発国の対外債務額にはそのような落ち込みは見られない。

（5）これら諸国は、後述する債務返済猶予イニシャチブ（DSSI）適格国であり、低開発国だけでなく中所得国も含む。

（6）パリクラブ（主要債権国会議）加盟国は以下の 22 か国である：オーストラリア、オーストリア、ベルギー、ブラジル、カナダ、デンマーク、フィンランド、フランス、ドイツ、アイルランド、イスラエル、イタリア、日本、韓国、オランダ、ノルウェー、ロシア、スペイン、スウェーデン、スイス、英国、米国。https://marketbusinessnews.

com/financial-glossary/paris-club-definition-meaning/

（7）世界銀行の IBRD は中所得国および信用力のある低所得国の政府に融資を行い、IDA は最貧国の政府に無利子の融資や贈与を提供している。

（8）U.S.-China Economic and Security Review Commission, *2018 Annual Report to Congress*, November 2018, pp. 276. https://www.uscc.gov/Annual_Reports/2018-annual-report

（9）途上国では、システム、人員、能力面での弱さから、一般に対外債務を正確に把握できていない可能性がある。これに加えて、対中債務については、実態よりも過小評価されてされている傾向が強いと言われる。たとえば Horn, Reinhart, and Trebesch (2019) は、途上国の公的部門による対中国債務の多くが IMF や世銀の把握しない「隠れ債務」（hidden debt）だと試算している。

（10）とりわけ、中国が米・欧・豪・印の勢力圏に積極的に進出し、これら諸国の安全保障・政治・経済面での既存の利益を侵食しつつあることに懸念がもたれている。たとえば、中国は以下のような既存の経済圏に進出しつつある：米国にとっては中南米諸国、欧州にとっては中欧・東欧の「17 ＋ 1」協力やアフリカ諸国、豪州にとっては南太平洋諸国、インドにとっては南アジア・インド洋諸国。

（11）中国財政部は、このフォーラムに備えて、IMF・世界銀行が開発した低所得国の債務持続可能性に関する分析枠組みに基づき、「『一帯一路』沿線国の債務持続可能性に関する枠組み」を公表している。
http://www.mof.gov.cn/zhengwuxinxi/caizhengxinwen/201904/t20190425_3234663.htm

（12）実際、2022 年 8 月には、人民解放軍所属の調査船「遠望 5 号」がハンバントタ港に補給のため寄港し、インドや米国が安全保障上の懸念を表明した。スリランカは、中国によるハンバントタ港の軍事利用は認めないとする立場をとっているものの、インドは将来的に中国軍艦の入港の可能性がありうるとして警戒している。

（13）ただし、DSSI 適格 73 か国中、対外債務データを公表したのは 68 か国であり、5 か国が公表していない。また中国は、当初、中国国家開発銀行（政府が 100％ 出資）について「民間銀行なので DSSI の対象外」として、途上国向けの融資データを全面的に開示することに否定的な立場をとったとされる。

（14）World Bank, https://www.worldbank.org/en/topic/debt/brief/debt-service-suspension-initiative-qas

（15）多国間開発銀行による取組みは、パンデミック期間中の、途上国向け支援のコミットメントの一部であり、当初のコミットメント額である 2,300 億ドルを上回る 2,764 億ドルを達成した。

（16）中国は 2022 年 10 月の G20 財務・中銀総裁会議の議長総括や同年 11 月の G20 サミットの首脳宣言では、債務措置に関するパラグラフに反対したと見られ、当該パラグラフには「1 メンバーが、パラグラフにおける債務問題について異なる見解を有し、多国間開発銀行のような多国間債権者による債務措置の重要性を強調したことに留意」とする注がつけられた。

第4章
米中をめぐる通貨覇権の行方

はじめに

　かつて、主要国にとって自国通貨を国際通貨に押し上げていくことは経済外交の重要な目標のひとつであった。イギリスが大英帝国の覇権維持の手段として英ポンド利用を域内で促進したように、また戦後世界秩序の要として、米国は米ドルを基軸通貨とするブレトンウッズ体制を利用したように、覇権の興亡は通貨を巡る戦いでもあった。その効果は国内にとどまらず、他国との経済的・政治的相互依存関係や共通の経済圏の確立に影響するものであり、軍事的関係とも無関係ではなかった。

　2023年現在、米ドルの国際的地位は盤石のようにみえる。その強い米ドルに挑戦しようとしているのが、成長著しい中国である。中国は、米国の覇権に対峙するために、軍事、外交、貿易、先端技術の分野で米国と対立を深めているが、もっとも出遅れているのが通貨である。国際通貨を握ることが、国際間のパワーゲームで交渉を有利に運ぶために有効であることは、米ドルを持つ米国の歴史を振り返れば明らかである。既存の国際通貨体制の中で米ドル支配を覆そうとするのであれば、中国は中国元の国際化を進める必要があろう。

　はたして、中国元が米ドルに並ぶあるいは凌駕する国際通貨になりえるのか、本稿では、その可能性を探っていきたい。中国が通貨覇権の拡大を目指すのであれば、解決すべき問題は少なくない。本章では、まず、国際通貨の考え方を説明し、そのうえで米ドルが圧倒的な強い立場にあることを述べる。そのうえで、中国が米ドル支配をつき崩す可能性があるかを論じていきたい。具体的には、上海株式暴落の帰結、住宅バブルの懸念、米中対立とデ

カップリング、デジタル人民元の可能性、ウクライナ危機の通貨への含意など、様々な角度から考察していきたい。

1. 国際通貨の考え方と強いドル

　我々がある財を「貨幣」あるいは「通貨」と呼ぶとき、その財は次の3つの機能を兼ね備えている。まず、共通の単位として商品の価値を評価する「価値尺度」の機能である。次に、財の交換を円滑に処理する「交換手段」機能である。そして、安全かつ流動性の高い資産の価値を維持する「価値の貯蔵」機能が挙げられる。

　そして、上記の議論とのアナロジーで、国際通貨が担うべき機能は、国際的な価値尺度としての機能、国際的な決済手段としての機能、国際的な貯蔵手段としての機能ということになる。日本から米国に輸出される小型車が、100万円と日本円単位で契約されれば（つまり円建てであれば）、日本円が国際的な価値尺度の機能を果たしていることになり、1万ドルと米ドル単位で契約されれば（つまり米ドル建てであれば）、米ドルが国際的な価値尺度の機能を果たしていることになる。さらに、ある通貨が、実際の貿易の決済や取引に利用されるとき、交換手段としての機能を果たしていることになる。日米間の貿易では、日本円あるいは米ドルが決済通貨として使われる。貿易で稼いだ資金をそのまま寝かしておくのは損である。次回の貿易の決済に使うまでの間、収益をもとめて金融資産で運用することになる。日本国債や日本株など円建て資産で運用すれば、日本円が価値貯蔵手段として利用されることを意味し、米国債など米ドル建て資産で運用すれば、米ドルが価値貯蔵手段として利用されることを意味する。

　これら3つの機能のうち、どれか一つが欠けても通貨とは呼べない。さらに、各々の機能は相互に補完的であり、決済機能の高まりが貯蔵手段としての価値を高め、貯蔵手段としての価値が決済機能の価値を高める。価値尺度としての機能と決済機能を備えていたとしても、貯蔵手段として魅力がなければ通貨とは呼べない。この性質は、国際通貨について語るとき、本質的な意味を持つ。

表 1　国際通貨の構成比

	米ドル	ユーロ	日本円	英ポンド	中国元
国際決済	44.2	16.1	8.4	6.4	2.5
外貨準備	59.5	20.6	5.9	4.7	2.4
GDP	24.7	15.4	6.0	3.3	17.4

（単位：パーセント）

　表 1 の「国際決済」の行は、外国為替を使った金融機関取引に利用されている通貨別シェアを表している（出所：IMF, BIS。国際決済は 2019 年、外貨準備と GDP は 2020 年の数字を利用している）。これは、国際的な決済手段に着目した指標である。米ドルのシェアが高く、第 2 位はユーロで、日本円は第 3 位に位置している。参考までに、世界経済における GDP シェア（米ドル換算の数字）と比較してみると、先進 4 つの国と地域について、通貨シェアが GDP シェアを上回っており、その傾向が米国において顕著であることがわかる。リーマン危機を境に欧米先進国の勢いに陰りが見られ、新興国の勢いが増しているような印象も見受けられるが、国際通貨の勢力図にはその影響はまだ表れていない。

　「外貨準備」の行は、各国政府が保有する外貨準備の保有状況の通貨別シェアを表している。これは、国際的な貯蔵手段に着目した指標である。外貨準備は、貿易収支の赤字急増や金融危機や資本流出など不測の事態に備えた政府による予備的貯蓄であり、当該国の通貨価値の安定性が求められる。米ドルの強さがさらに際立つ。2015 年末に「特別引き出し権」（SDR）の構成通貨となった人民元のシェアはごくわずかにすぎない。中国は貿易輸出額ではすでに米国を抜いて世界第一位であるにもかかわらず、人民元は準備通貨として世界ではいまだに認知されていない。

　この表を見る限り、依然として米ドルが圧倒的な地位にあることを示唆している。グローバル・インバランスからグローバル金融危機へ至る経験は、米国一国が独占的に基軸通貨の供給を担うことには難しい時代に差し掛かったことを示唆しているように見えたが、そうとはいえなさそうである。

2. 転機となった上海株式暴落

　新興国型経済に典型的な金融市場の弱さと為替政策に象徴される政策の不透明性は、中国経済の弱点といえる。中国の為替制度は、2005年の人民元改革以来、緩やかな変動相場制である通貨バスケット制を採用しているが、その実態はいまだ米ドルへの事実上のペッグ制であるとは周知の事実であった。

　中国が高い経済成長率を維持し、米国との金利差が維持される限りにおいては、中国元の割安感を批判する向きはあっても、割高感を不安視する意見は乏しかった。事態を変えたのは、米国の量的緩和の終結である。FRBは、2015年12月、FFレートをゼロから0.25％に利上げを行い、引き続き利上げを継続する姿勢を強調した。一方中国は、経済成長率が7％台を割り込んできており、この減速に対処するかのように利下げに踏み切った。この両国間の名目金利格差の発生は、当然のことながら外国為替相場への修正圧力として働く。中国元の割高感が囁かれるようになった。

　このタイミングで生じたのが2015年6月に上海市場で生じた株価暴落であった。6月に上海市場で株価暴落が生じると、中国政府は付け焼刃的な株式市場改革や財政金融政策で対処しようとした。しかし、機関投資家の空売り禁止、国営企業の配当の強制的な引き上げなどの措置は、市場から理解を得られないどころか、外国人投資家にむしろ不信感を抱かせる結果となった。中国政府の危機への対処法はきわめて稚拙であり、金融市場の整備がいまだ発展途上にある国であることを暴露することとなり、国際金融市場から失望された。

　中国人民銀行は、膨大な外貨準備のドル資金を使って中国元を買い支え、政府は資本流出規制を強化した。中国人民銀行の外国為替市場への度重なる介入もあって、ほぼ4兆ドルを誇っていた外貨準備は2015年から2016年にかけて1兆ドルも減少した。国際収支表によれば、2015年に0.34兆ドル、2016年には0.45兆ドルの外貨準備の純減が計上されている。前年までの傾向を踏まえて、経常収支相当額が新規の外貨準備増に充当されていたと想定すると、計算上、最大で1.42兆ドルの外貨準備を取り崩したことになる。そしてそれは、主に外国人投資家による中国からの資金引き揚げにともなう中国元売りへの対処であったと考えられる。つまり、株式バブル崩壊に端を発

した通貨暴落への危機を防ぐために、少なくとも1兆ドルを使ったこととなる。

　中国が株式市場暴落から通貨危機への連鎖を防ぐことができたのは、継続する経常収支黒字を背景に、世界最大規模の外貨準備を保有していたからである。米国の利上げに端を発して通貨危機が起きたという点では、1997年のアジア通貨危機と似ているが、その後の帰結は異なるものであった。アジア通貨危機に遭遇した国の多くは、外貨準備の乏しい経常収支赤字国であった。赤字国は、海外からの借金で貿易赤字を埋め合わせており、外的ショックが起きると、資金は海外に逃げていく。対照的に、黒字国は、資本規制を強化すれば、国内へ資金を還流させることができる。しかし、資本規制の強化は、中国元の国際化を進める上では大きな痛手であった。

3．中国の住宅バブル

　共産主義国家の中国では、住宅や土地などの不動産は国有化されている。まじめに考えると、なぜバブルが起きるのかは不思議といえば不思議である。共産主義の建前を守りながら、着々と市場経済の体裁を整えてきたのである。2004年に開された競売プロセスを経て土地が取引されるようになると、中国の都市部の不動産は猛烈な勢いで高騰するようになる。中国経済にバブルが発生したのは2000年台前半と指摘されるが、本格化したのはリーマン危機で世界経済が大不況に陥って以降である。

　2007年から2020年までの期間、住宅価格は三度のピークを経験している。まず、世界的な資産価格上昇の波を受け、2007-2008年の時期に国内の過剰貯蓄を背景として、住宅価格は大幅に上昇している。その後、リーマン危機で先進国が大不況に陥り、過剰な資金は先進国から新興国に還流して、新興国を中心に資産価格の高騰が起きる。大規模な財政支出拡大を実施した中国においても、2009-2011年にかけて再び住宅価格の高騰を経験する。住宅購入規制などのバブル抑制策の効果もあってか、価格高騰は一時沈静化したが、2015年あたりから三度目の価格高騰を経験することになる。三度目では、深圳の高騰ぶりが目につく。

興味深いことに、上昇率が鈍化しても価格が下落する期間は比較的短く、ほぼ10年にわたって住宅価格は概ね上昇を続けている。日本の土地バブルや米国の住宅バブルがほぼ5年で崩壊していることを思えば、弾けることなく10年以上持続しているバブルの持続性は驚異的といえる。

　キンドルバーガーが古典的名著『熱狂、恐慌、崩壊──金融危機の歴史』で強調しているように、不動産価格の高騰を突き動かしているのは、実体経済の成長を上回る信用成長であることがしばしばである。銀行貸出を中心とする信用の成長率がGDP成長率をある一定の期間にわたって上回る現象は「信用膨張」と呼ばれる。信用膨張は、資産価格のバブルを経て、バブル崩壊から金融危機と長期不況へのシグナルとなる。では、中国における信用成長はどのようなものであるのか。

図1　中国の信用膨張

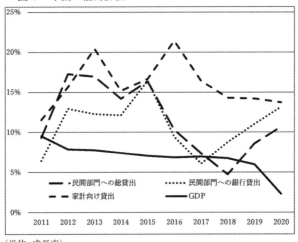

（単位：成長率）

　図1は、いくつかの指標で捉えた貸出成長率は、いずれもほとんどの時期においてGDP成長率を大きく上回っており、典型的な信用膨張の様子を描写している（出所：BIS）。特に、最近のGDP成長の減速とは対照的に、家計向け貸出の成長率が依然高い水準にあり、貸出が住宅価格バブルを支えている様子を伺い知ることができる。

　過去の歴史を振り返る限り、資産バブルは必ず崩壊する。この経験則に従

えば、中国の住宅バブルもまたいつか弾けることになる。いったいどのタイ
ミングで住宅バブルが崩壊するのであろうか、正確な日時を 2023 年 4 月の
段階で断言はできないが、大手不動産グループの恒大集団の経営危機が表面
化して以来、不動産会社の不良債権問題は頻発しており、バブルがいつ崩壊
してもおかしくないという段階にあることは明らかである。

　仮に、住宅バブルが崩壊して住宅価格が暴落すれば、通貨危機への連鎖の
懸念が高まる。通貨危機を避けるためには、政府は保有する海外資産をとり
崩さなければならない。では、住宅バブルが崩壊したら、外貨準備をどのく
らい取り崩す必要があるのであろうか。やはり、再び 1 兆ドルほど取り崩す
ことになるのであろうか。結論から言えば、その考えは楽観的過ぎるかもし
れない。主要 17 か国の 140 年にわたる長期データを使ったオスカー・ジョ
ルダを中心としたグループの報告によると、不動産バブルの背後には銀行の
信用膨張が存在しており、バブル崩壊の経済的被害は深刻となる。対照的に、
株式バブルは信用膨張をともなわない場合が多く、経済的損失は必ずしも大
きくない。すると、仮に、信用膨張に牽引された中国の住宅バブルが崩壊す
れば、1 兆ドルでは足りないということになる。2 倍の 2 兆ほど必要となる
かもしれない。仮に、流出額が 3 兆ドルに達するならば、外貨準備は枯渇し、
中国といえども経常収支黒字国の強みは消える。中国元売りが殺到して、ア
ジア通貨危機の再来となるかもしれない。国内からの資本逃避が激しくなれ
ば、中国当局は、資本規制を強化して資金の海外流出を防ごうとするであろ
うが、国内の資金流出は防ぐことはできたとしても、外国人投資家の資金流
出を防ぐことは容易ではない。

　中国でバブル崩壊が生じて国内の金融危機が通貨危機へと伝染するかどう
かは、流出する民間資本に対して、いまだ潤沢な外貨準備を使って、どこま
で中国元を買い支えることができるかに依存するということになるであろう。
そしてそれは、バブル崩壊の規模の大きさに大きく依存していることは明ら
かである。

4.　米中貿易戦争とデカップリング

　1930 年代、イギリスの金本位離脱をきっかけに、国際金融体制は完全に崩

壊した。その後、国際金融市場を安定させる仕組みは消滅して、為替レート切り下げ競争と関税率引き上げ競争が世界貿易を縮小させる。各国の経済は行き詰まり、ブロック経済化と植民地主義の台頭をうながし、第二次世界大戦の悲劇へと歴史は突き進んでいく。グローバル経済の分断が悲劇的な結末をもたらしたことは歴史の教えるところである。懸念すべきは、2022年現在、分断の兆しが生まれつつあることである。

ドナルド・トランプが米国大統領に就任すると、これまでの自由貿易主義の御旗を降ろし、露骨といってもいいほど保護貿易色を前面にだすようになった。多国間貿易協定であるTPPから撤退し、大国としての交渉力を発揮しやすい2国間での協議を通じて、主たる貿易パートナー国や地域との貿易赤字の是正をはかるようになった。

就任の翌2018年になると、矛先は中国に向かう。中国からの輸入が米国内の雇用を奪っているとして、貿易不均衡は中国に非があると主張するようになる。中国への批判は当初、貿易不均衡、国有企業への補助金によって後押しされる不公正貿易、知的財産権の侵害など経済的利益に関するものであった。米中貿易摩擦はその後エスカレートし、人権問題や5Gの設備をめぐる先端技術の主導権争いへと発展して、全面的な米中対立となった。

行き過ぎとも思える中国批判の背景には、「トゥキディデスの罠」で示唆されるように、追い上げる中国と追われる米国の間で覇権をめぐって緊張の高まりがある。「トゥキディデスの罠」とは、「新興勢力が台頭し、それまでの支配勢力と拮抗するようになると、戦争が起きる危険性が高まる」という歴史的な経験則である。古代ギリシャ世界で支配勢力だったスパルタに新興勢力のアテナイが挑んだ事例を故事としている。グレアム・アリソンは、この500年の歴史をひもとき、支配勢力と新興勢力が拮抗した事例は16件を見つけ、そのうちの12件で戦争が起きたと報告している。そして、数十年以内に米中戦争が勃発する可能性は充分にありうると警笛を発した。

中国が覇権で米国に対峙しようとする限り、米国に経済的に依存していたこれまでの立場を変更せざるをえない。つまり、米中対立は、経済、技術、通貨など多方面にわたる「デカップリング」を余儀なくされる流れとなった。

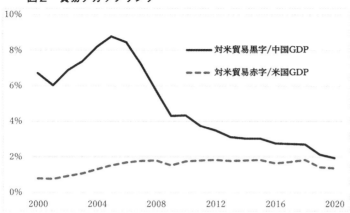

図２　貿易デカップリング

米中間の貿易不均衡がどのように変化しているかをみてみよう。図は、貿易不均衡の大きさを米中両国の GDP で割った値を描いている（出所：Bureau of Economic Analysis, U.S. Department of Commerce）。 な お、 輸 出 入、GDP いずれの値もドル建て金額を利用しており、為替レート変化の影響を含んでいない。中国の貿易黒字シェアは、2005 年の 9% 弱をピークに、その後一貫して減少傾向を示している。一方、米国の貿易赤字シェアは、2007 年以降、ほぼ 10 年にわたって 2% 弱で安定した動きを示している。分子の大きさが同じ（中国の貿易黒字 ＝ 米国の貿易赤字）であるにもかかわらず、両国のグラフが異なった動きを示していることは、この期間を通じて中国の GDP が米国の GDP を追い上げてきている事実を物語っている。

　2018 年以降、米国の赤字シェア、中国の黒字シェアはともに減少しており、貿易摩擦が米中貿易を縮小させたようにみえる。特に、中国の黒字シェアの低下傾向は顕著であり、2020 年には 2% を割り込む。貿易面に関する限り、中国は米国からデカップリングの傾向を強めている。

　この貿易の変化は通貨にどのような影響を与えるのであろうか。貿易についていえば、財を買う方がお客様なので、輸入国の方が輸出国よりも優位な立場にある。金融についていえば、お金を貸している国の方が借りている国より強い立場にあり、債権国の方が債務国よりも優位にみえる。貿易の側面から見れば、輸入国である米国が強い立場にあるようにみえるし、金融の側面からみれば、債権国である中国が優位にみえる。

では、米中どちらが優位にあるといえるだろうか。パズルを解くカギは、貿易と金融のいずれの取引も米ドルが使われている事実にある。中国は、米ドルで輸出して、輸出で稼いだ所得を米ドル建ての資産で運用している。中国は、これまで「新ブレトンウッズ体制」を享受してきた。大量の米ドル債を外貨準備として蓄積することで「強いドル」を支え、中国元を割安に誘導して、輸出主導型の成長を実現してきた。

　中国経済は完全に米ドル通貨圏に組み込まれている。たとえ中国が輸出主導で成長して米国に対して債権国になったとしても、かつてのプラザ合意における日米関係がそうであったように、米国は自国通貨を減価することによって債務を帳消しにすることができる。通貨は "ヴェール" ではなく "権力" となる。

　貿易戦争の交渉で、大量に保有している米ドル債を売却するというオプションを使って交渉を有利に運ぶという戦略を理論上は考えることはできる。中国は米ドル債を売却すれば、米ドル下落、中国元高騰で、米国は経済的損失を受けるだろうが、中国もまた損失を被る。米ドル体制に組み込まれている中国は債権国の強みを切り札として使えないのである。

　貿易のデカップリングをすすめる中国が、通貨のデカップリングをどのようにすすめるかが問われる。

図3　通貨デカップリング

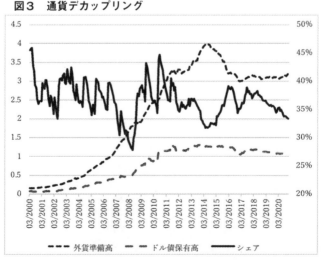

　図3は、中国の通貨面でのデカップリングの進捗状況を読み取ることを意図しており、具体的には、中国の外貨準備高と米ドル債保有残高の動きを表している（出所：IMF）。トランプが大統領に就任した2017年以降、外貨準備高は3兆ドル強で安定しており、さほど増えていない。これは、2016年以降、経常収支黒字を計上しているものの、対GDP比で減少したことの結果である。米ドル債保有残高もまた1兆ドル強であまり変化していない（この傾向は2011年以降、一貫している）。残高ベースでみる限り、特に米ドル債を取り崩す行動を目立っておこなっているようにはみえない。しかし、外貨準備高に対する米ドル債シェアは2017年から2020年の間、38%から30%へと減少傾向にある。仮に米ドル債保有をほぼ公的保有であるとみなすならば、外貨準備に占める米ドル債の比率は減少を続けており、ここに当局による通貨のデカップリングの意図を垣間見ることができる。つまり、米中対立は、米ドル経済圏からの離脱を徐々に推し進めるといえよう。

5.　デジタル人民元の将来

　中国は中国元の国際化を進めて米ドル支配を覆したいという意図をもっている。そのためには、資本規制を撤廃し、為替政策の透明性を高める必要があるが、上海株式暴落の経験や住宅バブルなど国内金融市場の不安定性を抱える中国はそう簡単に金融自由化に踏み切れない。こうした経緯のなか、人民元の国際的地位を押し上げるために中国がとった戦略は、決済面の優位性を高めることであった。

　デジタル通貨とは、電子システム上で管理、保管、交換される通貨を指しており、現金との最大の違いは、現物がないことである。そのために安全性確保が重要であり、保有者の確認をふくむ安全な決済の認証には一手間を要することになる。電子的手続きに基づいて決済を執り行うため、決済が確実に執り行われたのか、そして誰がどれだけのデジタル通貨を保有しているのかを集権的にあるいは分権的に把握する仕組みがもとめられ、それを可能とする決済システムを構築することが課題とされている。具体的にどういった手順で通貨のデジタル化を進めるかをめぐって、主要国の中央銀行は検討に

入った段階にある。

　中国は、デジタル人民元の開発は進んでおり、小口決済システムの技術に関する限りすでに世界一である。しかしながら、表1で示したように、通貨の勢力図を変えるには至っていない。理由の一つは、いまだデジタル人民元の利用が国内限定であり、他国の中央銀行のあいだでデジタルインフラを統合するまでに至っていないことである。システム統合が速やかに進むかどうか、いまだ未知の部分が多い。特に、各国の中央銀行が利用している通信ネットワークに互換性がない時、システム統合は難しくなるであろう。現在、第5世代移動通信システム（5G）をめぐって米中間で激しい技術競争が展開されている。5Gは、超高速通信、低遅速（通信のタイムラグが小さい）、機器接続の多様性の拡大という長所がある。現在、この分野では中国企業のファーウェイが先頭を走っているが、米国は不正取引があるとして国内の5G市場から締め出し、他国にも中国製品を使用しないようもとめている。新世代の通信システムが国際間で分断されるならば、デジタル通貨の国際的流通にも影響を与えることになるであろう。デジタル人民元の国際的戦略は影響を受けるであろう。

　もう一つの理由は、人民元建て資産が国際的に信用されていないことである。一国の通貨が国際通貨となるためには、自由な資本移動の保証、透明性の高い為替制度、厚みがあり流動性の高い金融市場、組織された国債市場、独立性の高い金融政策など、金融市場全般の質の高さと市場原理を尊重する制度設計がもとめられる。中国は、2015年の上海株式市場の暴落以来、国外への資本逃避を恐れて資本規制を強化しており、また人民元レートは中国人民銀行の管理下にあることは周知の事実である。中国政府が広範な金融制度改革を実施して市場原理を尊重する姿勢をみせないかぎり、外国人投資家は人民元建ての資産を持とうとしない。貯蓄手段としての魅力がない中国元は国際通貨として限界がある。

　米国の通貨覇権に異を唱える中国の動向を経済的側面から眺めてみたが、米ドルを中心とする体制を覆すのは容易ではなさそうにみえる。とくに、大手不動産グループの恒大集団の経営危機に端を発する不動産市場の不安定化の末に、住宅バブルが本格的に崩壊ともなれば、経済の失速は明らかであり、国内政治は不安定化し、デジタル人民元の対外的拡大を中心とする通貨覇権

を唱える政策は修正を余儀なくされるであろう。

6.　ウクライナ危機の戦後処理と通貨覇権

　国際通貨の興亡に影響を与えるのは、経済的側面ばかりではないこともま
た事実である。2 度の世界大戦を経て、基軸通貨国は英国から米国に移動し
たように、地政学的側面もまた通貨の興亡に影響を与える。国際通貨の興亡
は、戦争や危機など大事件をきっかけに非連続的に生じてきたというのが歴
史の示すところでもある。

　戦後のヨーロッパ経済復興を目指したマーシャルプランを思い出してみよ
う。ブレトンウッズ会議で米ドルを事実上の基軸通貨とする金ドル本位制の
枠組みは決まったものの、すぐに機能したわけではない。欧州経済は戦争で
疲弊しており、米ドルと金は米国に集中していたために、米ドルは国際間で
流通しようがなかった。米国による無償贈与を中心に復興援助を実施して欧
州経済の購買力を創り出し、米国からの輸出で米ドルを還流させることで、
米ドルが米欧間を流通するようになった。かくしてドル体制は軌道に乗った。

　ロシアのウクライナ侵攻に対する金融制裁の影響で、ロシアの外貨準備に
おける米ドル比率はすでに下落しており、中国元比率は上昇している。金融
制裁で米ドル決済がままならないロシアは、国際的な決済を中国元建てに切
り替えているように見える。金融制裁のせいで生じている影響が長期化し、
国際通貨の勢力図に影響を与えることになるかどうかは、停戦・終戦のかた
ちに依存するであろう。

　話の見通しをよくするために、まず米ドル一強が存続するシナリオから始
めよう。キンドルバーガーは、対象国が危機に陥った時に救済する最後の貸
し手機能こそが基軸通貨国の重要な仕事であると指摘している。ロシアが軍
事的・経済的に壊滅的な打撃を受け、ほぼ国家主権を喪失するかたちで終戦
となる場合、基軸通貨国である米国と地理的にも近く関係の深い欧州が中心
となってロシア経済の復興をになうのが自然だという考え方が浮上するだろ
う。ロシアに多額の賠償金を課し、支払い履行を促す名目でロシアの経済復
興を IMF 主導で実施することになる可能性が高い。ロシア産のエネルギー

はこれまで通り米ドルで決済され、ロシア経済を米ドル経済圏につなぎ止めることができる。強い米ドルは維持される。

　しかし、欧米にとって都合のいいシナリオ通りにはならないかもしれない。ロシアに国家主権が残るかたちで停戦・終戦となる場合、事態は複雑となる。プーチンの権力が残る形で停戦となった場合、あるいはプーチンが失脚したとしても非民主的な独裁政権が樹立された場合、西側主導でロシア経済を復興する流れにはならないであろう。ロシアもまた欧米主導の復興に応じないであろうし、代わりに中国に接近することが予想される。すると、興味は中国がロシアの復興に応じるかという点に絞られる。中国は、一帯一路をスローガンにユーラシア圏に覇権を確立しようとしており、ロシア支援に興味を持つであろう。高利の借款で「債務の罠」に陥れ、あわよくば経済的従属を強いる機会ととらえるかもしれない。一方、中国経済は単独で援助するだけの体力はあるのであろうか。経済成長は目標の5.5％を下回り、ゼロコロナ政策の破綻で5％の実現も難しくなりつつある。さらに、大手不動産会社の恒大集団の債務不履行で明るみになった不良債権問題が広範に及んだ場合、中国政府は金融機関の危機対応に追われ、資金と人材の両面で国内の資源をロシア支援に割く余裕はなくなるかもしれない。

　ロシアの戦後処理に対して米国と中国のどちらが主導権を取るかが、国際通貨の勢力図に影響を与える可能性を否定できない。仮に、ロシア支援で中国が最後の貸し手機能を果たすならば、米国と敵対する国や民主化の遅れた途上国など中国を頼りにする国は増え、中国元の国際的地位は高まるであろう。一方、米国は、金融制裁の効果が予想外な方向に働き、米ドル経済圏が縮小するという皮肉な事態は耐え難いであろう。　1930年代、イギリスの金本位離脱をきっかけに、国際金融市場で最後の貸し手となるリーダーは不在となり、国際間の協調体制は崩壊し、ブロック経済化と植民地主義が台頭した。前回の経験は、通貨体制のほころびが、自由貿易を縮小させ、世界経済の分断につながったが、　現在起きようとしていることは、自由貿易の否定が分断を生み、通貨体制の分断をもたらす危険性をはらんでいることである。米中対立の行方やロシアによるウクライナ侵攻の帰結がどのような方向に進むのかは極めて興味深い。最悪の場合、金融市場が国際的に統合されていることを前提に議論されてきた国際通貨体制と通貨覇権の議論が、まったく別

ものに変質するかもしれない。

おわりに

　いまのところ、米ドルは盤石のようにみえる。米国の通貨覇権に異を唱える中国の動向を様々な角度から眺めてみたが、米ドルを中心とする体制を覆すのは難しそうである。むしろ住宅バブルの崩壊やゼロコロナ政策の失敗などで経済が失速すると、米ドルへの挑戦は夢物語に終わるであろう。中国は、軍事、外交、貿易、先端技術の分野で米国と対立を続けていくであろうが、通貨覇権を米国に握られている限り、厳しい覇権争いとなるであろう。

　一国の通貨が国際通貨となるためには、自由な資本移動の保証、透明性の高い為替制度、厚みがあり流動性の高い金融市場、組織された国債市場、独立性の高い金融政策など、金融市場全般の質の高さと市場原理を尊重する制度設計がもとめられる。そしてその国際的信用が一国の通貨を国際通貨に押し上げるという見解はしばらくの間、支持され続けるであろう。

　なお、この見解は、金融市場が国際的に統合されていることを前提とした話であることを付け加えておきたい。もし米中の覇権争いが激化すると、通貨覇権の形そのものが変質するかもしれない。仮に、覇権争いの激化が世界経済を分断させるならば、通貨圏もまた米ドル圏と中国元圏に二分されてしまうと考えがちである。しかし、事態の行方はそれほど単純ではないかもしれない。インドをはじめとする新興国やサウジアラビアなどのエネルギー供給国が、いずれかの通貨圏に組み入れられることを素直に受け入れるとは限らない。むしろ、キャスティングボードを握ろうとして、米ドルと中国元という2つの国際通貨を競わせようとするかもしれない。

第5章
中国の経済的威圧：事例からみる傾向と含意

久野　新

はじめに

　中国は近年、自国の戦略的利益を維持・拡大する手段として、他国に対する経済的威圧（economic coercion）を頻繁に試みている。2010年代以降の主な事例としては、たとえば日本、ノルウェー、フィリピン、台湾、モンゴル、韓国、パラオ、米国、カナダ、豪州、チェコ、EU、およびリトアニアに対する威圧があげられる（章末表1参照）。こうした現状について寺田・大崎（2022）は、いまや中国は「世界130カ国以上の国にとって最大の貿易相手国」であり、「自国の政治的・戦略的利益を実現するため、その甚大な経済的影響力を行使し得る立ち位置にある」と警鐘を鳴らしている。

　経済的威圧とは、標的国から何らかの譲歩を引き出すべく、相手に経済的コスト（economic costs）を課すこと、または課すと脅すことである。[1]相手に経済的な痛みを与えて政策変更を迫るという意味において、経済的威圧と経済制裁（economic sanction）の基本的な狙いは同じである。それゆえ経済制裁と経済的威圧とでは、貿易制限や渡航制限など共通の手段が用いられることも珍しくない。

　他方、両者には相違点もある。経済制裁という場合、国際法や国際的な規範から逸脱した国に対して発動される措置を指すことが多い。また発動国が一カ国とは限らず、対ロシア経済制裁のように複数国による制裁、あるいは国連安保理決議に基づく対北朝鮮制裁のように多国間の枠組みに基づく制裁も存在する。これに対して経済的威圧とは、通常、特定の国が単独で、（相手国の行為の違法性とは無関係に）自国の利益を維持・拡大するために行うものを指す。とりわけ中国の経済的威圧の場合、標的国との経済関係を縮

小・遮断する際に「検疫上の理由」や「渡航者の安全確保」といった別の大義を掲げる、あるいは不買運動の扇動や黙認など、政府の関与を立証することが難しい方法を用いるといった特徴も観察されている。いずれも従来の経済制裁とは一線を画すものである。

　本章では2010年代以降に観察された中国の主たる経済的威圧の事例を用いて、その動機（第1節）、手段（第2節）、有効性（第3節）について考察し、最後に日本が今後とるべき対応策について地経学的な視点から検討する。具体的には、仮に日本が経済的威圧の標的となった際に被る損失を最小限に留めるための備え、および日本に対する経済的威圧を行わせないための抑止のあり方につき、いくつかの提案を行う。

1．経済的威圧の動機

　中国が他国への経済的威圧を試みる動機とは何か。外国の政府や企業に踏み越えて欲しくない、中国にとっての一線（レッドライン）はどこに設定されているのだろうか。本節では、（1）中国の基本的制度、安全保障、国家主権、および領土保全など、いわゆる同国の「核心的利益」が外国によって否定・侵害された場合、または（2）諸外国が中国に対して一方的措置を発動した場合、それへの報復措置として中国は経済的威圧を試みる傾向があることを示す。[2]

(1) 核心的利益の否定・侵害
　過去の事例を踏まえると、中国が看過できない核心的利益には以下の5つの分野が含まれている。第一に、領土・安全保障の分野である。領土問題を契機とする経済的威圧の事例としては、2010年9月に尖閣諸島沖で海上保安庁巡視船と中国漁船が衝突した事件の直後にとられたレアアースの対日輸出制限措置（表1の事例1）、および2012年4月に南シナ海で発生した[3,4]スカボロー礁事件の後にとられたフィリピン産バナナの検疫措置厳格化やフィリピンへの渡航制限措置（事例3）があげられる。一方、安全保障上の[5]理由から行われた経済的威圧としては、2017年3月、韓国が終末高高度防

衛（THAAD）ミサイルの配備を開始した後にとられた同国への一連の威圧があげられる（事例 6）。具体的には、中国人観光客の韓国への渡航制限措置[6]、K-POP ミュージシャンの中国公演中止、および THAAD ミサイルを配備する用地を提供したロッテグループへの制裁（中国国内ロッテマートへの営業停止処分など）[7]が確認されている。

　第二に、台湾問題である。たとえば 2016 年 5 月、民進党の蔡英文政権が誕生した直後に発動された中国人観光客の台湾への渡航制限措置[8]（事例 4）、台湾との国交を継続するパラオに対して 2017 年 10 月に実施された中国人観光客のパラオへの渡航制限措置[9]（事例 7）、2020 年 8 月に上院議長を含むチェコの代表団が台湾を公式訪問した後に発動されたチェコへの輸入制限措置[10]（事例 12）、2021 年 3 月に実施された台湾産パイナップルに対する輸入禁止措置[11]（事例 15）、および 2021 年 11 月に首都に「台湾代表処」を開設したリトアニアへの輸入制限措置[12]（事例 18）などがあげられる。

　第三に、チベット問題である。2016 年 11 月にダライ・ラマがモンゴルを訪問すると、モンゴル産鉱物（銅精鉱など）の輸入手数料が突如として引き上げられたほか、モンゴル向け援助計画の一時停止が発表された[13]（事例 5）。ダライ・ラマの訪問後、その国と中国との間の貿易量が一時的に縮小する現象は「ダライ・ラマ効果」と呼ばれ、その存在は胡錦濤政権の時代から確認されている（Fuchs and Klann, 2013）。

　第四に、ウイグル族の人権問題があげられる。特定企業を標的にした威圧ではあるが、たとえば新疆産綿花の調達中止などを宣言した H&M やナイキ社などに対する不買運動の扇動や黙認などが該当する[14]（事例 16）。

　最後に中国の民主化問題である。2010 年 10 月、民主活動家の劉暁波氏がノーベル平和賞を受賞すると、ノルウェー産サーモンの輸入が突如として制限された[15]（事例 2）。また 2019 年 10 月、全米バスケットボール協会（NBA）名門チームの幹部が Twitter 上で香港の民主化を支持した際には複数の中国企業が NBA のスポンサーから撤退し、中国国内で NBA の試合中継が一部停止されたこともある[16]（事例 10）。

（2）中国に対する一方的措置への報復

　中国はまた、自国に対して一方的措置を発動した外国に対しても威圧を加

える傾向がある。2018年12月、カナダ当局が華為技術（ファーウェイ）副会長の孟晩舟氏を逮捕すると、中国は報復としてカナダ人2名をスパイ容疑で逮捕したうえで、カナダ産の菜種に対する輸出許可を取り消したほか、治安上の理由からカナダへの渡航を警戒するよう自国民に呼びかけた[17]（事例9）。また豪州が自国の5G移動通信網から華為製品を排除し、さらに新型コロナウィルスの発生源をめぐる独立調査を要求した際にも、中国は治安悪化を理由に豪州への渡航を警戒するよう自国民に呼びかけ[19]、豪州産の大麦、ワイン、牛肉、ロブスター、および石炭などの輸入を制限した[20]（事例11）。またウイグル族への人権侵害を理由にEU、英国、米国、およびカナダが中国に制裁を科した際にも、中国は報復として制裁発動国の一部個人や団体に対して入国禁止などの措置を発動した[21]（事例17）。

　こうした中国による報復は、米中両超大国間の文脈でも観察されている。トランプ米政権は2018年以降、強制技術移転や知的財産権侵害を行っているとの理由で中国に対して通商法301条に基づく追加関税を数次にわたり課した。これに対して中国側も米国からの輸入品に対して関税を課すなど報復を行い、関税は今もなお撤回されていない[22]（事例8）。また2020年9月、米国がTikTokやWeChatなど中国由来の一部アプリの米国内でのダウンロード禁止を発表すると、中国ではTripadvisorを含む米国由来のアプリが突如として排除された[23]（事例13）。また2021年1月、香港民主派の弾圧問題を受け、ポンペオ国務長官（当時）が中国共産党幹部などの資産凍結を発表すると、中国はポンペオ氏を含む米国人28名に対して入国規制などの措置を発動した[24]（事例14）。

2．経済的威圧の手段

　中国が好んで用いる経済的威圧の手段とは何か。本節では過去の事例から、中国が他国を経済的に威圧する際に用いる手段について考察する。

（1）貿易制限措置

　中国の経済的威圧について123件の事例を分析したAdachi *et al* (2022) に

よると、もっとも頻繁に活用された威圧の手段は貿易制限措置（約40%）であった。本章の表1に記載した18件の事例においても、うち10件で貿易制限措置の適用が確認されている。なお、標的国からの「輸入」を制限した事例は9件であった一方（事例2、3、5、8、9、11、12、15、18）、標的国への「輸出」を制限した事例は2件であった（事例1および18）。

　輸入制限措置の対象には、標的国にとって「象徴的」であり、当該国の内外で注目を集めやすい品目が選ばれる傾向がある。たとえばノルウェーのサーモン、フィリピンのバナナ、豪州のワインや牛肉、台湾のパイナップルなどがその代表例である。また豪州の石炭など例外も存在するが、選ばれる品目の多くは第三国からも調達可能な農産品や食料品であることが多い。中国が輸入を制限した事例9件のうち、5件は「検疫上の理由」を根拠に輸入が制限されている（事例2、3、9、11、15）。標的国との経済活動を縮小・停止させる際、「人や動植物の生命・健康保護」や「渡航者の安全確保」など別の大義を掲げる傾向があることも、中国の経済的威圧の特徴である。

　最後に、中国はモノの貿易のみならず、サービスやデジタル・コンテンツの輸入を制限して標的国を威圧する場合がある。たとえば中国国内でのK-POP公演中止、韓流ドラマやNBAの放映中止、およびアプリの販売停止などである（事例6、10、13）。ここでもK-POP、韓流ドラマなど、標的国の象徴的なサービスが狙い撃ちされている。

（2）渡航制限

　Adachi *et al* (2022) によると、貿易制限に次いで中国が頻繁に用いる威圧の手段は「渡航制限」であった。本章で紹介した18件の事例でも、標的国への渡航を制限したものは9件確認された。うち治安悪化などを理由に標的国への渡航を制限した事例は7件（事例3、4、6、7、9、11、12）、標的国の特定人物の中国への入国制限を行ったものは2件（事例14、17）である。

　中国人観光客のプレゼンスが世界的に高まるなか、標的国への渡航を制限するという方法は、相手国のインバウンド関連産業に甚大なダメージを与えられる一方、それにより中国自身が被る経済的損失（いわゆる「返り血」）の程度は限定的である。したがって、渡航制限は中国にとって極めて費用対効果の高い威圧の手段といえる。また標的国内で経済的損失が拡大すれば、

相手国の世論を分断し、政権への不満や反発を誘発する効果も期待されよう。

（3）不買運動

　特定の外国企業を標的とする威圧の手段としては、不買運動（ボイコット）も用いられている（事例1、6、16）。先行研究でも、企業を標的とした威圧事例の半数以上は不買運動であったと報告されている（Adachi *et al*, 2022）。なお不買運動の場合、それが愛国的な消費者によって拡大したのか、それとも政府が扇動したのか、必ずしも判別は容易でない。しかし Bohman and Pårup (2022) は、中国で起きた90件の不買運動の3分の1は党または政府関連組織の関与を示す証拠がある、と指摘している。

　前節でとりあげた H&M に対する不買運動では、政府の影響下にある国営メディアを通じて国民が動員されたほか、中国の地図アプリ上やオンライン・ショッピング・サイトから同社の情報が突然消去されるという現象も報告されている。[25][26]

（4）第三国に対する圧力

　近年、標的国との経済関係を絶ち切るよう、中国が「無実の第三国企業」に圧力を加え、間接的に標的国を孤立化させる試みも確認されている。この手法は、経済制裁の標的国と取引する第三国企業に対して米国などが「二次的制裁」を発動する構図とも似ている。たとえばリトアニアをめぐる事例では、中国はリトアニアとの貿易を制限する一方、同国と取引がある第三国企業に対しても「リトアニアとの関係を絶たなければ中国市場から締め出す」との圧力をかけた。[27]リトアニアの対中輸出依存度は1％程度と極めて低いため、輸入制限措置よりも、リトアニアが依存する第三国企業に圧力を加えた方が効果的な場合もあろう。この事例は、仮に日本が中国経済とのデカップリング（分断）を推進したとしても、中国による経済的威圧リスクを完全に回避することが困難であることを示唆している。

（5）金融取引の制限

　国際的な決済・貯蔵手段であるドルを擁し、資産凍結や金融取引の停止といった金融制裁を頻繁に科してきた米国とは対照的に、中国が金融的な手段

で実際に標的国を威圧した事例は必ずしも多くない。事例としては、標的国に対する開発援助の一時停止（事例 5）、スポンサーの撤退（事例 10）、国債の購入減額示唆(28)（事例 8）、また中国に直接投資した標的国企業に対する懲罰的行政措置（営業停止など）などが確認されている（事例 6）。

3．経済的威圧の有効性

　中国の経済的威圧は、標的国から譲歩を引き出す手段として効果的に機能してきたのだろうか。本章で取り上げた事例のうち、標的国の政府が明確に譲歩したものとしてはノルウェー、フィリピン、モンゴル、および韓国の事例があげられる。

　ノルウェーの事例では、対中関係の悪化から 6 年が経過した 2016 年 12 月、ブレンデ外相（当時）が両国関係を正常化させるべく北京を訪問、「今後中国の核心的利益を弱体化させる行動を支持しない」との共同声明に署名した。これに対して中国の王毅外交部長（当時）は、ノルウェー側が「二国間の信頼関係が損なわれた理由を深く反省した」(29)と評価した。

　フィリピンの事例では、2016 年 7 月、南シナ海問題をめぐり常設仲裁裁判所がフィリピンに有利な判決を下したにもかかわらず、同年 6 月に就任したドゥテルテ大統領（当時）が中国との宥和政策を打ち出し、結果的に経済的威圧は次第に緩和された。同年 10 月、同大統領は北京で習近平国家主席と会談した際に「南シナ海問題は当事国同士の話し合いで解決する」と述べたほか、中国産業界との会合においても軍事・経済面における「米国との決別」を宣言するなどし、中国から巨額の経済支援の約束を取り付けた。(30)

　2016 年 11 月に貿易を制限されたモンゴルは、翌 12 月にムンフオリギル外相（当時）が「ダライ・ラマ訪問が両国関係に悪影響を与えた」と述べ、今後は同氏のモンゴル訪問を一切認めないとの立場を表明、中国環球時報はこれを「謝罪」と報道した。(31)

　THAAD ミサイルの問題で経済的威圧を受けた韓国は、対中関係改善を目指す文在寅氏の大統領就任後、「THAAD ミサイルを追加配備しない」、「米国のミサイル防衛に参加しない」、「日米韓の安保協力を軍事同盟に発展させ

ない」という「3つのノー」について中国と合意し、関係改善を図った。[32]

　一方、その他の事例をみると、標的国の政府は中国に対して必ずしも謝罪や譲歩をしていない。[33]たとえばレアアースの対日輸出を制限した事例では日本がWTOで勝訴し、これを受けて中国側も措置を撤回した。[34]またカナダ、豪州、およびリトアニア（EU）もWTOで中国を提訴している。2020年代に入ると、中国の経済的威圧をめぐる懸念が国際的にも高まり、こうした圧力に安易に屈するべきでないとの認識が共有されるようになった。たとえば2022年6月28日のG7首脳コミュニケでは、経済的威圧に対して「協調行動を展開するために協働する」ことが初めて明記されたほか、同年9月15日のG7貿易大臣声明でも「経済的威圧に取り組むための協力を強化し」、「評価、準備、抑止及び対応を改善する」とのコミットメントが明記された。[35]

4．日本は経済的威圧にどう備えるべきか

　中国の核心的利益に対する挑戦への牽制、標的国の世論の分断と政権の弱体化、および中国国内の国威発揚の手段として経済的威圧の利用価値がある限り、中国が今後も威圧を試みる可能性は十分にある。そこで本節では、将来の経済的威圧リスクに備えて日本が取り組むべき課題を整理する。その際には、2022年2月にウクライナに侵攻したロシアに対して西側諸国が発動した一連の経済制裁から学ぶべき教訓についても指摘を行う（久野、2022）。

（1）日本国内における備え

　経済的威圧に備えるための国内的な課題とは何か。第一に、「情報収集と産業界へのアウトリーチ」である。日本政府は中国の経済的威圧に関する事例を収集・分析し、産業界と情報共有すべきである。また日本企業が威圧を受けた際に速やかに政府に通報・相談できるようにするための政府内窓口の開設、および中国国内の日系企業が現地で不買運動や不当な行政処分に直面した場合に参照すべき「対応マニュアル」の策定も行うべきである。

　第二に、「標的企業に対する救済措置」である。対ロシア経済制裁においては、西側の制裁措置やロシア側の報復措置によって損害を被った日本企業

への救済措置の必要性については必ずしも議論がなされなかった。将来、日本政府の言動がトリガーとなり無実の日本企業が経済的威圧の標的とされた場合、国は当該企業を救済すべきか否か、どのような救済要件や救済手段が望ましいか、早期から検討すべきであろう。

　第三に、「自律性と不可欠性の向上」である。中国への輸入依存度が高く、かつ供給網が途絶した際の社会的コストが大きい原材料や中間財については、経済安全保障推進法に基づいて供給網を強靱化し、自律性を早急に高めるべきである。具体的には、供給網の多元化、備蓄、および代替物質の開発などである。ただし、すべての重要物資の供給網を短期間で強靱化することは現実的に困難であろう。したがって、当面の間は相手に経済的威圧という手段を使わせないための「抑止力」の構築も不可欠となる。具体的には、中国にとって不可欠な品目や技術（チョークポイント）を日本が保有し、提供し続けることが重要となろう。

　ここでのポイントは、経済依存関係が深化しすぎると自律性が損なわれ威圧に対する脆弱性が上昇するが、関係が希薄すぎると相手にとっての不可欠性を維持できないというトレードオフの存在である。対ロシア経済制裁においても、従来ロシアが一部ハイテク製品の輸入について西側に依存していたからこそ、西側はロシアに対して「ハイテク製品を売らない」という有効な制裁手段を手に入れたのである。中国との文脈でも、デカップリングを無秩序に進めると同国に対する抑止力や交渉力を自ら放棄する結果となる。供給網を強靱化させる際には、自律性と不可性のバランスを慎重に管理する必要がある。

　第四に、仮に日本が中国から威圧を受けた場合、依然として「WTOの活用」は有効な手段となる。前述のとおり、中国は不買運動のように政府の関与が立証困難な方法、あるいは渡航制限のようにWTOルールの射程外の分野で威圧を加えることも少なくない。また現在、WTOの上級委員会は米国による委員の選任拒否により機能不全に陥っている。したがって、WTOの司法プロセスを経済的威圧の問題に対する万能薬として見なすことはできない。一方、WTOの各種委員会における問題提起やWTO提訴という手段は、中国の経済的威圧の実態や問題点を国際社会に対して発信する契機となり、長期的には一定の牽制効果をもたらすことも期待される（Glaser, 2021）。ま

た日本政府は2023年3月、上級委員会が機能回復するまでの代替策として設立された多数国間暫定上訴仲裁アレンジメント（MPIA）への参加を決定した。MPIAには中国も参加していることから、今後は同枠組みを活用して日中間の紛争解決を目指すことも可能となった。

最後に、経済的威圧に対する「対抗措置」はどうか。経済的な威圧を受けた際、日本も中国に対して何らかの報復をすべきなのだろうか。ここで米中間の関税戦争から学ぶべき教訓がある。それは、世界最大の経済大国であり、中国にとって最大の輸出相手国である米国でさえも、対中関税の大幅な引上げという手段により中国から政策的譲歩を引き出すことは容易でなかったという点である。仮に日中間で報復合戦に発展した場合、両国の市場規模や依存関係の非対称性を踏まえると、日本は中国以上に経済的損害を被る可能性がある。[36] したがって中国の経済的威圧に対抗するためには、日本単独で対峙するのではなく、対ロシア経済制裁と同様、他の同志国と連携すべきである。また連携体制を事前に構築しておくことは、抑止力向上にも資することも期待される。

(2) 同志国との連携を通じた備え

対抗措置や抑止力の効果を高めるうえで同志国と連携すべき第一の分野は、やはり中国による過去の威圧や優れた対応方法に関する事例の「情報共有」であろう。第二に、日本単独ではなく、同志国全体で見た場合の供給網の自律性および不可欠性の状況を継続的に監視する仕組みの構築も重要である。以上2点は、中国の経済的威圧に対して集団的に対応するうえでの基本インフラとなる。

第三に、中国が特定の同志国からの「輸入」を制限する場合に備えて、行き場を失った当該輸入品を他の同志国が一時的に免税で輸入するための仕組み、あるいは当該品目の輸入に際して一部資金援助を行うための共同基金の設立についても検討すべきであろう。また中国が特定国に対して重要物資の「輸出」を制限する可能性も想定し、IPEFでも検討されているような、供給網途絶の際の物資の緊急融通メカニズムの構築のあり方についても議論を深めるべきである。

第四に、中国が特定の同志国に経済的威圧を加えた際に集団で対抗措置を

発動できる仕組みの導入が考えられる。事実、欧州では 2021 年 12 月に「反威圧手段（anti-coercion instrument）規則」の導入が提案され、立法化に向けた検討がなされている（European Commission, 2021）。同規則案は、特定の加盟国が経済的威圧の脅威に直面した際、EU 全体として相手国と協議し、協議不調に終わった場合には相手国に対して経済的な対抗措置を発動することを可能にするものである。WTO ルールとの整合性の問題をクリアしつつ、G7 を中心とする同志国で同様の対抗措置の制度を導入することで、中国に対して大きな抑止力を獲得できると思われる。

　ただし、日本やその同志国が集団的な対抗措置を整備すれば、中国側もリスク回避のために当該スキーム参加国への経済依存を低下させようと試みるだろう。結果として、中国とビジネス上の関係がある無数の西側企業が経済的損失を被ることはもちろん、中国との経済依存関係が希薄化する結果として西側の対抗措置の威力そのものが低下する可能性についても留意が必要である。最後に、集団的な対抗措置を実際に発動すれば、中国との間で大規模な報復合戦となり、日本企業、そして日本経済も大きな損失を被ることとなる。集団的対抗措置を導入する際には、その目的が衝突ではなく衝突の抑止にあるとの認識を同志国間で共有するのみならず、中国に対しても明確なメッセージとして伝達し続ける必要がある。

表 1　中国が実行または予告した経済的威圧事例（2010 年以降、抜粋）

Case	年	標的国	動機／手段
1	2010	日本	尖閣諸島問題、中国漁船の船長船員逮捕／レアアース輸出規制＆日本製品不買運動の扇動・黙認
2	2010	ノルウェー	中国人人権活動家のノーベル平和賞受賞／検疫上の理由によるノルウェー産サケの輸入規制
3	2012	フィリピン	南シナ海スカボロー礁事件／フィリピン観光制限＆検疫上の理由によるフィリピン産バナナ輸入制限
4	2016	台湾	蔡英文総統及び民進党の勝利／団体旅行客の台湾観光制限
5	2016	モンゴル	ダライ・ラマ訪蒙／モンゴル産鉱物輸入手数料引き上げ、政府間交流・大口融資含む二国間協議の停止
6	2017	韓国	米国の THAAD 配備／中国人の韓国観光制限、韓国製品不買運動、K-POP 公演中止、中国国内ロッテ・マートの営業停止命令など
7	2017	パラオ	台湾との国交継続／パラオへの団体旅行制限
8	2018	米国	通商法 301 条に基づくトランプの対中関税措置／報復措置としての対米関税、米国債購入減を示唆など

9	2018	カナダ	華為副会長拘束／治安上の理由でカナダ渡航自粛呼びかけ、検疫上の理由による菜種輸出許可取消
10	2019	米国（NBA）	NBA の GM が SNS で香港デモの支持表明／中国企業の NBA スポンサー撤退、NBA の一部試合の中国国内放送停止
11	2020	豪州	新型コロナ発生起源調査要求、華為の 5G インフラ排除／治安上の理由で豪州への留学・渡航自粛呼びかけ、豪州産大麦・ワインに対するアンチダンピング関税・補助金相殺関税賦課、豪州産綿利用自粛要請、木材など・ロブスター検疫措置、石炭の通関遅延
12	2020	チェコ	チェコ上院議長訪台／チェコへの渡航自粛呼びかけ、チェコ製ピアノ（ペトロフ社）など事実上禁輸
13	2020	米国	米国が中国の動画共有アプリ TikTok に対して利用禁止措置を発表／中国における米国 Tripadvisor などアプリの排除
14	2021	米国	共産党幹部・香港当局者に対する米国の資産凍結／ポンペオ氏を含む 28 名とその家族の入国禁止・中国での経済活動制限
15	2021	台湾	蔡英文政権へのゆさぶり／検疫上の理由によるパイナップル輸入制限
16	2021	H&M/Nike/adidas/Burberry/Converse など	ウイグル綿花の調達停止など／中国ネットストアからの商品削除など事実上の不買運動
17	2021	EU・英国・米国・カナダ	ウイグルでの人権侵害を理由とする対中制裁(当局者の資産凍結・渡航禁止) ／ EU・英国・米・カナダの一部個人・団体の入国禁止など
18	2021	リトアニア・EU	首都ビリニュスにおける台湾代表処の開設許可／リトアニア製品の通関拒否、リトアニアへの輸出制限、リトアニアと関係する第三国企業への圧力

（出所）Harrell ら (2018)、Hufbauer and Jung (2020)、および国内外報道記事より筆者作成。

参考文献

Adachi, Aya, Alexander Brown, & Max J. Zenglein (2022) "Fasten your seatbelts: How to manage China's economic coercion." Mercator Institute for China Studies.

https://merics.org/en/report/fasten-your-seatbelts-how-manage-chinas-economic-coercion

Bohman, Viking & Hillevi Pårup (2022) "Purchasing with the Party: Chinese consumer boycotts of foreign companies, 2008–2021." Swedish National China Centre.

https://kinacentrum.se/en/publications/chinese-consumer-boycotts-of-foreign-companies/

Bown, Chad P., & Melina Kolb (2021) "Trump's Trade War Timeline: An Up-to-Date Guide (Updated February 8, 2021)." Peterson Institute for International Economics. https://www.piie.com/sites/default/files/documents/trump-trade-war-timeline.pdf.

European Commission (2021) "EU strengthens protection against economic coercion."

https://ec.europa.eu/commission/presscorner/detail/en/IP_21_6642

Fuchs, Andreas, & Nils-Hendrik Klann (2013) "Paying a visit: The Dalai Lama effect on international trade." *Journal of International Economics*. Vol. 91. No. 1. pp. 164-177.

Glaser, Bonnie S. (2021) "Time for Collective Pushback against China's Economic Coercion." Center for Strategic & International Studies (CSIS).

https://www.csis.org/analysis/time-collective-pushback-against-chinas-economic-coercion

Harrell, Peter, Elizabeth Rosenberg, & Edoardo Saravalle (2018) "China's Use of Coercive Economic Measures." Center for a New American Security.

https://www.cnas.org/publications/reports/chinas-use-of-coercive-economic-measures.

Hufbauer, Gary Clyde, & Euijin Jung (2020) "China plays the sanctions game, anticipating a bad US habit." Peterson Institute for International Economics.

https://www.piie.com/blogs/china-economic-watch/china-plays-sanctions-game-anticipating-bad-us-habit.

McLean, Elena V. (2021) "Economic Coercion." In Pevehouse, J.C.W., & Seabrooke, L. (eds.) The Oxford Handbook of International Political Economy: Oxford University Press.

久野新（2022）「対ロシア経済制裁の有効性 − 予備的評価と展望 −」『東亜』第 665 号、霞山会。

寺田貴・大崎祐馬（2022）「米中覇権競争とインド太平洋地経学 (Part 2:「経済相互依存の罠」を巡る地経学概念の整理)」日本国際フォーラム・コメンタリー（2022 年 10 月 13 日）。

https://www.jfir.or.jp/studygroup_article/9161/

〔註〕

（1）McLean (2021, p.1). なお Economic coercion は「経済的強制」と訳される場合もあるが、本稿では外務省や経済産業省の用法にならって「経済的威圧」という表現を用いる。

（2）2009 年 7 月にワシントンで開催された米中戦略経済対話における戴秉国国務委員（当時）の発言によると、中国の「核心的利益」とは、(1) 中国の基本的制度と国家安全保障の維持、(2) 国家主権と領土保全、(3) 経済社会の持続的かつ安定的な発展であるとされる（「中国的核心利益第一是维护基本制度和国家安全，其次是国家主权和领土完整，第三是经济社会的持续稳定发展」）。中国新聞網「首轮中美经济对话：除上月球外主要问题均已谈及」（2009 年 7 月 29 日）。

（3）"Amid Tension, China Blocks Vital Exports to Japan," New York Times, September 22, 2010.

（4）尖閣諸島の問題が中国にとっての「核心的利益」であると中国政府が初めて明言したのは 2013 年 4 月とされるが、中国政府内で同問題が核心的利益に格上げされたことが初めて報じられたのは 2010 年 10 月である。日本経済新聞「中国、尖閣は「核心的利益」と初めて明言：領土問題化へ圧力」2013 年 4 月 26 日、および "Diaoyus row marks shift in Beijing's diplomatic posture," South China Morning Post, October 2, 2010.

（5）"China Dispute Threatens Philippine Industries," Wall Street Journal, May 16, 2012.

（6）"China shuts down all packaged tours to Korea," Korea JoongAng Daily, March 3, 2017.

（7）"Angered by U.S. anti-missile system, China takes economic revenge," CBS News, April 7,

2017.

（ 8 ） "Taiwan says China tourists down 36.2 percent amid political tension," Reuters, December 29, 2016.

（ 9 ） "China's 'tourist ban' leaves Palau struggling to fill hotels and an airline in limbo," ABC News, August 25, 2018.

（10） "Taiwan visit shows Czech Republic can resist China retaliation," Nikkei Asia, September 7, 2020.

（11） "Taiwanese urged to eat 'freedom pineapples' after China import ban," The Guardian, March 2, 2021.)

（12） "China Takes Lithuania as an Economic Hostage," Wall Street Journal, January 6, 2022.

（13） "China slaps new fees on Mongolian exporters amid Dalai Lama row," Reuters, December 1, 2016.

（14） "Xinjiang cotton: Western clothes brands vanish as backlash grows," BBC News, March 26, 2021.

（15） "Soul or Salmon? Norway's Chinese Dilemma," The Diplomat, May 9, 2014.

（16） "Daryl Morey backtracks after Hong Kong tweet causes Chinese backlash," BBC News, October 7, 2019.

（17） "Canada, China talking to keep canola seed exports moving," Reuters, April 1, 2020.

（18） "China issues travel warning for Canada after "arbitrary detention" of national," Reuters, January 15, 2019.

（19） "Australia Rebuffs China's Warning to Students on Racist Attacks," Blomberg, June 9, 2020.

（20） "Squeezed by China's Tariffs, Australian Farmers Cultivate New Markets," Wall Street Journal, February 25, 2021.

（21） "China retaliates after US, EU and UK impose sanctions," Financial Times, March 23, 2021.

（22） Bown and Kolb (2021).

（23） "China bans 105 apps including TripAdvisor," December 8, 2020.

（24） "China sanctions 28 Trump officials, including Pompeo," Nikkei Asia, January 21, 2021.

（25） Harrell et al. (2018, p. 16).

（26） 前掲註 12。

（27） "Exclusive: Lithuania braces for China-led corporate boycott," Reuters, December 9, 2021.

（28） 日本経済新聞「中国、米国債購入減に含み　301 条に対抗」2018 年 3 月 24 日。

（29） "Norway and China Restore Ties, 6 Years After Nobel Prize Dispute," New York Times, December 19, 2016.

（30） "Duterte aligns Philippines with China, says U.S. has lost," Reuters, October 20, 2016.

（31） "Mongolia government expresses regret over Dalai Lama's visit," Global Times, December 21, 2016.

（32） "South Korea's "three no's" announcement key to restoring relations with China," Hankyoreh, November 2, 2017.

(33) ただし、個別企業を狙い撃ちした威圧では標的が謝罪や譲歩をした事例はある。たとえば米国 NBA の事例では、最終的に香港における民主化デモを支持するツイートを行ったゼネラル・マネージャーが辞任している。

(34) 外務省ウェブサイト「日本の当事国案件：中国レアアース、タングステン及びモリブデンの輸出に関する措置（DS433）」（令和 3 年 10 月 14 日）。

(35) 外務省ウェブサイト「G7 エルマウ・サミット（概要）」（令和 4 年 6 月 28 日）および「山田外務副大臣の第 2 回 G7 貿易大臣会合への出席」（令和 4 年 9 月 15 日）。

(36) 中国からの輸入が途絶した場合、日本の国内生産は 53 兆円消失するとの指摘もなされている。日本経済新聞「ゼロチャイナなら国内生産 53 兆円消失　中国分離の代償」2022 年 10 月 18 日。

第6章
中国の海洋技術力の発展とそのグローバルな影響

益尾知佐子

はじめに

　中国共産党第20回党大会の開催を2週間後に控えた2022年9月末、中国では習近平の執政10年の「成果」に関する華々しい報道が相次いだ。なかでも人目を引いたのは独自の宇宙ステーションの建設についてで、技術開発に勤しんだ愛国的な科学者たちの活躍にスポットライトが当てられた。そうした中、「白鶴灘」と呼ばれる移動式の洋上風力発電用プラットフォームが広州で引き渡されたという報道がなされた。「白鶴灘」は平らな巨大船で、上下に動く長さ120メートルの足を4本持ち、目的の場所に移動した後、水深70メートルの場所に足を下ろすことができる。移動中は横倒しされている鉄塔に、羽を取り付け垂直に起こすと、風力で1000万メガワット以上を発電できる世界初のプラットフォームになる。[1]

　中国は近年、豊富なイノベーション力を用い、数多くの「世界初」を生み出している。一般的に言えば、技術の発展は喜ばしいものかもしれない。だが、懸念されるのはその用途である。「白鶴灘」が誰に引き渡されたのか、どこに投入される予定なのか、報道は明らかにしなかった。だが翌2023年2月、南シナ海のスプラトリー諸島に属する中国の埋め立て島のうち、永暑礁（フェアリー・クロス・リーフ）、渚碧礁（スビ・リーフ）、美済礁（ミスチーフ・リーフ）の軍営にスーパーが開店し、兵士たちが好きなときに冷たい飲み物を買えるようになったと報じられた。スーパーの冷蔵庫に電力を供給しているのは、「白鶴灘」に違いなかった。[2]

　フィリピンは南シナ海のスカボロー礁の実効支配を中国に奪われ、中国が南シナ海で主張する「九段線」の妥当性を常設仲裁裁判所に訴えた。仲

裁裁判所は 2016 年に、南シナ海の構造物は人間が恒常的に住めないため、いずれも島ではなく岩礁であってその周辺に排他的経済水域を設定することはできず、また「九段線」に国際法上の根拠は認められないという判定を下した。中国当局はこの判定を「紙くず」と切り捨て、7 礁の埋め立てと軍事基地化を敢行した。そして今、そこに電力供給を行い、おそらくは海水の淡水化装置なども稼働することで、岩礁を居住可能な空間に変えていこうとしている。

　中国の台頭により、周辺地域の地政学は大きく変化していると指摘されてきた。しかし、こうした変化の決定要因を中国に求めるのであれば、地経学にこそ着目しなければならない。習近平政権は 2015 年に「軍民融合」を打ち出し、軍と民の力を一体化させて中国の国力を最大化することで、中華民族の偉大な復興を目指してきた。こうした努力の中で、中国は人民解放軍の軍備増強に勤しむだけでなく、世界最大の人口規模を持つ自国市場を存分に活用し、国家中心の技術開発を進め、経済的な手段を多用して、域内他国に対する影響力の拡張を企図している。すなわち、中国共産党が国家の軍事と経済の両面を掌握しながら世界戦略を打ち出すにあたり、その手法の特徴が最もよく現れるのが、この地経学の分野なのである。

　本章は、中国の新たなイノベーション力に注目し、中国が特に海域でどういった設備を開発しているのか、それによって何を成し遂げようとしているのか分析する。中国の海洋戦略といえばかねて「軍」の側面が強調されがちだが、中国は自国の影響力の伸長と長期化のため、「民」の力こそを伝統的に重視してきた。それは中国の戦略古典である『孫子の兵法』にも、共産党総書記である習近平氏の「軍民融合」戦略にもかなう。そうした「民」の側面に着目することで、本章では中国の行動が、ユーラシア地域の地経学上の競争を不可避的に激化させていると指摘する。

　以下、第 1 節ではまず中国の国土空間規画を取り上げ、同国では国家の長期計画が海洋ガバナンスの強化に用いられてきたことを説明する。また第 2 節では、中国がこれらの国家計画に沿い、これまで海洋の情報収集インフラを漸進的に構築してきており、現在は海中の立体観測網を建設する段階に入っていると論じる。さらに第 3 節では、中国が現在、そうして集めた情報を使い、民間の力も活用しながら、新たな応用技術やサービスの開発を進め

ていると分析する。本章の結論では、中国がこれら技術の国際普及を目指していると指摘し、こうした地経学的な変化に対して、日本を含む西側諸国も早急に対応すべきだと主張する。

1.　海洋に関する国家長期計画の策定

　本節ではまず、中国で海域開発のアクションプランの役割を果たしてきた国家規画（長期計画）の変遷について考察したい。

　2014年ごろ、中国が南シナ海で実効支配していた7礁で大規模な埋め立てに着手し、島を造成し始めたことは、世界で驚きを持って受け止められた。2015年9月に訪米した際、バラク・オバマ大統領に埋め立ての目的を問われた習近平・国家主席は、それらを軍事化する意図はないと答えた。しかし現在、それらの土地は中国人民解放軍の基地となり、地対空ミサイルや地対艦ミサイルが配備されている。習近平は"嘘つき"だったのだろうか。

　筆者の研究によれば、埋め立て島は中国の国内行政上、「国防用途島」に分類されている。2009年末に制定された海島保護法では、これを国防と関係のない用途に用いることが禁じられている。[3] 清華大学の法学博士の学位を持つ習近平は、法律上の規定は十分理解していたはずだ。善意に解釈すれば、彼はこれらの島を「国防」のために使うつもりで、それと「軍事化」は異なると考えていたのだろう。

　ここで重要なのは、中国国内ではこのような大規模な埋め立てプロジェクトに、法律上、そして行政上の根拠があるということである。中国は巨体であり、世界最古・最大の官僚国家でもある。大きな物事を実施する際には、必ず（軍を含む）官僚体制を動員し、手続きに沿ってそれを進める。埋め立てに関していえば、中国は海島保護法に基づき、2010年から数年かけて海上の島の管理に関する行政制度を整えた。その際、島や岩礁などの自然状態を改変する埋め立ては、国家が厳しく制限していくことを決めた。さらに2012年に中国は、海島保護法に基づいて「第一次海島保護規画」を立ち上げている。[4]

　島をめぐる新たな行政制度や公開版の「第一次海島保護規画」の内容か

ら分析すると、7礁の埋め立てはこの「第一次海島保護規画」の非公開項目、「中・南沙群島区」（スカボロー周辺海域、スプラトリー諸島）の中で定められていたと考えられる。この文書の公開版では、この項目のタイトルは記載されていたが、その中身は非公開になっていた。ただし「西沙群島区」（パラセル諸島）の方を見ると、そこでは「補給中継」を可能にするための公共設備の建設が謳われていた。⁽⁵⁾パラセル諸島の北側の海南島は今日、中国最大の自由貿易区として開発されている。中国が1974年に実効支配を築いたパラセル諸島を「補給中継」として発展させるというのは、この時点でパラセル諸島より遠方でも、パラセル諸島を上回るレベルの大規模開発が予定されていたことを示唆する。加えて、当時の国内制度に即して考えれば、これが中国の最高指導部の許可を得て実行されていたことも間違いない。国防用途島の管理者は軍（中国共産党の党軍）だが、国内制度上、埋め立てには国務院（政府）の海洋担当機関（当時は国家海洋局）の同意が必要だった。国防用途島の埋め立ては軍と国家海洋局の共同作業で計画されたはずで、中国の体制においては、党と政府にまたがる案件は最高指導部しか最終決定できないのである。⁽⁶⁾

　さて、この第一次海島保護規画の実施期間は、通常の五カ年規画（五カ年計画）に合わせて2011年度から2020年度に設定されていた。本来、2021年度からの第14次五カ年規画期には第二次海島保護規画が立ち上がる予定だったが、中国では2019年に、国土や管轄海域に関する既存の規画すべてを統合し、新たに「国土空間規画」を立ち上げることが発表された。国務院の中でその責任部局となったのが自然資源部だった。前年には党と国務院の大規模な機構改革が行われ、国家海洋局が解体され、その一番大きな残存部隊が新設の自然資源部に吸収されていた。国土空間規画を策定していく方針は、その時には決まっていたのだろう。

　国土空間規画は中国共産党が、科学技術の力でよりしっかりと、中国の国土および自国が主張する「管轄海域」を統一的に監視管理・利用していくための長期計画である。中国が画像認証技術などを活用し、すでに世界最先端の監視社会となっていることはよく知られている。中国はこれに続いて現在、人工衛星技術やAI・IT技術を活用し、地球や人間活動に関するさまざまなビッグデータをさらに大規模に蓄積していこうとしている。2023年にアメ

リカ大陸上空で発見された気球もその試みの一つであろう。国土空間規画は
このビッグデータを活用し、中国が安全保障、経済、環境保護など各方面の
資源配分や管理を最適化し、効率的なデジタル社会を構築していくための試
みである。ただし、人工衛星技術などを用いた最先端のデータ収集が試みら
れているため、この長期計画は中国の国内計画でありながら、中国共産党の
監視網を全世界、さらに宇宙や海洋といった新空間に広げていく効果も持っ
ている。⁽⁷⁾

　国土空間規画の策定の直接的な対象とされたのは、陸域については中国の
領土とその上空である。海域は、中国がこれまで主張してきたすべての「管
轄海域」（領海、排他的経済水域、大陸棚、南シナ海「九段線」内）とその
上空である。つまり、2021年2月に施行された中国海警法の対象範囲と同じ
である。⁽⁸⁾中国は自国の「管轄海域」を国内で「青色国土」や「海洋領土」な
どと呼んでおり、それをあたかも陸域のように、自国の完全な主権が及ぶ空
間としてみなす傾向がある。ただし、それらの陸や海の上空、つまり「空
間」に執着するのはここ数年の、比較的新しい現象である。なお「空間」に
は、中国語では宇宙という意味もある。

　国土空間規画の策定にあたり、中国国内で特に意識されてきたのは「陸海
統籌」の原則だ。これは、陸地と海洋の統一的な協調開発を計画し推進して
いくという意味である。この原則は、中国が2012年に「海洋強国」の建設
を目指し始めたころからすでに唱えられていた。ただし、2018年から米中貿
易戦争が始まり、米中「新冷戦」勃発の可能性が囁かれる中で、その意味づ
けも変化してきたようだ。中国で安全保障上の危機感が高まったことで、海
域は米国などの西側勢力とのバッファーゾーン、もしくは潜在的な戦いの場
としてより強く認識されるようになったと考えられる。⁽⁹⁾

　近年、自然資源部の予算のほとんどは、国民の居住空間に対してではなく
海洋や気象などの分野に割かれている。そのホームページによれば、2022年
度予算の支出総額は168億787元（約3,200億円）で、「自然資源海洋気象等
支出」にはそのうち139億3,220億元が計上され、支出総額の実に82.9％を
占める。⁽¹⁰⁾むろん、陸地については同部ではなく各省が規画の策定と実施に責
任を負っているという事情もあろうが、海洋への考慮は規画のうちかなり大
きな部分を占めると考えられる。

中国をめぐる安全保障問題に関して、米国では中国が 2027 年、もしくは2025 年までに台湾を侵攻するなどと言われてきた。ただし、中国側の国家計画からはそうした準備は読み取れない。中国では米国との対決は、あるとしてももう少し後になると想定されているのではないか。国土空間規画の策定にあたっては、むしろ国土空間の徹底したデジタル管理を実施するため、それまで各省でバラバラだったデータ収集の基準そのものを画一化し再編する必要があるなど、根本的な課題が強く意識されてきた。新型コロナの発生もあり、2020 年 11 月にはスケジュールの後倒しが認められ、策定作業はより抜本的に、ゆっくりかつしっかりと進められることになった。自然資源部副部長・荘少勤は、2022 年 9 月に「国土空間規画綱要　2021-2035」の編制作業がようやく完成したと言及している（中身は未公表）。これによって新しく統一的な測量・製図システムが定まり、「デジタル国土」「スマート国土」の建設が本格的に推進されることになった。[11]中国は自国の国力を長期的に維持・拡大していくため、他国に先んじて次世代型の国家建設を本格化している。

2.　海洋の情報収集インフラ

　中国はいかに国土空間規画を実施しようとしているのか。中国がどのようなビッグデータを作っているのかを考察することは、その問題を考察する一助となる。この節では中国が、特に海洋でどのようにデータ収集を進めているのかを考察してみたい。

　海洋地質学者の汪品先によれば、海洋に関する中国の研究手法は 3 つの段階を経て発展してきた。第一は科学調査船などの船を用いた段階である。この手法ではどうしても調査海域や時間が限られ、海洋全体が観測できないという問題があった。第二に進められたのが、宇宙に人工衛星を飛ばし、衛星に搭載されたリモートセンシング技術を用いて、海洋動態を全体的に捉えていく段階である。船の位置情報の捕捉のため、中国ではAIS（Automatic Identification System: 船舶自動識別装置）や GPS（Global Positioning System: 全地球測位システム）加えて中国独自の測位システムである「北斗」などがもともと使われていた。2010 年代半ば以降、中国は海

洋の表面温度や潮流などをリモートセンシング衛星で補足できるようになり、海洋動態に関する研究が飛躍的に進んだ。だが、この手法では水中の動態は捕捉できなかった。そこで三番目として、現在開発されているのが海底観測網である。これは海中にさまざまな装置を設置して各種データを捕捉し、さらにそれらを衛星通信や海底ケーブルでつなぎ、できるだけ即時で、陸上に情報を送るためのネットワークである。⁽¹²⁾

　この３段階のうち、第一段階の海洋調査船は東シナ海では1990年代半ばに見られるようになり、それが尖閣諸島の領海等にも侵入を繰り返したため、日中両国は2001年に海洋調査活動の相互事前通報枠組みを構築した。⁽¹³⁾中国がこの枠組みを有名無実化させて海洋進出を続けたことは、多くの日本人の記憶にも残っていよう。その後、中国海洋調査船の活動は全世界に広がり、2022年6月にはNHKスペシャルが特集を組み、調査船80隻の10年分のAIS情報を分析している。NHKは中国が、南鳥島周辺では日本の海洋調査などをウォッチしながらその周辺海域で調査を実施していると指摘した上で、中国の狙いは海底資源の確保にあると指摘している。⁽¹⁴⁾船による海洋調査自体は手法としては伝統的だが、広東省では2023年1月、自動航行機能と遠隔操作機能を備え、空・海上・海中の各種無人システム機器の母船として活動できる世界初の知能型海洋調査船、「珠海雲」が引き渡されている。⁽¹⁵⁾中国はこの伝統分野でも、かなり積極的に技術革新に挑んでいる。

　第二・第三段階の調査手法は習近平時代に入ってから飛躍的に発展した。そのいずれもが、新たなインフラ構築によって海洋に関するデータを恒常的に蓄積していく試みである。第二段階の衛星網については、筆者はすでに他所で論じたことがある。簡単に述べておくと、中国の衛星網には大きく分けて3種類あり、第一が「北斗」と名付けられた測位衛星システム、第二が気象観測や海洋動態観測などで多用されるリモートセンシング衛星システム、第三が衛星通信システムである。⁽¹⁶⁾2023年3月の段階で、中国空間技術研究院が打ち上げに成功した人工衛星などの飛行体は400基に及ぶという。⁽¹⁷⁾

　では、海については実際にどのような衛星が用いられるのだろうか。また、その管理者は誰だろうか。方向性を見失いやすい海の上では、位置情報の捕捉は極めて重要なため、第一の衛星網は海洋ガバナンスの基本となる。北斗システムの位置情報は、GPSに比べると国家機関や民間に開放されている部

分が大きいとされるが、米国と同じくその最終的な管理者は軍である。軍は漁船や貨物船などの民間船の動向も把握しているようで、安全保障上の必要に応じてそれらに協力を要請することもあるようだ[18]。北斗シリーズにはもともとショートメッセージの相互送信機能が備わっており、これを用いてユーザー間で簡単な情報のやり取りはできる。

第二の衛星網は、2015年10月に「国家民用空間インフラ中長期発展規画（2015-2025年）」が策定された時点では、すべてが国家海洋局の管理下に入ることが想定されていた[19]。現在のところ、たしかに海色衛星（HY-1C/D）や海洋力学環境衛星（HY-2B、HY-2C/D、CFOSAT）は自然資源部系の国家衛星海洋応用センターの管理下にある[20]。だが「高分衛星」と呼ばれる海洋用の合成開口レーダー（SAR）衛星 GF-3（本来は HY-3 シリーズとしての開発が想定）はなお軍が管理しているようで、上記センターのホームページには記載がない。ウクライナ戦争で知られた通り、SAR 衛星は曇天時でも陸や海の表面の観測を可能にする。軍事的重要性が高いため、軍が手放さなかったとみられる。

第三の衛星通信システムは、主に国有企業が管理しているようだ。中国の海洋研究者は、高い秘匿性を持ちながら多くの情報をやり取りできる「天通」シリーズを高く評価している。また中国としては通信機能を重視し、将来的には宇宙ベースのブロードバンドネットワークを立ち上げる計画を有している。遠洋では地上局を介さずに情報のやりとりをしなければならないため、現在、世界の多くの船は高額かつか細い衛星通信網に依存している。宇宙ベースのブロードバンドが実用化されれば、人類の海上における生活は一変すると考えられる。

中国共産党は、これらの異なる管理者を超越する存在である。習近平政権は中国の力で人類史を新たな段階に引き上げることを目指し、情報通信を新興分野として重視して、新型インフラの構築を進めようとしている。共産党が衛星網を全体統括しているため、異なる種類の衛星をネットワーク化し、全体を統合的に運用することが可能になっているとみられる。

衛星ネットワークのうち、最初に構築された「北斗」システムは1990年代初めから開発が進められていたが、大きな弾みがついたのは2008年の四川大地震のようだ。このとき、解放軍は被災地での災害支援に動員されたが、

そこでは米国の GPS がほとんど使えなかった。GPS は衛星と各端末との情報のやりとりにあたり、間に地上局を必要とする。それが地震で機能しなくなれば各端末で情報が扱えなくなるのは当然だ。しかし、この現象に直面した解放軍の間では、米国が中国の窮地につけ込んで非人道的な嫌がらせをしていると噂が広がり、自国独自の衛星網を持つ必要性が認識された。2011 年からの第 12 次五ヶ年規画において「北斗」システムの建設に梃入れがなされ、2020 年までにグローバルカバレッジが達成されていくことになる。これに続き、2016 年からの第 13 次五ヶ年規画の中ではリモートセンシング衛星と通信衛星の基盤形成が目指され、情報化時代の到来に備えて大量のデータを取り扱う衛星網の構築が進められた。

このような衛星網の発達により、中国は広範な海域を宇宙から監視できるようになった。しかしそれと同時に、衛星では水中の様子がとうていわからないという問題も意識された。空中で伝わる電磁波が、水の中ではうまく伝わらないからである。実際、深海は研究の困難さから、宇宙以上に人類最後のフロンティアだといわれてきた。だが水中データの捕捉と分析は潜水艦を用いた海戦には極めて重要であるし、深海流の動向は気候変動と深い関わりを持っていることが知られる。中国はそこに積極的に切り込んでいく姿勢を見せた。

最初に行われたのは、世界の海洋研究の例などを参考に、海上にブイ（浮標）などを浮かべて海表面やそれに近い部分のデータを集めることだった（図 1）。こうしたブイは集めた情報をデータとして衛星に飛ばし、ほぼ逐次、ユーザーに情報を送ることができる。しかし水深の深い海域ではデータが取りにくく、また中国がそこで情報を集めていることも一目瞭然になってしまう。

これらを克服するため、さらに用いられたのが潜水係留装置（潜標）である（図 2）。これは深海に錘を沈め、そこから浮きを浮かべて間の水中のデータを収集する。かなり深い場所に設置が可能で、水深 1 万メートルのマリアナ海溝に設置例があると言及している研究者もいる。ただし、この装置は捕捉データを得るために装置を海上に引き上げねばならず、データ転送に難がある。長期的な科学研究にはよいが、軍事や経済活動など即応性が求められる用途には合致しない。

図1：中国海洋大学の海洋ブイ

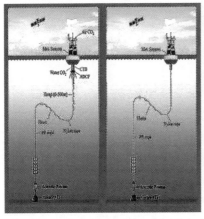

図2：中国海洋大学の潜水係留装置

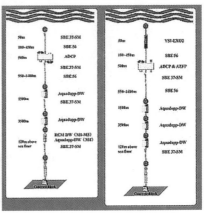

出典：中国海洋大学物理海洋教育部重点実験室（https://cn-kems.net/）

図3："海蘭信"社による沿岸、近海、地域海底観測網の概念図

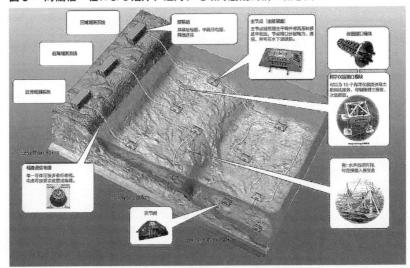

出典：北京海蘭信数据科技股份有限公司『海底観測網：貢献海洋、献身国防』3ページ
[https://www.highlander.com.cn/upload/editor/file/20181227/27103652177.pdf]。

　おそらくはこうした課題を意識しつつ、より系統的に海中のデータを捕捉するため、中国は近年、ケーブル敷設による海底観測網の構築を目指すようになっている。これは「岸基站」などと呼ばれる海岸の基地局から海中にケーブル網を伸ばし、途中にソナーなどさまざまな観測機器を取り付けていくものである（図3）。ケーブル網は200km以上に延伸可能で、必要に応じて上記のブイや潜水係留装置とつなぐこともできる。この設置によって、中国は海底付近の水流、水温などにとどまらず、地殻変動などに関するデータも捕捉できるし、付近を航行する潜水艦などの行動も観測することが可能になろう。ケーブル網はまさに軍民融合技術であるとみられる。

　2021年度からの第14次五カ年規画では、これらの装置を結んだ「海洋立体観測網」の構築が目指されているようだ。2022年4月、博鰲アジアフォーラムに参加した習近平は、中国海洋大学が海南島に新設した研究所を視察した。その様子を公開した動画には、ブイや係留装置が映し出された。さらに、海洋観察用と思われる無人航空機を見学する習近平の横に、「海洋立体観測網」というロゴも映り込んでいた。同研究所は「南海（南シナ海）立体観測網」と呼ばれる空・宇宙・地・海を一体化させた海洋観測システムや、「南海海洋大数据中心（南シナ海海洋ビッグデータセンター）」を構築中とも報じられている。つまり第14次五カ年規画で、中国は衛星網のさらなる強化を図りつつ、海洋立体観測網の建設を進めているということである。

　加えて、海洋立体観測網を使いこなしていく人材の育成も目指されるようになった。図4、図5は中国における地理学の名門、同済大学の「海底科学観測網組網　観測虚擬仿真実験（海底科学観測ネットワーク　ネットワーク化観測シミュレーション実験）」授業への学生勧誘用動画から引用したものである。この授業で学生たちは、観測ネットワークの基本構成や原理、観測プラットフォームの設計と基礎を学び、応用的な知識の鍛錬や問題解決能力の育成を図ることが期待されている。この数年、自然資源部は理系や地理学の高度人材を積極的に募集しており、それと重なる動きと考えられる。

　さらに、一般企業の動向も興味深い。中国のインターネットサイトを検索すると、この1、2年、多くのIT企業が海洋関連の技術開発に参加し、海底観測網の概念図などを、あたかも競うようにネット公開していることが確認できる。中国は過去10年ほど、「海洋強国」の建設を目指す中で海洋経済の

図4：同済大学海底科学観測ネットワーク授業　21世紀初めに出現した海底観測網

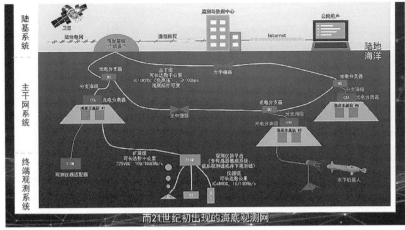

出典：「同済大学海底科学観測網組網観測虚擬倣真実験」学生勧誘用動画より
[http://ocean-ilab.tongji.edu.cn/oceanobservatory]

図5：同済大学海底科学観測ネットワーク授業　授業のカリキュラム構成

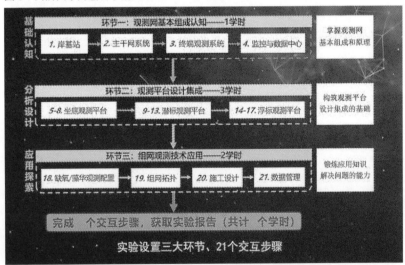

出典：「同済大学海底科学観測網組網観測虚擬倣真実験」学生勧誘用動画より
[http://ocean-ilab.tongji.edu.cn/oceanobservatory]

強化を図ってきたのだが、企業が水中に関する技術発展をアピールするのは
ごく最近の、おそらく 2021 年から 22 年ごろに始まる現象である。おそらく、
第 14 次五カ年規画に海洋立体観測網の構築が盛り込まれ、その開発が決定
した後、中国の中央・地方政府が民間の力を使って関連応用技術の発展を目
指すようになり、各企業を競わせる形でよいアイディアを募ったためではな
いか。企業にとってこれは、将来的に巨利に結びつく可能性のあるビジネス
チャンスであり、今後は急速な技術開発が図られるだろう。

　中国では政府がこのように、企業の経済インセンティブを活用して先端技
術開発を進めるケースは多い。そこに参画している企業が国有なのか民間な
のかは現段階では判別し難いが、基本的にこれは収益性を重視したモデルで
あり、企業の形態はその行動を決める大きなファクターになってはいなさそ
うだ。

　以上をまとめると、中国は他の国々の後を追う形で、第 13 次五カ年規画
期までに衛星による情報収集基盤を構築した。だが第 14 次五カ年規画期に
入って、海洋立体観測網の建設を進めるようになり、水中からの情報収集を
進める段階に入っている。ブイや海底ケーブル網による海洋観測自体は、西
側諸国でも散発的に行われているが、中国はこれを国家として組織的、統合
的、大規模に進めていこうとしている点で諸外国と一線を画す。次節では、
中国がこれらの情報を用いて、どのような応用技術を発展させていこうとし
ているのか、それによって何を目指しているのかを初歩的に考察する。

3.　応用技術の開発

　海域のデータを集めて、中国は何をしようとしているのか。中国の技術
発展の未来を考える時、まず参考になるのは、先行的に発展してきた漁業
分野である。中国はまだ北斗システムが完成していなかった 2005 年ごろか
ら、それを基盤として南シナ海で自国船の位置情報を捕捉する独自の VMS
（Vessel Monitoring System: 船舶管理システム）を立ち上げた。この漁業分野
における中国の動向を観察することは、今後の予測の上で極めて有用である。

　もっとも、2017 年ごろまで中国の漁業管理は極めて粗雑であった。中国政

府は南シナ海や東シナ海の「管轄海域」で実効支配を強めるため、スプラトリー諸島海域などで操業する漁船に燃料費の補助などを行い、漁業資源管理の名目で休漁期間は設定していた。VMS は、漁船が申告通りの海域に出漁していたかを政府が確認するのに有用だったようだ。だがこのころ、中国大陸からは政府登録のない「三無船」が多数出航し、他国漁船の AIS 番号などを名乗って違法操業を繰り返す有様で、中国政府はそうした船をまじめに取り締まろうとしていなかった[24]。

　ところが 2017 年初めから、中国政府は IT 技術を用いて大規模な漁業改革や海洋の資源・環境管理の強化に乗り出し、漁船に対するライセンス管理を徹底し始めた。燃料効率の悪い旧式の漁船や違法漁船を淘汰し、漁民に転業を促す一方、当局の審査に合格した漁船とは協力体制の構築を図り始めた。新たに中央政府の管理下に組み込まれた沖合・遠洋漁船には、衛星とつながる VMS 端末が優先的に搭載され、当局がその位置情報を正確に捕捉できるようになった[25]。漁船は母港が固定され、それ以外の場所には水揚げが禁止された。技術革新を経て「スマート漁港」となった母港に帰れば、水揚げした魚の種類や大きさなどが画像認証などの技術で細かく記録されたようだ。新たなシステムでは、漁民は当局から何重もの管理を受けることになった。

　だが、アメとムチの使い分けを忘れないのが中国政府の面白いところである。当局は漁民を厳しく管理する一方、その海上での生活改善に腐心したのである。漁船に搭載された VMS 端末に、漁民は自分のスマートフォンをブルートゥースなどで接続することが許された。それにより漁民は、インターネットが使えない海の上でも、衛星を介して情報サービスを享受できるようになった。たとえば、海聊科技という企業（2015 年に広東で設立）が提供する「北斗海聊」というスマホアプリを入れると、個々の漁民は VMS 端末を介して、海上で LINE のような SNS を使用できる。それにより、彼らは家族や友人にいつでも無料でメッセージを送り、また格安で衛星電話もかけられるようになり、長く家を離れる苦痛を和らげることができた。

　また、おそらくは同じく北斗のショートメッセージ送信機能か、北斗と連携する民間のサービスを使って、中国政府もさまざまな情報を漁民に送信するようになった。こうした情報には、海上の気象情報や各種の各市場での価格、さらに衛星情報をもとに弾き出した好漁場予測などがある（図6）。当

局のネットワークに入ればこれらの情報を無料か格安で入手できるため、より効率良く操業したい漁民は、その管理を喜んで受けるようになった。付加サービスを充実させたことで、当局の漁業管理ツールである VMS は、漁師側が自主的に使いたがるものへと変わったのである。日本海の大和堆で問題化していた中国漁船の操業が、2022 年に急激に減少したことは、中国側でこのような漁業管理が進展したことと無関係ではなかろう。

図6：自然資源衛星による北西太平洋でのアカイカの漁業予測（大きさの異なる丸印）と AIS で捕捉した船舶位置情報（黒点）

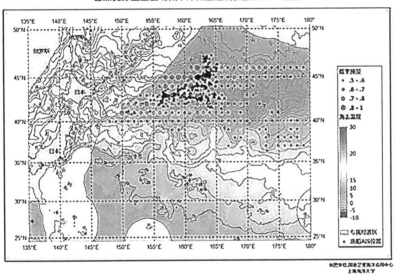

自然資源卫星西北太平洋柔鱼渔情预报及 AIS 船位

このように、中国当局は単なるデータ収集だけでなく、それを用いた新たな社会実装を重視している。筆者が 2019 年までに中国で収集した関連書籍は、科学調査船や衛星で収集したデータの利用を前提、想定しながら、さまざまな用途の可能性を議論していた。それには、海域における詳細な地形地図の作成、漁業資源の開発と保護、海底の地下資源探査の効率化、災害防止、グローバルな気候変動対策、極地科学の進展と北極海航路の開発、ロケットやミサイルの統制などがある。しかしこれらは科学者による基礎的な構想に留

まり、海洋立体観測網の利用もまだほとんど想定されていなかった。

その状況は近年、急速に変わりつつあるようだ。前節で見たように、中国政府は国家的長期計画に商才溢れる企業家を招き入れ、彼らが商業的利益を上げることを黙認しながら、この分野をさらに発展させていこうとしている。

図7は福州達華智能科技股份有限公司（2020年に達華グループの傘下企業として創業）というIT企業が描いた、達華海連網の応用シーンのイメージである。この企業が、①衛星インターネット、②船舶ネットワーク、③海洋センサー網、④海洋監視コントロール網（無人機やヘリコプターからなる）、⑤沿岸ネットワーク（産業パーク）、⑥スマート漁港、などを情報技術で結び、海洋経済を発展させることを目指しているのが見て取れる。

図7：福州達華智能科技股份有限公司による達華海連網の応用イメージ図

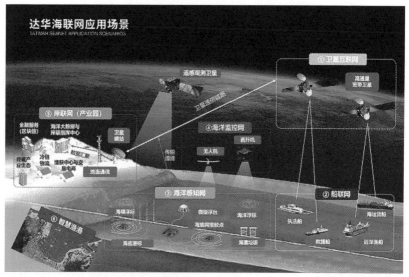

出典：福州達華智能科技股份有限公司「核心業務」
[https://www.twh.com.cn/html/business/satellite.html]。

同社のホームページによれば、その業務内容は次の通りである。「世界中の漁船や林業従事者、遠隔地のユーザーに、高速衛星インターネットアクセ

ス、マルチメディアエンタテーメント交流、ビデオ通話、ハイビジョン映像監視や情報逆送信機能を提供することで、海洋経済、海洋電子商取引、スマート漁港、海上物流、遠隔医療、海洋法執行、救助・災害救援、包括金融、複合的な漁業・観光などの産業形態を創造していく」。同社は海洋を主な舞台として、情報を総合的に扱う企業へと発展していこうとしている。

　同様に、他社の海洋経済活動への参入の動きも急拡大している。金融情報プラットフォームの『証券之星』は2023年4月に海洋データ経済の特集を組み、この分野で成長著しい企業について報じた。筆頭に挙げられた易華録は、中国海洋大学のある青島に本拠地を置く山東易華録信息技術有限公司を傘下に抱える。この山東易華録は近年、数字辺海防（データ辺海境防衛）、数字漁業（データ漁業）、数字海洋文化（データ海洋文化）などの海洋データに関する商品を生み出しており、2022年6月には「海洋科学大数据公共服務平台（海洋科学ビッグデータ公共サービスプラットフォーム）」の建設で中央政府資金の支援を獲得した。記事によれば現在、中央政府の国有企業で、時価総額7000億ドルをつける中国電子科技集団が易華録を傘下に組み込む可能性が取り沙汰されている。同じ記事では他にも、ソナーや海洋無人機装備に強みを持つ中遠海科、2023年3月末に海南島陵水で世界初の商用海底データセンターを開設した海蘭信（2節の図3参照）などが紹介されている。こうした企業は、情報テクノロジーを用いて海洋や遠隔地を人口密集地と結び、海洋に関する新たな産業を生み出そうと独創性を競っている。情報化によって比較的少ない投資で新たな産業創出が見込めるため、少なくとも海洋IT関連のイノベーションは今後急激に進むであろう。将来、物流改革などの面で中国発のサービスが世界的影響力を獲得していく可能性もある。

　自然資源部が公表している中国海洋経済統計には「海洋工程装備製造業（海洋工学機器製造業）」という項目があり、海洋の資源探査・発電・淡水化・情報収集など、人類が海洋を開発・利用・保護する活動を行う際に使用する工学系機器装備製造の生産総額が計上されている。2023年4月公表の統計データによれば、この産業の2022年の生産総額は773億元で、前年比3%の伸びだった。これは2021年に記録された前年比29.6%の伸びに比べて見劣りする。もっとも、5月のニュースによれば、2023年第1四半期には「海洋工程装備製造業」を含む海洋経済の復調が顕著となり、海洋工程装備製造

業の受注高は前年同期比で 4.2 倍に拡大したという[29]。この数字のうち、国家と民間がそれぞれ生み出す生産総額の内訳は不明だが、政府の意向の下で、この分野が急成長を遂げていることはまず間違いなかろう。

　本章の冒頭では、世界最大の移動式風力発電プラットフォームが南シナ海に投入されたことを紹介した。こうした新たな発明は、今後さらに大規模化し、レベルアップされていく可能性が高い。原子炉建設の権威として知られ、中国政府の要職にある科学者の葉奇蓁は、『中国電力報』の取材に応え、現在、中国が多目的モジュール型小型原子炉や浮体式原子力発電の開発を進めていると明かしている。前者は発電、暖房、蒸気製造または海水淡水化用に設計された多目的動力炉で、海水の淡水化などに用いることができる。後者は小型の原子炉と船を組み合わせて移動式の原子力発電所にするもので、海洋プラットフォームや孤立した島に電源を供給して電力・蒸気・熱源を使用可能にし、海水の淡水化にも使え、海洋開発を支援する役割を果たす[30]。

　近い将来、こうした原発がもし南シナ海や台湾海峡で稼働すれば、中国は大規模な海洋立体観測網を動かして米潜水艦等の動きを逐一捕捉し、中国の軍事的優位性を確立することができるようになる。だが、電力の用途は軍事に限らない。電源供給が拡大して宇宙や海中を結ぶ情報ネットワークが成長し、新たな産業が創出されれば、周辺海域における中国の民間人の経済活動も活発化する。中国の応用技術が進化し、海洋に関する新たなサービスを安価な価格で提供できれば、諸外国の人々も中国の技術基盤の上に自分たちの経済活動を広げていくだろう。もし中国が、南シナ海の埋め立て島を新たな居住空間として発展させ、一般市民を観光客として呼び込むことになれば、他国がそれを武力攻撃することはほぼ不可能になり、その周辺は「平和裡に」中国の空間へと変質していくはずだ。

　このように、民間の経済力を国家の長期計画の中に呼び込み、世界最大規模の人口を活用し市場の力で自国の実効統治範囲や影響力を広げ、固定化していこうとする中国の作戦は、これまで人の居住空間になっていなかった海域では非常に有効といえる。

おわりに

　空間インフラを発展させて海域での影響力を広げようとする中国の努力は、実際にはもう世界に広がり始めている。2022年4月、中国は南太平洋島嶼国に多国間協定の締結を提案した。結果的には相手国の賛同が得られず、この試みは失敗した。しかし中国はその草案で、相手国に漁業資源の共同開拓や海洋地図の作成、海洋資源の利用拡大、気候変動対策などを持ちかけていた。これらはいずれも中国国内で、海洋立体観測網の応用技術として議論されてきたものばかりである。中国は南太平洋島嶼国の同意を得て、それらの海岸の基地局から海洋立体観測網を張り巡らせるつもりだったのだろう。もしそれが実現していたら、南太平洋で中国の観測網の建設が始まり、経済と軍事の両面で中国の影響圏が広がっていた可能性は十分にある。⁽³¹⁾

　西側の隙をつくような中国のこうした動きは、米国や豪州の注目を集め、島嶼国をめぐる駆け引きは急激に活発化した。同年12月にはサウジアラビアを訪問した習近平が、アラブ諸国にスマート警察装備の提供の意向を伝えている。⁽³²⁾中国は今後、先進技術の海外輸出を積極化させ、それを新興国・発展途上国に提供することで、そうした国々を自国の側に引き寄せ、国際的な影響力を確保する動きをさらに強めていくとみられる。

　2022年10月、3期目の習近平政権は、中央政治局委員や中央政治局委員に技術系の人材を多数登用した。2023年の「党と国家の機構改革方案」では、中央科技委員会の新設が決定し、科学技術工作に対する党中央の集中的・統一的指導を強化していくことが決まった。⁽³³⁾習近平政権は、国家主導で最新技術の開発を目指す動きをますます強めている。中国が軍拡を続けているのは確かだが、習政権はむしろ技術開発そのものにより大きな政治力を注いでいる。中国は、人類の技術基盤の刷新を牽引し、人類の経済活動のあり方を作り変えることで、国際秩序を再編していこうとしている。

　このような中国の動きは各国に、自国はどの国の技術体系を採用していくべきか、どの国とサプライチェーンを組んでいけば発展と安全保障を両立できるのかという新たな問題を提起している。それによってさらに、周辺地域の地経学上の緊張関係も高まっている。将来的には世界各国の人々や政府が、

価格や質や安心感を総合的に吟味し、西側と中国のどちらの技術体系を選んでいくのかによって、この問題の最終的決着はついていくのだろう。中国式の統制型イノベーションが成功するかどうかは未知数だが、質の割に安価で、人民サービスへの配慮の行き届いた中国の技術には一定の競争力がある。よく技術発展には自由な発想が欠かせないといわれるが、実際には大量の資本投下が求められる分野も多く、技術開発を積極的に後押しする中国はその条件を十分に満たすことができる。日本を含む西側諸国は、過去の技術開発の栄光に慢心すべきではない。新たな国際秩序において、新興国・発展途上国の市場や、それとの政治的関係を失いたくなければ、そうした国々との新たなパートナーシップのあり方を真剣に考慮していくべき時が来ている。

〔註〕

（1）「全球首艘！新一代 2000 吨級海上風電安装平台交付投运」『長江網』2022 年 9 月 28 日（『央視新聞客戸端』からの転載）[http://news.cjn.cn/bsy/yw/202209/t4276761.htm]。

（2）「足不出礁就能購物！南沙島礁超市建成并投入運営」『大洋網』2023 年 2 月 8 日（『央視新聞客戸端』からの転載）[https://news.dayoo.com/guangzhou/202302/08/139995_54419638.htm]。

（3）益尾知佐子「長期計画達成に邁進する中国の海洋管理：『海島保護法』後の国内行政を手がかりに」『東亜』第 598 号（2017 年 4 月）、82、86 ページ。

（4）同、83-84 ページ。「規画」とは 5 年から数十年単位の長期計画のことで、英訳では program と訳される。対照的に「計画」は 1 年程度の長さで、plan と訳される。

（5）同、85 ページ。

（6）同、86-87 ページ。

（7）益尾知佐子「中国のハイテク国家形成と尖閣問題：国土空間規画を中心に」『研究レポート』（インド太平洋研究会　FY2021-9 号）日本国際問題研究所、2022 年 3 月 31 日。[https://www.jiia.or.jp/research-report/indo-pacific-fy2021-09.html]。

（8）中華人民共和国海警法（2021 年 1 月 22 日第十三届全国人民代表大会常務委員会第二十五次会議通過）、第 3 条［http://www.npc.gov.cn/npc/c30834/202101/ec50f62e31a6434bb6682d435a906045.shtml］。

（9）「新冷戦」へのリスクの高まりが認識される中、国土空間規画はそれに備えるためのツールとしての性格を強めたであろう。陸上の国土空間規画についても、最近は食糧安全保障の確保などの側面が強調されている。

（10）自然資源部『自然資源部 2022 年部門予算』2022 年 3 月 [http://m.mnr.gov.cn/gk/czxx/ysjs/202203/t20220324_2731561.html] の附表、「部門支出総表」を参照。

（11）余璐「這十年，我国自然資源事業取得歴史性成就」『人民網』2022 年 9 月 19 日 [http://

finance.people.com.cn/n1/2022/0919/c1004-32529483.html]。

(12)　汪品先「我們為什麼要挺進深海」『人民網』2022 年 4 月 6 日（来源：『学習時報』）[http://dangshi.people.com.cn/n1/2022/0406/c436975-32392248.html]。

(13)　益尾知佐子「東シナ海：緊張関係の最前線」、高原明生・園田茂人・丸川知雄・川島真編『日中関係 2001-2022』東京大学出版会、2023 年、205 ページページ。

(14)　NHK スペシャル「追跡・謎の中国船：“海底覇権”をめぐる攻防」2022 年 6 月 22 日初回放送 [https://www.nhk.jp/p/special/ts/2NY2QQLPM3/episode/te/P5NVJJY58R/]。

(15)　「全球首艘！“珠海雲”正式交付使用」『南方都市報 APP』2023 年 1 月 13 日。[https://m.mp.oeeee.com/a/BAAFRD000020230113757003.html]。

(16)　Chisako T. Masuo, "China's 'National Spatial Infrastructure' and Global Governance: Chinese Way of Military–Civil Fusion (MCF) over the Ocean", *Maritime Affairs*, Vol. 17, No. 2, pp. 27-42.

(17)　「中国空間技術研究院研制并成功発射航天器達 400 顆」『新華網』2023 年 3 月 10 日〔http://www.news.cn/tech/2023-03/10/c_1129424358.htm〕。

(18)　漁船については後述。貨物船については、2017 年の第 19 回党大会に前後に北京で開催され、習近平政権の成果を強調した「砥砺奮進的五年」大型成就展（「五年間の歩み」大型成果展覧会）の「軍民融合」コーナーで、有事の際の軍事動員に備え、COSCO（中国遠洋運輸公司）などの貨物船の甲板を最初から厚く作って戦車などを搭載できるようにした事例が模型で説明されていた。どれくらいの割合がそうなっているかは不明だが、中国が米中貿易戦争前からこうした構想を持っていたことは注目すべきである。

(19)　国家発展和改革委員会・財政部・国防科工局「国家民用空間基礎設施中長期発展規画（2015-2025 年）」2015 年 10 月 26 日、中華人民共和国国家発展和改革委員会 [https://www.ndrc.gov.cn/xxgk/zcfb/ghwb/201510/W020190905497791202653.pdf]。

(20)　「海洋衛星」『国家衛星海洋応用中心』[http://www.nsoas.org.cn/news/node_44.html]。

(21)　黄思育「基于天通衛星通信的海洋浮標監測系統設計」『東莞理工学院学報』第 28 巻第 1 期（2021 年 2 月）、44 ページ。

(22)　「習近平総書記考察調研中国海洋大学三亜海洋研究院」『海大新聞』（来源：『人民日報央視新聞』）2022 年 4 月 11 日 [http://news.ouc.edu.cn/2022/0411/c309a108950/page.htm]。

(23)　「中国海洋大学三亜海洋研究院牢記嘱托，為建設海洋強国貢献科技力量」海南省人民政府（来源：海南日報）、2022 年 6 月 14 日 [https://www.hainan.gov.cn/hainan/ztfwjypx/202206/581fb5ac547243c7aeaeb26c00007d27.shtml]。

(24)　日本周辺海域では、日本漁船が自分と全く同じ AIS 番号を名乗る中国船に、海上で遭遇することもあったようである。

(25)　それまでも国際的な AIS 端末を搭載した中国漁船はあったが、中国では信号のオン・オフがしやすく、他国船の AIS 番号を偽装できる端末が普通に売られている。現在、VMS にこうした操作を加えることは中国の国内法で違法とされている。

(26)　福州達華智能科技股份有限公司「核心業務」[https://www.twh.com.cn/html/business/]

satellite.html]。

（27）「海洋数字経済展望：大海洋　大時代　大数據」、原載『証券之星』2023 年 4 月 14 日
　　（引用は『楽居財経』より）[https://www.lejucaijing.com/news-7052603428031478839.html]。

（28）「2022 年中国海洋経済統計公報」『中国海洋信息網』（原載：自然資源部）2023 年 4 月
　　14 日 [https://www.nmdis.org.cn/hygb/zghyjjtjgb/2022hyjjtjgb/]、5、7-8 頁。

（29）「自然資源部：一季度海洋経済復蘇態勢強勁」『人民網』2023 年 5 月 6 日。[http://
　　m.gxfin.com/article/finance/cj/default/2023-05-06/5979524.html]。

（30）「叶奇蓁：我国核能的創新発展」2022 年 6 月 8 日、国家能源局（来源：『中国電力報』）
　　[http://www.nea.gov.cn/2022-06/08/c_1310617356.htm]。

（30）この多国間協定を提案する 1 ケ月前に、中国はソロモン諸島と安全保障協定を締結し
　　た。その後、中国はソロモン諸島でインフラ建設に注力している。ここでは観測網の
　　建設計画がすでに動き始めているかもしれない。

（32）Chisako T. Masuo, "Fighting Against Internal and External Threats Simultaneously: China's
　　Police and Satellite Cooperation with Autocratic Countries", *IAI Papers* (Istituto Affari
　　Internazionali), 23-1 (Jan. 10, 2023), pp. 12-13.

（33）「中共中央　国務院印発『党和国家機構改革方案』」中華人民共和国中央人民政府、
　　2023 年 3 月 16 日（原載：新華社）
　　[http://www.gov.cn/zhengce/2023-03/16/content_5747072.htm]。

第7章
インド太平洋地域における米中の
デジタル貿易をめぐるルール形成の競争

三浦秀之

はじめに

デジタル貿易を規律する多国間枠組みは、世界貿易機関（WTO）を中心にルール形成が模索されてきた。しかし、現在、デジタル貿易に関する合意された多国間枠組みは一部を除いて存在しない。結果的にデジタル貿易をめぐるルールは、自由貿易協定（FTA）などの二国間および地域間枠組みを通じて構築されてきた。ただし当初のデジタル貿易のルールの多くは電子商取引市場の発展を相互に確認する程度の限定的な規律に留まっていた。

しかし、越境データ流通量が急速に高まり、中国などの権威主義国家が進出企業にサーバーなどの設備を自国内に設置するよう求めたり、ソースコードの開示義務を課すことを検討したりするようになると、中国などに進出する企業が自社情報の流出に対して懸念を示すようになった。こうした中国などによる経済安全保障上の課題を是正すべく、米国は情報の自由な越境データ移転、サーバー等の自国内設置要求の禁止、ソースコードの開示・移転要求の禁止など拘束力のある規律構築に注力するようになり、環太平洋パートナーシップ連携協定（TPP）においてこうした条項を盛り込むことを実現させた。米国は TPP において、米国とその同盟国がデジタル貿易をめぐるルール構築を牽引し、中国などのデジタル保護主義的な国がルールを形成することをを牽制することをを企図していた。

しかしトランプ政権が TPP から離脱したことで、米国はインド太平洋地域におけるデジタル貿易ルールを喪失した。米国がインド太平洋地域において質の高いデジタル貿易を規律するルールを失う一方、同地域では環太平洋

パートナーシップに関する包括的及び先進的な協定（CPTPP）や地域的な包括的な連携協定（RCEP）などの地域枠組みの中でデジタル貿易のルール形成が進展した。また中国が、RCEPにおいて同国が関与する貿易協定で初めてデジタル貿易に関する規定を盛り込むとともに、2021年にデジタル経済パートナーシップ協定（DEPA）及びCPTPPに突如加盟申請し、米国政府を驚愕させた。インド太平洋地域において米中間の地経学的な覇権競争が激しさを増し、中国が同地域の地域枠組みへの参画を積極的に訴求する中で、米国はこの流れから取り残されていた。これに対し米国の識者は、インド太平洋地域で中国の経済的台頭に対抗する具体的な手段を持ち合わせていないことに警鐘を鳴らし始めた。[2] 国内政治上の制約からCPTPPへの加入が難しい米国はインド太平洋経済枠組み（IPEF）を提唱し、現在、インド太平洋地域のデジタル貿易のルール形成を試みている。

　本稿では、まずデジタル貿易をめぐる地経学的な課題を明らかにしながら、デジタル貿易のルールが求められる背景を概観する。そして、インド太平洋地域において米国と中国がいかなるアプローチでデジタル貿易のルール形成に臨もうとしているのか考察する。さらに、それぞれが追求するデジタル貿易の規律をめぐる課題を指摘した上で、最後に、日本がいかなるデジタル貿易をめぐる政策をインド太平洋地域において追い求めるべきか検討し本稿を締め括る。

1.　デジタル貿易をめぐるルールの必要性の高まりと　米国の戦略

　各国でインターネットの使用拡大がみられた1990年代以降、電子商取引をはじめとするデジタル貿易を取り巻く課題は多国間枠組みの場で議論されてきた。しかし、世界貿易機関（WTO）の多国間貿易交渉であるドーハ・ラウンドが停滞する中で、また、自国のデジタル産業の保護や育成するためにデジタル貿易の自由化に途上国が反発していたことから、それを規律するルールは遅々として構築されてこなかった（Azmeh, Foster and Echavarri, 2020）。多国間枠組みが現実社会の課題を反映しない中で、自国企業の海外

展開を強化することを狙った米国政府は、自由貿易協定（FTA）をはじめとする二国間交渉を通じて政策課題の解決を図ろうとした（Wunsch-Vincent and Hold, 2011）。実際、米国は2000年にヨルダンと世界で初めて電子商取引条項を盛り込んだFTAを締結している。同協定の電子商取引条項は、その後締結された他の協定と比較すると射程も限定的で拘束力も低かったが、FTAという新たな交渉枠組みを通じてデジタル貿易を規律しようとする米国の試みは、その後のFTA戦略に多大な影響を与えた（Wunsch-Vincent and Hold, 2011）。その後2003年に電子商取引章を初めて独立した条項として扱った豪州・シンガポールFTAが締結され、それ以降デジタル貿易を規律するFTAの数は増え続け、2020年にはWTO加盟国の3分の2の国・地域が、デジタル貿易条項を含むFTAを有している（Willemyns, 2020）。

　ただし多国間枠組みにおける統一的なルール形成方式とは異なり、多くの二国間および地域間枠組みで締結されたデジタル貿易に関するルールは、締約国間だけで個別的かつ散逸的に形成され、各協定の構成、内容及び範囲は大きく異なっていた。初期のFTAで規定された電子商取引章の内容の多くは、電子的送信に対する関税の不賦課、消費者保護、認証方法、電子署名、貿易電子化など、貿易円滑化やデジタル・プロダクトに着目した貿易条項が中心であった。

　しかし、2006年に、中国政府が自国にとって不適切と判断したサイトアクセスを遮断することを狙った金盾計画（通称、グレート・ファイアウォール）のシステムが完成し稼働させたことにより、さらに2009年以降SNSの普及により情報統制を厳格化させたことによって、中国本土におけるFacebookやTwitterなどへのアクセスを遮断するとともに、自己検閲要請を受けたGoogleは中国本土から撤退した。こうした中国におけるデジタル保護主義的な措置は、WTOなどにおいて問題視されたものの、具体的な対応がほとんどなされず（Palmer, 2010）、中国に対抗するための国際場裏でのルール形成の進展はほとんど見られなかった（Meltzer, 2014）。そのため米国のIT企業を中心に、中国市場において既存のデジタル貿易のルールでは解決することができない問題を多く抱えるようになり、その結果2000年代後半以降、米国のIT企業は、情報の自由な越境データ移転、サーバー等の自国内設置要求の禁止、ソースコードの開示・移転要求の禁止などを規律する質の高いデジタル貿易

のルール形成を政府に強く求めるようになった。例えば、有力な IT 団体の一つであるビジネス・ソフトウェア・アライアンス（BSA）は、2012 年に「ロックアウト」と題する報告書を公表し、デジタル貿易をめぐる障壁の撤廃を二国間、地域間、多国間の貿易協議の主要議題にすべきであると米国政府に提言している（BSA, 2012 年）。

　質の高いデジタル貿易をめぐるルール形成でイニシアティブを発揮したのが、IT 企業及び団体の強い後押しを受け大統領選挙を勝利し、米国初の「テック大統領」と称されたバラク・オバマ大統領であった（Washington Post, February 29, 2015）。オバマ大統領は、自由で開かれたデジタル経済を促進するため、デジタル貿易を規律する統一的な国際ルールの存在が重要であると考えていた（Obama, 2015）。オバマ政権は、BSA の CEO を長らく務めていたロバート・W・ホリーマンを USTR の次席代表に任命し（USTR, 2014）、こうした業界団体の考えを、オバマ政権期の通商政策に「デジタル12 原則（digital dozen）」として反映した（USTR, 2015a[(3)]）。デジタル 12 原則は、デジタル貿易を支える国際ルールの形成を米国が主導するというオバマ政権の強い意志の表れであった（USTR, 2015b）。米国のこうした意向を受ける形で、TPP 電子商取引章には「情報の自由な越境移転」（第 14.11 条：情報の電子的手段による国境を越える移転）、「サーバー等の自国内設置要求の禁止」（同 14.13 条：コンピュータ関連設備の設置）、「ソース・コードの開示・移転要求の禁止」（同 14.17 条：ソース・コード）といった TPP 3 原則と称される高水準のデジタル貿易条項が盛り込まれた。マイケル・フロマン USTR 代表は、TPP 3 原則を構築した米国の狙いとして、「米国とその同盟国がデジタル貿易をめぐる国際ルールを牽引し、中国が国際ルールを形成することを牽制することにあった」と説明している（USTR, 2017）。

　しかし、オバマ政権による TPP を通じたデジタル貿易のルール形成の試みは、2017 年にドナルド・J・トランプ大統領が登場したことによって頓挫した。トランプ大統領は、選挙スローガンの「米国第一主義」を同年 1 月 20日の就任演説でも繰り返し、多国間主義を軸とする外交政策からの抜本的転換を訴えた（White House, 2017a）。そして就任直後、TPP からの離脱を表明した（White House, 2017b）。このことは、米国が拘束力を持つデジタル貿易のルールを自ら放棄したことを意味した（Aaronson, 2018）。

　米国が TPP を離脱した一方で、残りの TPP 加盟 11 カ国は修正枠組みに合意し、2018 年 12 月 30 日に CPTPP 協定の発効にこぎ着けた（MOFA, 2018）[1]。CPTPP は、日本の強いイニシアティブにより高水準かつ拘束力のあるルールを維持させることに成功した（Terada, 2019）[5]。インド太平洋地域で中国の影響力が拡大し、米国のコミットメントが不安定になる中で、日本が地域経済秩序の再編で優位に立つことを企図したものであった。

2.　中国にデジタル貿易のルールを課す初の協定としての RCEP とその課題

　中国はデジタル保護主義的な措置を推し進めていたことから、中国が締結する FTA などにおいてデジタル貿易を規律する条項はこれまで盛り込まれてこなかった。こうした中で、2022 年 1 月に発効した規模の観点から世界最大で包括的な経済枠組みである RCEP の中に、中国が関与する貿易協定として初めてデジタル貿易に関する規定が盛り込まれた。しかし当初、中国はこの案に反対を示していた。実際、2017 年 5 月にハノイで開催された RCEP 閣僚会合で日本の世耕弘成経済産業大臣が、デジタル貿易のルールを含む案を記した資料を配布すると、それに対して中国政府が強く反発したという（Nikkei Asia, December 30, 2020）[6]。

　RCEP はその特徴として関税障壁をめぐる自由化率のみならず非関税障壁において TPP と比べると質的に劣後する。特に、RCEP におけるデジタル貿易をめぐるルールはハードな意味での規律力が乏しく、その背景に中国のデジタル保護主義的な考えが影響していたと考えられる（藤井・三浦、2022）。RCEP では TPP 3 原則を含むデジタル貿易を規定する諸原則への歩み寄りは見られたものの、広範な公共政策例外、安全保障例外を留保している。RCEP12.15 条（情報の電子的手段による国境を超える移転）3 項 (a) 号は、CPTPP14.11 条 3 項に相当する公共政策目的に基づく例外について、「締約国が公共政策目的を達成するために必要であると認める」という自己判断的な文言を採用した上で、注釈において「この (a) の適用上、締約国は、正当な公共政策の実施の必要性については実施する締約国が決定することを確認

する」と明記しており、締約国に広範な裁量が認められることを明らかにしている。また、RCEP12.15条3項(b)号は、協定全体に適用される安全保障例外である17.13条とは別に、「締約国が自国の安全保障上の重大な利益の保護のために必要であると認められる措置」が正当化される旨を規定している。さらに、同規定は、「他の締約国は、当該措置については、争わない」としており、安全保障に基づく例外についても、締約国に広範な裁量が認められることを明らかにしている。12.14条（コンピューター関連設備の設置強制禁止）も同様に例外規定の発動が容易である。また、こうした例外的措置とは別に、RCEPにはTPPに含まれるソースコード及びアルゴリズムの移転の禁止に関する規定がない。さらに、デジタル分野での紛争解決手続きを盛り込む議論も、中国の反対で先送りとなっている。以上のように中国が加わるRCEPにデジタル貿易の規律を含めたことは前進と捉えることができるが、実際上の規律力は乏しいとの指摘がなされ得る。

　RCEPにおいて中国が例外を追い求めた背景として、中国の近年のデータ・ガバナンスの影響が大きい。中国は近年、データ三法と呼ばれるサイバーセキュリティ法（2017年）、データセキュリティ法（2021年）、個人情報保護法（2021年）を相次いで施行し、国家によるデータ管理を強化する姿勢を示している。中国はデータ三法を通じて、サーバー等の自国内設置要求をめぐる規制を高めるとともに、民間事業者が政府の情報収集活動に協力することを義務として規定している。中国がRCEPのデジタル貿易のルールをめぐり多くの例外を求めた背景には、こうした一貫した中国のデジタル保護主義的な政策が影響したものと考えられる。ただし、RCEPがTPP3原則のような高い規律を含めることが出来なかった要因は、他のRCEP加盟国の選好も影響を及ぼしていたと考えられる。梅﨑は、RCEP加盟国は、先進国、新興国、後発途上国と多様性に富んでおり、電子商取引市場の発展度合い、物理的・制度的インフラの整備状況、望ましいルールについての考え方もまた多様であることから、デジタル貿易のルールが折衷案になったことは必然的な結果であったと論じる（梅﨑, 2021）。そのため、インド太平洋地域におけるルール形成において中国以外の新興国や途上国が及ぼす影響も無視できない。

3.　インド太平洋地域におけるデジタル貿易の
ルール形成をめぐる米中の地経学競争

　インド太平洋地域において CPTPP や RCEP などの多様な経済枠組みが構築される中で、トランプ政権の際に TPP から離脱した米国はこの流れから取り残されていた。かかる状況下で 2021 年後半、中国がデジタル経済パートナーシップ協定（DEPA）及び CPTPP に加盟申請したことは、後述するように米国政府を驚愕させた。本節では、中国が DEPA に加盟申請した要因について検討した後に、中国による CPTPP 加盟が米国にいかなる影響を及ぼしたのか考察する。

（1）デジタル経済パートナーシップ協定（DEPA）

　WTO において高い規律を有したデジタル貿易をめぐる多国間枠組みの形成が難しいことが予測される中で[7]、インド太平洋地域諸国は新たなデジタル貿易の枠組みを模索するようになった。DEPA は、チリ、ニュージーランド、シンガポールが主導し、2020 年 6 月に署名されたデジタル経済に関する広範な協定である。DEPA は、通常「章」立ての FTA と異なり、モジュールと呼ばれる 16 の柱から構成され、拘束力のない協定となっている。注目すべき点として、情報の自由な越境データ移転やサーバー等の自国内設置要求の禁止といった TPP3 原則のうち 2 つの規律を「確認（アファーム）」するとともに、フィンテック、人工知能（AI）、政府調達、競争政策での協力など一部、先進的な内容を含んでいることである。さらに、FTA が一部内容更新のために都度、大掛かりな交渉ラウンドを開催する必要があるのに対して、それぞれのモジュール単体が個別に改訂や修正が可能な柔軟な仕組みとなっている。

　こうした特徴を受け、エルムズは DEPA が非加盟国の加盟を促し、より多くの国がモジュールを使用し、その国の国内政策を DEPA の枠組みや構造に合わせることに同意した場合、DEPA が重要な転換点をもたらしたと見なされるようになると論じている（Elms, 2020）。実際、カナダや韓国をはじめとする多くの国が DEPA 加盟に関心を示すようになった[8]。さらに、2021 年 10 月にローマで開催された G20 首脳会議における演説で、習近平国家主

席が中国の DEPA 参加に関心を示し、その後中国商務部が正式な加盟申請を提出した（『日本経済新聞』2021 年 11 月 1 日）。

　では、デジタル貿易のルール形成に慎重姿勢を示してきた中国が DEPA になぜ加盟申請したのであろうか。商務部研究院 EC 研究所の杜国臣副所長は「DEPA は確かに比較的新しい協定で、経済規模の小さい国により提起されたものだが、既存の貿易・投資協定以外に、デジタル経済の協定を単独で打ち出すというトレンドを代表していることで、世界初のデジタル経済に関する重要なルール設定となる」「中国による DEPA 加盟申請は、グローバル経済ガバナンスに参加しようとする中国の決意」との見解を示した（『人民網日本語版』2021 年 11 月 4 日）。こうしたことから中国が DEPA に加盟申請した背景の一つとして、DEPA の扱う課題が AI、デジタル ID、サイバーセキュリティーなど自国にとって重要かつ先進的な課題なため、ルール形成初期において主導権を取るために早期に入り込む戦略があったと考えられる（藤井・三浦、2022）。

　しかし、中国が DEPA に加入申請した最も重要な要因として、CPTPP のような拘束性がない DEPA の規律性の乏しさに注視する必要がある。確かにエルムズが論じるように DEPA の柔軟な仕組みが、新たな非加盟国を DEPA 加盟へと促すことに寄与したと考え得る。ただし DEPA には多くの課題がある。当初、DEPA は TPP3 原則のように高いデジタル貿易の規律を有していると目されていたが、実際のところ DEPA の条項の多くは既存の義務を確認し、ベストプラクティスを共有し、将来の協力のための枠組みを確立しているに過ぎない。先述のように、データの移動とデータ・ローカライゼーションに関する DEPA の条項は、いわゆる「アファーム規定」と呼ばれる努力義務規定であることから、CPTPP のような拘束力がない規定となっている。さらに DEPA は、ソースコードの強制開示の禁止を規定しておらず、このことから DEPA は CPTPP マイナスの協定と言える[9]。こうした柔軟性を考慮した DEPA の先進的な仕組みを中国が逆手にとったことで、中国による予想外の加盟申請をもたらしたと考えることが出来る[10]。

（2）インド太平洋経済枠組み（IPEF）

　インド太平洋地域におけるデジタル貿易をめぐる規律が、米国が不在の

CPTPP や RCEP の中で構築される中で、米国の通商政策の専門家たちはジョセフ・R・バイデン政権発足以降、中国の地経学的な影響力を牽制するためのインド太平洋地域におけるデジタル貿易のルール形成を積極的に提唱するようになった。例えば、WTO の上級委員を務めたジェニファー・ヒルマン等は、米国は重要な地域パートナーとの分野別貿易協定交渉をデジタル貿易協定から始め、CPTPP の改訂とその後の加盟に取り組むべきだと主張している（Hillman and Sacks, 2021）。さらに、オバマ政権で USTR 次席代表代行として TPP 交渉を主導したウェンディ・カトラー等による研究では、インド太平洋地域で米国が主導するデジタル貿易協定の機は熟していると論じている（Cutler and Meltzer, 2021）。また、戦略国際問題研究所（CSIS）のマシュー・グッドマンは、TPP への復帰の道筋をつけるために、米国は DEPA 参加の意思を表明し地域経済戦略の目玉にすべきと言及している（Goodman, 2021）。

　こうした中で 2021 年 7 月に、ホワイトハウスがインド太平洋地域の経済をカバーするデジタル貿易協定の議論をしていることが報じられたが（Bloomberg, July 13, 2021）、その後特に進展が見られなかった。しかし中国が、2021 年 9 月に突如 CPTPP に加盟申請し、また同年 11 月に DEPA に加盟申請したとの報道が流れると、各国政府に衝撃が走った。中国によるこの動きに対し、米国国家安全保障会議インド太平洋担当調整官のカート・キャンベルは、「致命的に深刻」であると論じている（Inside U.S. Trade, November 19, 2021）。

　こうした中で 2021 年 10 月に開催された東アジアサミットで、バイデン大統領は、インド太平洋地域に対する米国の永続的なコミットメントを再確認し、貿易円滑化、デジタル経済・技術の基準、サプライチェーンの強靭化、脱炭素化とクリーンエネルギー、インフラ、労働者の基準、その他の共通関心分野を巡る米国の共通目標を定める IPEF の構築をパートナーと共に模索すると発表した（White House, 2021）。IPEF を具現化すべくジナ・レイモンド商務長官とキャサリン・タイ USTR 代表はアジア諸国を訪問し、設立に向け各国と協議した（Inside U.S. Trade, November 8, 2021）。インド太平洋地域でデジタル貿易をめぐる枠組みを立ち上げる構想は、米国議会や産業界からも支持された。例えば、米国商工会議所や情報技術産業協議会（ITI）など 18

の経済団体は、タイ USTR 代表に対し、米国の企業や労働者を強化及び支援するためにインド太平洋地域でデジタル貿易協定を交渉するよう要請した（ITI, 2021）。また、ベン・サッセ上院議員率いる米国上院財政委員会は、バイデン大統領に対しアジアの同盟国及びパートナーとのデジタル貿易交渉を開始することを要請する書簡を送付した（米国上院財政委員会、2021 年 11 月 8 日）。さらに下院外交委員会所属の超党派議員 22 名がインド太平洋地域におけるデジタル貿易協定を求める書簡をキャサリン・タイ USTR 代表に送っている（Inside U.S. Trade, November 22, 2021）。

2022 年 5 月 23 日、訪日中のバイデン大統領の主催により、13 カ国によるIPEF 立上げに関する首脳級会合が開催され共同声明が発出された（White House, 2022a）。IPEF は、(1) 貿易、(2) サプライチェーン、(3) クリーン経済、(4) 公正な経済の 4 つの柱から構成されている。IPEF の柱の一つを構成する貿易分野の特徴として、労働、環境、デジタル貿易などに着目する一方、従来の貿易枠組みが重視してきた関税削減や撤廃などが交渉項目に含まれていないことにある。[11]フロマン前 USTR 代表は「関税は重要でないわけではないが、ルールや非関税障壁の方が将来の米国の競争力にとってはるかに重要」と指摘する（『日本経済新聞』2022 年 12 月 4 日）。IPEF で市場アクセスを伴う貿易交渉を含めない一因として米国の国内事情も影響していた。バイデン政権は「中産階級のための外交政策」「労働者中心の貿易」を掲げ、関税撤廃が伴う貿易交渉は米国の労働者を困難にし、来る中間選挙で民主党を不利にするという考えがあった（Rinsch and Ducan, 2022）。

一方、米国が IPEF を志向した国際要因として、レイモンド商務長官は「インド太平洋地域で米国の経済的リーダーシップを回復させ、域内諸国における重要な問題に対して中国のアプローチに代わる選択肢を提示するため」と論じている（White House, 2022b）。こうした米国の動きに対して、中国の王毅国務委員兼外相は「IPEF の目的が特定の国を意図的に排除することにあるならば間違っている」と牽制している（South China Morning Post, May 22, 2022）。また、中国外交部の汪文斌報道官は「地域協力の強化に資する取り組みを歓迎するものの分断と対立を生み出そうとする試みには反対である」と示すとともに、「米国は経済問題を政治化、武器化、イデオロギー化させ、経済的手段で域内諸国に中国と米国のいずれの陣営につくか迫って

いるのではないか」と疑問を呈している（MOFA of PRC, 2022a）。さらに汪報道官は「IPEF は米国の地政学的戦略を推進するために作られたもので、協力の名の下に特定の国を排除し、米国主導の貿易ルールを確立し域内諸国を中国経済から切り離そうとするものである」と批判している（MOFA of PRC, 2022b）。

　現状、IPEF においていかなるルールが構築されるかは不透明であるものの、米中による地経学的な競争が激化する中での IPEF のルール形成には多くの課題があると考えられる。第一に、2020 年時点での参加国の貿易総額に占める中国の割合は、米国以外の 13 カ国の貿易依存度はいずれも対米国よりも対中国の方が高い。(12)このため多くの識者が、米国が何かしらメリットを提供しなければ IPEF の魅力は失われると指摘する。

　第二に、IPEF に ASEAN 加盟国の中からインドネシア、シンガポール、マレーシア、タイ、フィリピン、ベトナム、ブルネイの 7 カ国が参加する一方で、中国と近いと目されるラオス、カンボジア、ミャンマーは招待されなかった。(13)2022 年 11 月に米国は ASEAN と「包括的戦略パートナーシップ」へ格上げすることで合意したものの、(14)ASEAN 諸国による IPEF 参加すなわち米国支持とは言い切れないものがある。ASEAN は中国発の潜在的な政策リスクをよく理解し、西側諸国との経済関係を深めてバランスをとろうとしているが、超大国のいずれかから二者択一を迫られる事態は避けたいと考えている（木村、2022）。

　第三に、米国憲法は関税を徴収する権限を連邦議会に付与するものの、バイデン政権は、IPEF が関税の撤廃及び削減を含まない枠組みであるため、連邦議会の承認を経ない行政協定の形態をとれると認識していた（Goodman, 2022）。米国政府が行政協定に留めたい背景として、大統領貿易促進権限（TPA）が 2021 年 7 月に失効したことが大きく影響している。米国国内政治は、与党民主党が米国内の中小企業や労働者の雇用に悪影響を及ぼす貿易協定に反対の立場を示す一方で、共和党は反自由貿易的な姿勢を支持しており、TPA が短期的に承認される可能性は低い。こうした中で議会上院の財政委員会に所属する議員が、IPEF の重要性は理解しつつも連邦議会の承認は必要との考えを示した（US Senate, 2022）。IPEF は今後連邦議会との調整を経なければならない可能性があり、国内調整に時間を要することが危惧される。

第四に、デジタル貿易のルール構築に向けた IPEF 交渉参加国の意思が統一されていないということである。各国のデジタル技術の発展段階は異なりデータガバナンスやその他の重要な基準に関しても異なる立場をとっている。例えば、2022 年 9 月に米国のロサンゼルスで開催された IPEF の初の閣僚会合において、インドは貿易分野の柱に参加しないことを表明した。ピユーシュ・ゴヤル商工大臣はデータ・ローカライゼーション及び労働・環境について途上国に利益をもたらさない可能性があり参加を見送ったと説明している（India Times, September 10, 2022）。また CPTPP にも加盟しているベトナムは、2019 年 1 月にサイバーセキュリティ法を施行しデータ・ローカライゼーション規制を導入している。欧州国際政治経済研究所（ECIPE）により公開された世界 64 カ国・地域におけるデジタル貿易関連の規制を調査した指標によると、中国によるデジタル貿易関連の規制が最も厳しくロシア、インド、インドネシア、ベトナムなどの新興国がそれに続いている（ECIPE, 2018）。中国のみならず IPEF 交渉参加国の中にもデジタル保護主義的な国が存在することを理解する必要がある。

おわりに

　米中による地経学的競争が激しさを増すインド太平洋地域において、質が異なる多様なデジタル貿易を規律するルールの構築が試みられてきた。とりわけ中国をはじめとする権威主義国家によるデジタル保護主義的な措置に対抗するべく、米国は TPP 3 原則に基づく質の高いルール形成を追い求めてきた。しかし米国は、高水準なデジタル貿易ルールを志向していたにも関わらず、トランプ政権下で TPP から離脱したことによりインド太平洋地域のデジタル貿易をめぐる地域枠組みから取り残されていた。他方、中国は、データ三法の制定でデジタル保護主義的な政策を志向し、デジタル貿易のルール形成にも消極的であったが、RCEP で初の電子商取引章を発効させるとともに、その高水準な規律から当初中国の加盟は難しいと目されていた DEPA 及び CPTPP へ加盟申請したことで、米国に衝撃をもたらした。こうした中国による一連の動きは、中国がデジタル貿易のルール形成に前向きに

なったのではなく、むしろ中国が標榜する独自のデジタル貿易のルールをインド太平洋地域に拡散するための一環と考えられる。ここから生じる米国の焦りが IPEF 提唱へと帰結する。

　IPEF を通じて米国がインド太平洋地域に経済的に関与することは歓迎すべきことであり、IPEF は今後のインド太平洋地域におけるデジタル貿易のルール形成において重要な役割が期待される。とりわけデジタル貿易のルール形成をめぐり中国がインド太平洋地域でイニシアティブを取ることを牽制するための大切なツールになり得る。しかし、多くのデジタル保護主義を志向する途上国が参加する IPEF が、CPTPP のような拘束力を持つ高い規律を有するデジタル貿易のルールを構築することは難しいことが予測される。特にグッドマンらが指摘するように、IPEF におけるデジタル貿易をめぐりインド、ベトナム、インドネシアなどの交渉参加国は、米国からの提案というよりも、むしろ要求と感じている可能性もある（Goodman and Arasasingham, 2022）。新興国や途上国にとってのインセンティブを提供しなければ、逆に中国が主導するデジタル経済秩序が共感を生み、中国を制御するためのデジタル貿易ルールを IPEF で構築することが難しくなる可能性がある。

　IPEF におけるデジタル貿易をめぐるルール構築に限界がある中で、既に高いデジタル貿易の規律を有する CPTPP の参加国の拡大を通じて、インド太平洋地域のデジタル貿易のルール形成を図ることは重要である。とはいえ中国による CPTPP 加盟申請には慎重に対応する必要がある。中国のデータ三法は、自由な越境データ移転、サーバー等の自国内設置要求の禁止、ソースコードの開示・移転要求の禁止などを規定した TPP 3 原則と合致しない。そのため中国の CPTPP 加盟交渉があったとしても、デジタル貿易をめぐるルールで譲歩するようなことは避けなければならない。日本は豪州やシンガポールなどの有志国とともに、中国などによるデジタル保護主義に一貫して反対し、インド太平洋地域で中国がデジタル貿易をめぐるルール構築を主導することを牽制する必要ある。現状、米国の国内政治事情から CPTPP 復帰は期待しにくいが、そもそも米国が TPP を積極的に推進した動機の一つに、中国のデジタル保護主義を牽制するためという戦略的重要性があった。IPEF は規律力を高めることが難しくなる可能性がある一方、CPTPP にはその潜

在的な可能性がある。そのため、日本は引き続き米国に CPTPP に復帰する
よう説得していく必要がある。また、TPP 3 原則のような高い基準を受け入
れることが出来ないような新興国や途上国に対しては、技術支援やキャパシ
ティ・ビルディングなどを通じて参加コストを下げることでインセンティブ
を高めていくことが重要であろう。

参考文献

Aaronson, Susan Ariel (2018) "The Digital Trade Imbalance and Its Implications for Internet Governance, Global Commission on Internet Governance." Paper Series No. 25. Washington, DC: Centre for International Governance Innovation.

Azmeh, Shamel, Christopher Foster, and Jame Echavarri (2020) "The International Trade Regime and the Quest for Free Digital Trade." International Studies Review 22, 671-692.

BSA (2012) "Lockout: How a New Wave of Trade Protectionism is Spreading Through the World's Fastest-Growing IT Markets and What Do About It."

Campbell, Kurt M. (2016) "The Pivot: The Future of American Statecraft in Asia," New York: Twelve.

Carter, William A. (2019) "RESOLVED: Japan Could Lead Global Efforts on Data Governance." CSIS, Debating Japan Vol. 2 Issue 6, 27 June.

Cutler, Wendy and Joshua Meltzer (2021) "Digital Trade Deal Ripe for the Indo-Pacific." The Hill, April 5, 2021.

ECIPE (2018) "Digital Trade Restrictive Index".

Elms, Deborah (2020) "Unpacking the Digital Economy Partnership Agreement (DEPA)" Asian Trade Centre, January 28, 2020.

Goodman, Matthew P. (2021) "DEPA and the Path Back to TPP." Center for Strategic and International Studies, July 15, 2021.

Goodman, Matthew P. (2022) "A Transactional Mindset Won't Win in the Indo-Pacific" CSIS Commentary, June 10, 2022.

Goodman, Matthew P. and Aidan Arasasingham (2022) "Regional Perspectives on the Indo-Pacific Economic Framework" CSIS Brief, April 11, 2022.

Hillman, Jennifer and David Sacks (2021) "China's Belt and Road Implications for the United States." Independent Task Force Report No. 79, Council on Foreign Relations.

ITI (2021) "Multi-Industry Business Coalition Urges USTR to Negotiate Digital Trade Agreements in the Indo-Pacific Region" September 13, 2021.

Meltzer, Joshua Paul (2014) "The Internet, Cross-Border Data Flows and International

Trade." Asia and the Pacific Policy Studies 2 (1): 90–102.

MOFA (2018) "Comprehensive and Progressive Agreement for Trans-Pacific Partnership."

MOFA of PRC (2022a) "Foreign Ministry Spokesperson Wang Wenbin's Regular Press Conference" May 23, 2022.

MOFA of PRC (2022b) "Foreign Ministry Spokesperson Wang Wenbin's Regular Press Conference" May 25, 2022.

Obama, Barack (2015) "Fact Sheet: How the Trans-Pacific Partnership (TPP) Boosts Made in America Exports, Supports Higher-Paying American Jobs, and Protects American Workers," White House, 5 October, 2015.

Palmer, Doug (2010) "U.S. Weighing China Internet Censorship Case." Reuters, March 10, 2010.

Rinsch, William Alan and Elizabeth Ducan (2022) "Are Market Access Negotiations in the IPEF Unnecessary?" CSIS Critical Questions, June 24, 2022.

Terada, Takashi (2019) "Japan and TPP/TPP-11: Opening Black Box of Domestic Political Alignment for Proactive Economic Diplomacy in Face of 'Trump Shock.'" The Pacific Review 32 (2).

USITC (2010) "China: Intellectual Property Infringement, Indigenous Innovation Policies, and Frameworks for Measuring the Effects on the U.S. Economy Investigation." No. 332-514 USITC Publication 4199 (amended) November 2010.

US Senate Finance Committee (2022) "Wyden, Crapo and Bipartisan Senate Finance Committee Members Raise Concerns about Process to Approve and Implement Indo-Pacific Trade Pact and Other Trade Agreements" December 1, 2022.

USTR (2014) "Ambassador Froman Welcomes Senate Confirmation of Robert Holleyman."

USTR (2015a) "The Digital Dozen." 1 May, 2015.

USTR (2015b) "Remarks by Deputy U.S. Trade Representative Robert Holleyman to the New Democrat Network." 1 May, 2015.

USTR (2016) "Ambassador Froman Announces New Digital Trade Working Group."

USTR (2017) "Remarks by Ambassador Michael Froman at the Washington International Trade Association" January 10, 2017.

USTR (2022) "Request for Comments on the Proposed Fair and Resilient Trade Pillar of an Indo-Pacific Economic Framework" March 10, 2022.

WITA (2022) "Ambassador Katherine Tai on the Indo-Pacific Economic Framework and the Administration's Trade Agenda" June 6, 2022.

White House (2017a) "The Inaugural Address, Remarks of President Donald J. Trump – As Prepared for Delivery" January 20, 2017.

White House (2017b) "Presidential Memoranda, Presidential Memorandum Regarding Withdrawal of the United States from the Trans-Pacific Partnership Negotiations and Agreement," January 23, 2017.

White House (2021) "Readout of President Biden's Participation in the East Asia Summit."
October 27, 2021.

White House (2022a) "Press Gaggle by Press Secretary Karine Jean-Pierre and National
Security Advisor Jake Sullivan En Route Tokyo, Japan" May 22, 2022.

White House (2022b) "On-the-Record Press Call on the Launch of the Indo-Pacific Economic
Framework" May 23, 2022.

Willemyns, Ines (2020) "Agreement Forthcoming? A Comparison of EU, US, and Chinese
RTAs in Times of Plurilateral E-Commerce Negotiations." Journal of International
Economic Law, 23, 221–244.

Wunsch-Vincent, Sacha and Arno Hold (2011) "Towards Coherent Rules for Digital Trade:
Building on Efforts in Multilateral versus Preferential Trade Negotiations" NCCR Trade
Regulation, Working Paper No. 2011/64, July 2011.

梅﨑創（2021）「RCEP の電子商取引条項 – TAPED データベースに基づくマッピン
グ分析」アジア経済研究所『IDE スクエア』。

奥田聡（2016）「韓国の TPP 参加表明」『国際問題』No.652。

木村福成（2022）「IPEF 合意への課題 – アジア諸国の参加意欲カギ」日本経済新聞
『経済教室』2022 年 8 月 3 日。

深川由起子（2017）「見直しを迫られる韓国の通商政策 – ポスト TPP への取り組み」
『ポスト TPP におけるアジア太平洋の経済秩序の新展開』日本国際問題研究所、
平成 28 年度外務省外交・安全保障調査研究事業。

藤井康次郎・三浦秀之（2022）「デジタル貿易における国際経済ルール形成」『ルー
ル志向の国際経済システムの構築に向けて』国際経済交流財団。

〔註〕
（1） 1998 年の WTO 閣僚会議において「グローバルな電子商取引に関する閣僚宣言」が発
出され電子的送信には関税を課さないとする関税不賦課のモラトリアムが合意された
ものの、それ以降具体的な多国間枠組みは構築されていない。
（2） 例えば、後述する（Hillman and Sacks, 2021）。
（3） デジタル 12 原則は 2015 年 5 月 1 日にオバマ政権における TPP に含めるべき電子商
取引に関わる原則としてホリーマン USTR 次席代表によって発表された。同原則は
2016 年に 24 原則に倍増し、この中にはソースコードの開示強制の原則禁止などが含
まれている。
（4） 2023 年 7 月 12 日にブルネイが国内手続きを経て CPTPP を発効させたことにより、
CPTPP 原加盟国 11 ヶ国の全ての国が国内手続きを完了、発効させている。
（5） ただし CPTPP では、知的財産に関する項目など凍結されたものもある。
（6） Nikkei Asia によるとこの案が出される 1 カ月前に世耕経産大臣は選挙区である和歌山
に ASEAN の閣僚を招き、また 5 月の会合前も ASEAN 諸国の代表を夕食に招き交渉

に向けた入念な地ならしをしたという。

（7）デジタル貿易をめぐる多国間枠組みの構築の機運が 2010 年代後半以降高まってきた
　　が、GAFAM のようなプラットフォーマーを抱える米国はデータの越境移転を保証す
　　べきであると訴える一方で、EU は競争法の下で欧州委員会がプラットフォーマーを
　　厳しく規制し、個人情報保護の保護という基本的人権の確保を目的とした厳格な措置
　　を課して、信頼性が担保されるデジタル市場構築に向けて 2018 年に一般データ保護
　　規則（GDPR）を施行した。また中国をはじめとする新興国は、デジタル保護主義的
　　なアプローチを志向している。このため、データを巡る多国間枠組みの形成は今後、
　　困難が予測される。

（8）韓国は 2021 年 9 月、カナダは 2022 年 5 月に正式に加盟申請をしている。

（9）筆者がヒアリングしたデボラ・エルムズ氏によると、シンガポール、ニュージーラン
　　ド、チリは日本のようにデジタル製品をあまりつくっておらず（つくる意欲はあるも
　　のの）優先順位は高くないという。もし DEPA にリースコードの強制開示の禁止禁止
　　ような規定を設けると途上国をはじめとする潜在加盟国の加盟意欲を減退させること
　　になると論じている。

（10）筆者によるインタビューで、シンガポール外務省の担当者は中国による DEPA 加盟
　　申請は予想外であったと述懐している。中国の加盟申請を否定はしないものの、中国
　　によって DEPA の質が下がることは避けなければならないと述べている（2023 年 3 月
　　13 日）。

（11）USTR (2022) "Request for Comments on the Proposed Fair and Resilient Trade Pillar of an
　　Indo-Pacific Economic Framework" March 10, 2022.

（12）最も高い豪州が 35％となっており、ニュージーランドが 25％、韓国が 24％である。
　　ASEAN から参加する 7 か国も、それぞれ 1 割から 2 割ほどを中国が占める。

（13）Charles Dunst (2022) "Spotlight - Cambodia and Laos" CSIS, August 1, 2022.

（14）米国と ASEAN はこれまで「戦略的パートナーシップ」を結んでいたが、公衆衛生や
　　気候変動対策などに対象分野を広げ、包括的な協力関係が構築された。包括的な戦略
　　パートナーシップをめぐっては、中国が 2021 年 11 月に ASEAN と結んでいた。

第8章

中国の仕掛ける相互依存の罠：
対応策としての制度的近似性

寺田貴／大﨑祐馬

はじめに

　2020 年 4 月、「国際的なサプライチェーン（供給網）を我が国に依存させ、供給の断絶で相手に報復や威嚇できる能力を身につけなければならない」と習近平国家主席が述べたように、世界 130 カ国以上の国々にとって最大の貿易相手国となった中国は今日、自国の政治的・戦略的利益を実現するために、その甚大な経済力を駆使し、影響力を行使できる立場にある。このため、貿易と援助提供を通じてますます深化する中国とアジア太平洋諸国の経済相互依存関係は、中国の国益実現のための「環境」を作り出していることを意味する。その事例は、中国から多大な経済援助を受け取るラオスやカンボジアが中国の意向を汲んで東南アジア諸国連合（ASEAN）の会合で南シナ海について声明に文言が書かれることを阻止した事案や、在韓米軍の終末高高度防衛ミサイル（THAAD）を配備した韓国への対抗措置として中国市場に進出する韓国企業、特にミサイル配備用土地を提供したロッテ関連企業の報復的締め出しなど、枚挙に暇がない。そのため、かつて称揚された経済相互依存の深化は東アジアの政治的安定につながるとの指摘は、もはや当てはまらないケースが相次いで生じている。特に、米中両超大国が覇権競争を繰り広げるインド太平洋地域においては、貿易や援助を通じて中国に経済的に依存している国々にとって、同国の政治、外交姿勢と異なる政策を取ること、あるいは批判をすることは、その経済依存を減じる措置を取ることを全く厭わない中国に対して、困難な場合が多い。ここでは、そのような現象を「相互依存の罠」と称したい。中国が展開する昨今の地域戦略外交は、「経済的な

依存を人質にとって、政治・安全保障上の譲歩、政策変更を迫る」と定義された経済的抑圧、つまり地経学外交の典型例である。

　本章では、中国の仕掛ける「相互依存の罠」の意図と、その標的となった日本やシンガポール、韓国のケースを取り上げる。また、直近の事例として、中国が鉄鉱石在庫の6割以上を仕入れる豪州のケースを詳説し、石炭やLNGを含めて中国の豪州産資源産品への依存は、豪州が「相互依存の罠」から逃れる手段となり得る可能性があることを示しながら、最終的には輸出シェアが4割を超える過度な中国市場への依存を減らす努力の必要性を、貿易転換効果の期待できる自由貿易協定（FTA）に求めるべきであると主張する。その一方で、中国が日本や豪州などと共に結んだ地域的な包括的経済連携（RCEP）や、加盟申請をしている環太平洋経済パートナーシップ協定（CPTPP）に米国は参加していない状況から、22年5月に米国自らが中国を排除する形で立ちあげたインド太平洋経済枠組み（IPEF）の地経学的意義を、制度的近似性の観点から示す。

1.　中国と相互依存の罠

　現在、中国が行使する地経学外交パワーの源泉となる、域内地域諸国との経済相互依存関係は、2000年代以降に劇的に深まり始めた。当時、「近隣善隣外交」と称された中国のアジア外交は、ASEAN+1のFTAや東南アジア友好協力条約（TAC）の迅速な締結など、日本が当初行わなかった政策を推し進めた点で、ASEANからは歓迎を受けていた。その重要な目的は、中国が同地域にて展開する軍事及び外交活動への懸念や脅威感を払拭し、その台頭プロセス自体を脱安全保障化（de-securitization）することにあった。さらには、「ASEANディバイド」と称され、経済発展の遅れた後発組のインドシナ諸国と、元来のASEANメンバー間との経済格差是正が最重要課題となっていたASEANの経済開発に対する、中国の積極的な関与も含まれていた。例えば、1997-98年のアジア通貨危機以降、中国（雲南省と広西チワン族自治区）はインドシナ4カ国にタイを加えた「大メコン圏開発協力プログラム」を立ち上げ、特に交通や通信などの分野へ開発援助を活発に行ってい

る。こうした経済外交の結果、2001-09年の間に、中国の両省とミャンマーの貿易量は5倍、ラオスで11倍、タイで6.5倍など、その経済相互依存関係は深まり、これらの国での中国の影響力を強める結果をもたらしている。

　このような中国の東アジア積極外交のさらなる重要な目的の一つは、東アジアを自らにとって好ましい地域へと再形成して、米国のような大国からの圧力に対する盾としての機能を持たせることにある。その重要な方策の一つが、上に述べた経済外交の推進であった。元米国務次官補代理のフロストは、あえて商業外交（commercial diplomacy）との呼称を用いて、その目的を市場へのアクセスといった経済力の使用を通じて安全保障を含む非経済分野での影響力拡大にあるとしている。実際、東アジアに位置する米国の同盟国の対中貿易シェアは著しく高まっており、2000年から2010年までの間で、日本の対米貿易シェアが25.0％から12.9％に下がっている一方、対中貿易シェアは10.0％から20.7％へと倍増している。韓国では、対中シェアが9.4％から21.1％へと上昇する一方、対米シェアが20.2％から10.2％へと半減しており、豪州でも対中が6.7％から22.2％、対米は15.2％から7.5％と、主要同盟国の貿易量における米中の比重は、2000年代最初の10年間で逆転している。[2]

　当時、アジアとの相互依存を深める2000年代の中国のアジア外交は「魅惑（外交）攻勢」（charm offensive）との別称も得ていたが、その間、後に展開する地経学外交の礎、すなわち「相互依存の罠」の網を敷いていたと言えよう。そして、この「罠」の網の拡大は、米国主導のアジア太平洋における安全保障上の同盟ネットワークに楔を打ち込むという中国の戦略に結実していく。例えば2015年、中国は韓国や豪州という米国の主要同盟国とのFTAを発効したが、輸出においてそれぞれ2010年代前半において33％、25％と中国市場に突出して依存している両国は、中国とのFTA締結に非常に積極的であった。さらに、日米欧が未だ認めていない中国の「市場経済国」認定も早くに行っている。その一つの帰結として、過度な経済依存関係がもたらす政治的脆弱性により、両国が米国から受けたアジアインフラ投資銀行（AIIB）への不参加要請を跳ねのけ、参加を最終的に決定する上で大きな役割を果たしている。[3]つまり、これらの対中経済分野において同盟国である米国の政策方針とは異なり、両国が真逆の対応を取るに至った結果は、中国が「相互依存の罠」の有効性を見出し、それを継続していく上で、重要なター

ニングポイントになったと言えよう。

2. 中国と揉め、罠にはまった星日韓

　この「罠」にはまった最初の国は、シンガポールである。2004年7月、リー・シェンロン副首相（当時）が1992年以来、二度目の台湾訪問を行った直後、中国は「一つの中国政策」に反すると抗議を伝え、当時、シンガポールと進めていたFTA交渉を始めとする一切の公式対話を中断した。FTAは、貿易立国を標榜するシンガポールの対外経済政策の根幹であり、同国はこれまで27ものFTAを締結するなど、世界でも有数のFTA推進国である。つまり、中国の即座のFTA交渉中断はシンガポールの最大の貿易パートナーとのFTA締結を決定的に遅滞させることとなり、FTAネットワークをアジア太平洋に構築するシンガポールにとって、通商政策上の痛手となった。実際、リー・クアンユー上級相（当時）は「北京はその利益にそぐわないと判断すれば、経済的・政治的影響力を行使することを厭わない」と回顧する。結果として、父親のリー・クアンユー上級相と異なり、リー・シェンロン首相は現在に至るまで一度も台湾を訪れておらず、中国の思惑通りの行動をシンガポールは取っていることになる。

　2010年、今度は日本が中国による同様の圧力に直面する。同年9月、中国漁船が日本の領有する尖閣諸島沖で海上保安庁の巡視船に衝突する事件が発生した際、日本は船長を公務執行妨害の容疑で逮捕した。中国はこれに強く反発し、結果的に日本がその90％以上を依拠していたレア・アース（希土類）の対日輸出を事実上制限するなどの事態に発展した。その後も、一方的に東シナ海ガス田開発協議の中止を発表し、高級官僚の日中事務協議や閣僚級会合を相次ぎキャンセル、日本の丹羽駐中国大使を5度にわたり呼びつけて（うち、外交的な常識から外れる深夜の召喚も含む）抗議した他、許可なく軍事管理区域に立ち入った疑いで日本人4名を逮捕するなど、一連の強硬な措置を日本に対して行っている。この対抗策は日本の民間企業、特に中国産レア・アースに大きく依存していた自動車業界に大きな打撃を与えたことから、その後、代替的な物資や異なる調達ルートを確保するようになり、結

果としてモンゴルや豪州との取引が増大することになった。一方で、主要な
レア・アースの国際価格は暴落し、中国の輸出企業は新たな買い付け先を探
し出さなくてはならなくなり、その多くは破産に至るなど、逆に中国企業に
その付けが回るという結果を招いている。⁽⁵⁾

　こうした不公正貿易の是正を巡っては、世界貿易機関（WTO）での紛争
解決制度での問題解決を模索するのが一般的である。日本は、中国が WTO
加盟を果たす前の交渉段階から国際自由貿易体制へ参加するプロセスを支援
し、2001 年の加盟後も米国や EU が度々中国を提訴する中で、検討こそし
ながらも提訴に踏み切ることなく、仲裁協議には第三国参加の立場から一貫
して協定の履行遵守を促してきた経緯があった。しかし、日本が直接に中国
の経済抑圧の標的となったレア・アースの輸出規制措置を契機に、これが
WTO 協定違反にあたるとして初めて、2012 年に米国や EU とともに中国の
提訴に踏み切った。二段階審理を経て、2014 年には日本側の勝訴が確定し、
結果的に中国は規制を撤廃したが、この一例は、解決までに相当な年月のか
かる WTO での紛争処理プロセスとは別に、国内政策の観点でも日本企業が
貿易ルートを多様化することで中国市場への依存度を 2018 年には約 6 割ま
で減らすなど、中国による「相互依存の罠」から抜け出す有益な方策を示し
ている。

　韓国は、李明博（2008-13 年）・朴槿恵（2013-16 年）と二代続いた保守政
権下において、中国と良好な関係を築いてきた。特に 2012 年 1 月、李大統
領の初訪中を機に交渉が開始された中韓 FTA は、未だ交渉中の日中韓 FTA
に先行する、つまり日本を外す形で、2015 年末に発効し、進展する中韓関係
の象徴となった。しかし、翌年 7 月に韓国が、核を搭載可能な長距離ミサイ
ルの開発を進める北朝鮮に対抗するため、在韓米軍の THAAD ミサイルの
配備を決めたことで、全国土をレーダーで捉えられることになった中国は強
く反発し、韓国への報復措置を取り始めた。特に、中国国民による不買運動
を含む、中国に進出する韓国企業をターゲットにした報復は韓国経済にとっ
て深刻であった。例えば 2017 年 9 月、全生産車両が中国向けである現代自
動車は、中国に展開する全 4 工場を一時停止した。⁽⁶⁾中国で約 100 店舗を展開
する「ロッテマート」も同月、約 9 割の店舗が休業に追い込まれた。これは、
ロッテグループが韓国南部のゴルフ場を THAAD の敷地用に国防省へ提供

したことから、その不買運動の中心的標的となったためである。これらは、中国市場を経済成長の礎として頼ってきた韓国の脆弱性を示す象徴的な事例となった。

3. 最大、最長の経済依存の罠：オーストラリア

　豪州は2020年以降、中国市場から主要輸出産品が締め出されるなど貿易紛争に苛まれ、両国関係が急速に悪化している。発端は、新型コロナウイルスの感染拡大後の4月23日、モリソン首相（当時）が「（武漢で）何が起きたのか、独立した調査が必要」と発言したことで、中国の激しい反発を呼んだことによる。その後、中国当局が国内関係各社に輸入制限のブラックリストを通達したとされる豪州産品の対象は、石炭や大麦、牛肉、銅鉱石、砂糖、木材、ワイン、ロブスター等、2019-20年における豪州の物品輸出全体の約7％近くに相当した。例えば、足の早い水産物である豪産活ロブスターが上海港沖で長期間足止め状態となり、以降は中国向け輸出をすべて止めざるを得なくなっている。中国が豪州経済に対して、これほどまでの打撃を、しかも短期間に与えることができた主な要因は、2020年を通じて4割超を記録するまでに至った豪州の中国市場に対する輸出依存度の高さにある。さらに、2018年8月にターンブル政権は、米国の決断に続く形で次世代通信規格5G通信網から中国企業の排除を決定したが、この決断で主導的役割を果たしたのが、同政権内で財務相兼内務相を務めていたモリソン首相であり、この時から中国では要注意人物としてマークされていた可能性が高い。

　このような中国による地経学の行使を受けて、豪州内では、中国が鉄鉱石在庫の仕入れ先の6割以上を豪州に依存していることから中国経済に打撃を与え得る豪州産鉄鉱石輸出への報復関税措置が一時、元資源相から提案されるなど、対処を巡って議論が白熱した。歴史上、豪州が貿易関係において、ある単一市場に依存するという構図は、戦前の英国や高度成長期の日本など前例がない訳ではなかったが、これほどまで敵対的関係に発展したのは初めてであった。結局、対中貿易黒字を計上する数少ない先進国である豪州は、特に大きな打撃を被った穀物やワイン産業などの国内要請もあり、あく

までも第三者的立場の国際機関である WTO 紛争処理手続きによる解決を模索した。しかし、自国第一主義を掲げて保護主義的な貿易政策を展開したトランプ政権の発足以後、肝心の WTO の紛争解決制度は機能不全に陥っており、しかも 2021 年 6 月には逆に中国が別の課税措置を問題視して豪州を提訴するなど、報復合戦のさらなる激化が懸念された。こうした中で対応を迫られた豪州は、既存の貿易ルートにおける交易促進や企業の輸出先多様化などを通じて、ダメージを抑えることに奔走した。豪財務省の推計によれば、2021 年までの一年間で中国の輸入制限による各セクターの損失額は累計で約 54 億豪ドルとなった一方、約 44 億ドル規模の新規市場開拓を通じて、全体の純損失は輸出総額の 0.25% 程度に留まったとされる。具体的には、著しく落ち込んだ中国向け豪州産石炭はインドでシェアを拡大し、既に二国間 FTA のある日本や韓国向けの輸出量が倍増して中国による損失をある程度補填したことに加え、規制によって打撃を受けた豪州の穀物業界としては初めて西オーストラリア州の企業が、二国間 FTA こそないが、ともに CPTPP の加盟国であるメキシコ向け輸出を新たに開始するなど、あらゆる手段を通じて「相互依存の罠」から抜け出す努力を講じた。結果的に、ピーク時には約 40% 弱まであった豪州の対中輸出シェアは、この 2 年間で 3 割以下にまで減少している。

　豪州は日本と政治・外交分野で「特別な戦略的パートナーシップ」を丁寧に育んできた一方で、過去 10 年間は経済成長の糧を急速に拡大する中国市場に求めてきた。パンデミックを契機とした豪中の対立激化から約 3 年が経過したが、さらに重要なことは、貿易の問題が二国間関係全体に広がりつつある点である。中国の対豪経済制裁措置の着手から一年が経過した 2021 年 6 月、豪ローウィ研究所が公表した調査によると、豪州にとって中国は、それまで多くのオーストラリア人が認識していた「経済的なパートナー」ではなく、「安全保障上の脅威」であるとの回答が、統計史上初めて上回る結果になった。今から 15 年ほど前、豪州外務貿易省で北東アジア地域を担当したある高官は、豪州の対中関係は部分的にではあれ「距離がもたらす作用（functional distance）」が働き、中国の貿易面での重要性が増すにつれ対中姿勢を軟化させてきたことを率直に認めたが、この世論調査は「距離的作用」がもはや中豪関係には存在しないことを象徴的に物語っている。すなわち、

中国と民主主義や法の支配などの価値観を共有せず、政治・外交的立場の違いが顕在化しやすい豪州のような国は、中国が仕掛ける「相互依存の罠」のターゲットになりやすいのである。

さらに中国がWTOルールを無視して関税を特定国にだけ自在に引き上げ、輸入制限措置を行っていることは、豪州が日米印など、法の支配を重視する民主主義国家との関係をさらに強める意思を抱くこととも関係している。2020年11月、帰国後の隔離措置義務がありながらも、モリソン首相は同年初の公式海外訪問先として急遽日本を訪れたが、それは就任直後の菅首相（当時）が自由で開かれたインド太平洋（FOIP）にどこまで本気なのか、中国に反発されて腰砕けになる恐れはないかとの懸念から、日本側の「覚悟」を確かめるためであったとの見方もある。モリソン首相は、菅首相にとっても新型コロナウイルスの感染拡大後に初めて対面会談した海外首脳となったが、より激しくなる中国との貿易紛争の最中の訪日は、その一月前に東京にて日米豪印（QUAD）外相会合を対面開催した菅政権にとっても、FOIPを進めるための日豪連携を強化する意味合いがあった。これまでQUAD間では、戦略・安全保障分野に重点を置いていたが、今後、G7のようにQUAD経済大臣会合なども招集されると、後述のIPEFとともに、インド太平洋地域において有志国間で政策を調整し、サプライチェーンのリスクを軽減するための商業トラックとして新たなイニシアチブを開発することも予想でき、制度的近似性に基づく経済分野においてQUADが拡大する可能性が指摘できる。

表1　中豪関係を巡る動向

	中国	豪州
2019 年年末～	新型コロナウイルスの感染が拡大	
2020 年 4 月		モリソン首相が COVID-19 の発生起源に関する世界的な独立調査を求める
5 月～	中国が豪産牛肉の一部輸入停止。また、豪産大麦に 80％超の追加関税を賦課	
10 月	中国で、豪産石炭の通関手続きに遅れが生じているとの報道	
	中国当局が、紡績工場に豪産綿花の使用中止求める。また、豪州からの輸入木材へ検疫強化。以降、禁輸措置を順次拡大	
11 月	中国で豪産ロブスター他、水産物の通関に遅れ	
	中国が豪産ワインに反ダンピング（AD）対抗措置	

	中国外務省報道官が Twitter に、豪軍兵士が子供の喉にナイフを突きつけたとする画像を投稿して社会的な物議を醸す	
12 月		豪議会で対外関係法案を可決。豪連邦政府は、VIC 州と江蘇省の 2015 年調印の技術革新研究開発プログラム（2019 年に契約更新）を精査すると発表
		豪州が、中国の豪産大麦に課した追加関税が不当だとして世界貿易機関（WTO）に提訴
2021 年 4 月		ペイン豪外相が対外関係法に基づき、VIC 州と中国政府が交わした覚書と枠組み合意を無効に
5 月		豪国防省、北部ダーウィン港の中国企業権益を国益の観点などから見直しを決定
	中国が、豪州との戦略経済対話の枠組みで行われる全ての活動を停止すると発表	
		豪州が、中国の大麦に対する追加関税を巡り、WTO にパネル設置を要請
6 月		豪州が、中国の豪産ワインに課した AD 措置が不当だとして WTO に提訴
		世論調査で初めて、豪州にとって中国は「経済的なパートナー」より「安全保障上の脅威」であるとの回答が上回る
	中国、豪州を WTO 提訴	
12 月		米国に続いて、豪州も北京五輪を外交的ボイコット（2 ヵ国目）
2022 年 5 月		豪州で政権交代。豪労働党アルバニージー首相が、就任 2 日目で QUAD 首脳会談に参加のため訪日。IPEF 立ち上げ
11 月	インドネシア・バリ島での G20 で、中豪両国が 6 年ぶりに正式な首脳会談	

（資料）各種報道より筆者作成。

4.　中国は排除できるのか：FTA の効力と限界

　上のケースが示す一つの教訓は、相互依存の罠を利した中国の地経学外交に対応する方策として、例えば中国経済への依存度を減らすことが挙げられる。通商領域であれば、主要貿易相手国を増やすことで仕向地を多様化し、特に価値を共有するなど安全保障上の脅威にならない国々との相互依存関係を再構築することである。特に、「罠」から逃れる最も有益なアプローチの一つが、差別性を持つ FTA への参加である。オバマ政権で推進され、トラ

ンプ政権の離脱後、安倍政権がその存続に奔走した CPTPP は、高度な貿易・投資ルールを備えており、平均で 99％を超える物品貿易の関税撤廃率は参加国間の相互依存を高めるのに有効で、参加しない国々、特に、中国経済への相互依存の低下をもたらす効果が期待できると言えよう。

　中国当局の政策決定に大きな影響力を持つ識者によれば、「TPP に含まれる『国有企業に対する政府の優遇措置や補助金を制限する』規定は、中国の参加を念頭に置いて進められており、同国の製造業の基幹ブランドの多くが国有企業であることを考えると、この規定は中国の基幹製造業の輸出ルートを塞ぐものだ」と認識されている。ここで重要なことは、中国は国有企業の活動を制限する競争政策条項を、自らが参加する地域統合や FTA の条項として入れることに否定的な見解を持っている点である。実際、中国の国有企業は、経済的躍進の中心的役割を担い続けてきた経緯があり、世界企業番付「フォーチュン・グローバル 500」によると、1997 年時点でランクインした中国企業は 4 社のみだったが、2020 年版では香港企業を加えて 124 社となり、初めて米国の 121 社を超えた。このうち、国有企業は 91 社と約 4 分の 3 を占めている。理論上、経済合理性にそぐわない国有企業の慣行を可能とし、市場支配力や競争力を維持する源泉は、株式の安定的な政府保有（captive equity）や政府系金融による有利な信用保証、独禁法の適用除外など規制上の特別待遇などに類型化されるが、専門家の間では中国国有企業の扱いについて、補助金や輸出制限、ローカルコンテンツ要求など、多種多様な政府支援策や反競争的行動が問題とされてきた。元々、TPP における国有企業条項は、米国政府が中国等の国有企業に対する優遇に対する同国民間企業からの懸念を受けて 2011 年に原案を提出し、主導的に策定された経緯があるが、その根幹は OECD の「国有企業のコーポレートガバナンスに関するガイドライン」に則った民間部門と国有企業間での競争条件の平等を謳う「競争中立性の原則」に沿ったものとされる。しかし、国有企業の改革に肯定的な中国人研究者らによる議論もある一方で、これらは概して、欧米などの先進国地域が発展途上国を抑圧して競争優位を維持するための政策ツールとも考えられている。交渉が中断している米中二国間投資（BIT）協定においても米国は競争中立性を BIT 交渉の中核に据えているが、これは中国の過去の BIT 交渉における経験を完全に超えていると受け止められている。ただし、国有

企業のビジネス活動における透明性や外資企業の中国市場における平等な扱いという点で問題を抱える中国が本当に TPP/CPTPP の標榜する高いレベルの基準を満たすのであれば、中国の CPTPP 参加は全てのメンバーが歓迎するものである。中国にとって CPTPP は、参加すれば国内改革の面で、不参加であれば対外経済活動の面で対応困難な制度である。

5.　RCEP は中国の相互依存の罠を進めるのか？

　2020 年 11 月 15 日、RCEP 交渉が妥結して加盟 15 カ国首脳による署名がなされた。前年、インドが交渉から離脱するも、世界の GDP 及び人口の約 3 割をカバーする世界最大規模の自由貿易圏が誕生した。この地経学的含意は、ある試算によれば実質上の日中 FTA である RCEP が米国経済にマイナスの影響を与える可能性があるということである[8]。そのため、例えば TPP 交渉での対日交渉担当者は RCEP の誕生を、「アジアが米国抜きでの協力に自信を持っていることを再認識と米国の地位低下の象徴」ととらえ、元ホワイトハウス高官は「米国の利益にならないルールや規範、取引パターンを展開する危険性」からバイデン大統領就任初日での TPP 復帰を提言するなど、私企業と国有企業を同等に扱うよう求める TPP のような米国が推進したルール規定を持たない RCEP では、東アジア地域において中国志向型ルールが広がる懸念を米国は持つ。つまり、RCEP によって中国は、自ら改革することなく、自国中心のサプライチェーンを維持・強化できる可能性が増加し、相互依存の罠をさらに広げる手段にもなりうるのである。さらに習主席は、TPP 参加を積極的に考慮すると発言するなど、トランプ前政権によってもたらされた米国無き東アジアの通商構造を、より強固にする意志さえ感じられる。

　IMF 統計によれば、ラオスとブルネイ以外、RCEP 参加国は現在、中国を最大の貿易相手国とする。また、習主席は RCEP 調印の歓迎に際して、中国が新型コロナウイルス流行後の経済を立て直すため、国内消費を重視し、国内と国際の二つの循環が相互に促進する「双循環戦略」を打ち出し、「新たな高水準の開放経済を構築し、より魅力的な投資ビジネス環境を構築する」

と表明している。経済学者らの見立てによると、RCEP を通じて、日中韓の間で電子機器や機械、自動車などサプライチェーンが既に地域レベルで発達している産業では貿易が一層活発化し、同地域内の相互依存が深まるのに伴い、米国と東アジアとの経済的結び付きが相対的に弱まり、米国は同地域から自然と分離（デカップリング）していくとされる。さらに、米国がインド太平洋諸国に対して対中経済依存度を下げるように求めている一方で、米中覇権競争の飛び火を避けようと域内諸国の企業がサプライチェーンを再構築すればするほど、むしろ他のアジア諸国と中国の貿易は RCEP を通じて増加する可能性が高まるというジレンマ的構図も指摘されている。つまり、トランプ前政権で中国の相互依存の罠に対抗すべく、通商や技術分野で関税引き上げや企業排除などの措置をとり、バイデン政権においても中国とのデカップリングを図ろうとする同様の政策路線は継続されているが、RCEP を通じた貿易関係が進展すれば逆に、中国を中心とした東アジア市場から外されるのは米国企業であることになる。

6. 米国が仕掛ける半導体競争

　2021 年 1 月に発足したバイデン政権は、重要部材のサプライチェーンで中国製品をできるだけ排除した供給網の構築に向けて、新たなイニシアチブを打ち出している。2022 年 10 月に公表された『国家安全保障戦略』において、中国は「国際秩序を変革する意図と共に、これまで以上にこの目標を達成する経済的、外交的、軍事的、技術的なパワーを有する唯一の競争相手」と特徴づけられており、米中覇権競争は今後、一層、激化することが見込まれるが、これは同時に、米中覇権競争の様相が変質してきていることも示唆している。特に、就任後最初の演説で中国を「21 世紀で最大の地政学的試練」と指摘したブリンケン国務長官は、「技術での主導権確保」を優先課題とし、「同盟国やパートナーとともに先端技術の行動を形成し、悪用に対するガードレールを確立」する方針を掲げるなど、かつての「地理的近接性」とは異なり、法や技術体系などの「制度的近似性」に基づく対中排除アプローチを推進する意向を示している。その中で、中国の脅威に対応するため、新たな

多国間での輸出管理体制の構築にむけて米国が各国と協議している象徴的産業が、半導体である。

　実際に、半導体製造の覇権を取り戻すため、米国は単独でも「CHIPS プラス法」や「インフレ削減法」など、「ニューディール政策以来最大の産業政策」と称される独自の国内法整備を進めている。他方で、同盟国などとの連携は、サリバン大統領補佐官（国家安全保障担当）が 2022 年 9 月に同盟国・友好国と連携して厳格な輸出管理体制を導入していく姿勢を示したことでもトランプ前政権からの継続が確認できる。特に、トランプ前政権では、商務省産業安全保障局（BIS）が対中輸出管理の基本路線として、安全保障上、リスクのある外国の事業体を特定し、輸出管理規則のエンティティー・リストに掲載するという的を絞った「点」で抑える戦略を展開していたが、これでは中国の採用する軍民融合戦略に対抗できないとして、2022 年 10 月 7 日に BIS が先端半導体に関する厳しい対中輸出管理規則を導入、一定基準以上の先端半導体を中国に輸出または中国国内での製造に関与する場合に米商務省への事前許可や申請を義務化している。重要な点は、半導体製造装置分野で米国と同等の能力を有すると言われる日本とオランダに、同規制措置に追従するよう要請を行ったことである[9]。すなわち、トランプ前政権下で 2018 年 7 月以降勃発した「貿易戦争」は、あくまでも米中両超大国の二国間で相互に関税引き上げ合戦が繰り広げられ、その他の多くの国々は飛び火を避けるという構図であったものの、バイデン政権では戦略物資である半導体に競争の焦点を移し、同盟国の追従を伴う「半導体戦争」の様相を呈している。半導体産業の主要技術の殆どは米国が握っているが、製造と素材に関しては半導体サプライチェーンを米国内だけで完結するべく、台湾半導体大手 TSMC や韓国サムスン電子を米国内に呼び込もうとしている[10]。これらの動きは、米国が設計、日本は製造装置、韓国はメモリー半導体、台湾は演算処理半導体と、それぞれの強みを活かした「CHIP4 アライアンス」の枠組み構築を視野に入れており、さらに台湾有事の際の供給リスクへの備えや、補助金等の産業政策、中国への輸出管理についての調整などを通じて、先端半導体製造に関する脱中国サプライチェーン網の形成を試みている。第 1 章で論じた制度的近似性の具体例と言えよう。

おわりに

　上に論じた産業レベルでの多国間枠組みと並行して、2022年5月に米国が中心となって立ち上げた政府制度がIPEFであり、インド太平洋地経学の観点から、重要な一手となる可能性を秘めている。インド太平洋地域において、日本以外の経済大国が不在の中で、中国（と台湾）が正式に加盟を申請したCPTPPと実質上の対中FTAを意味するRCEPだけでは、域内諸国の中国市場への貿易依存度は今後、ますます高まるのみである。ここに、CPTPPとRCEPに加えて、IPEFという米国主導のルール形成を中心とした「チャイナ・フリー」の経済制度構築の意義がある。中国外交部の王文斌報道官は、IPEFの立ち上げが意味するのは「参加国と中国経済を切り離し、米国主導の貿易ルールのもとで新しいサプライチェーンを再形成すること」と懸念を示したように、たとえ米国市場への追加的アクセスという「うま味」がなくとも、通商という名の中国の地経学上の「武器」を封じることがIPEF設立の隠された目的である。RCEPによる東アジアの市場統合が確立されつつある中、IPEFは豪州や日本、韓国など、中国による相互依存の罠に苦慮してきた国々にとって、域内のバランスを取る意味でも、その成立の地経学的意義は大きい。

〔註〕
（1）中国共産党中央委員会の機関誌『求是』の2020年11月号にて公表された、同年4月開催の党中央財経委員会における習主席演説での発言（日本経済新聞、2020年11月15日）。
（2）国連商品貿易統計データベース（UN Comtrade）より、筆者計算。なお、2020年時点の各国の対中／対米貿易シェアはそれぞれ、日本が23.9％／14.9％、韓国が24.6％／13.5％、豪州が35.3％／8.3％となっている。
（3）当時、豪州政権内ではホッキー財務相とロブ貿易相はAIIB参加に肯定的、アボット首相とビショップ外相は否定的な立場を取っていた。ただし、アボット首相は韓国同様、AIIBの透明性やガバナンスの問題が解決されれば、参加しない理由はないと発言している（Sydney Morning Herald, 23 May 2014）。
（4）それから12年後、リー・シェンロン首相は再び中国の反感を買う。今度は、自ら参加を望んだ2017年5月に北京で開催された一帯一路（BRI）フォーラムへ招待されな

かった。その理由は、シンガポールが南シナ海を巡って米日豪と共に中国の立場を批判しており、中星関係が不安定化していることにあった。アジア金融と物流の中心地であるシンガポールが同構想に高い関心を寄せていたが、リー首相の参加を拒むことで同国に南シナ海問題で口を挟まないよう圧力をかけたと受け止められている。

（5）中国紙『21 世紀経済報道』によると、輸出減少や価格下落などを背景に中国のレアアース産業は 2014 年に業界全体として初めて赤字に転落した（産経新聞、2015 年 5 月 15 日）。当時、200 社以上あったレアアース関連産業はその後、発展改革委員会の計画の下、大手 6 社が主導する体制に大幅に統廃合が進んだ。2021 年末には、そのうち 3 社を統合した中央国有企業である中国稀土集団が新設された結果、大手 4 社に集約された。

（6）これは、販売不振によって部品メーカーへの支払いが滞り、メーカーが部品供給を停止したことによる。北京現代社は現代自動車と北京汽車集団の合弁会社であり、北京汽車側が支払いを拒否していた。市場関係者は「北京汽車は国有企業。支払い拒否は当局の意向で、THAAD 配備への報復だ」と語っている（日本経済新聞、2017 年 8 月 30 日）。

（7）中国社会科学院の厖中鵬氏の発言（人民網日本語版、2013 年 3 月 28 日）。

（8）Kenichi Kawasaki (2017), "Emergent Uncertainty in Regional Integration - Economic impacts of alternative RTA scenarios", *GRIPS Discussion Paper*, pp.16-28.

（9）2023 年 3 月末、日本政府は半導体製造装置の貿易管理規則を導入した。輸出量の多い非先端品向けは対象外となったが、中国の反発は必至である（日本経済新聞、2023 年 4 月 2 日）。

（10）一連の国内法整備を呼び水として大型投資が相次いでおり、米国半導体工業会（SIA）によれば、2020 年 5 月から 2022 年 12 月までの間に、半導体関連プロジェクトが計 40 件以上発表されている。

第9章
英国のグローバル・ブリテン戦略とインド太平洋傾斜

伊藤さゆり

はじめに

　日本にとって、志を同じくする国々との地域を超えた連携強化は、インド太平洋地域における地政学、地経学リスク抑止の鍵である。

　地理的に離れた欧州諸国との連携も重要であり、中でも、英国は潜在的に最も重要かつ有力なパートナーである。

　そう考えられる理由は3つある。まず第1に、かつて大英帝国として繁栄を誇った英国は、今も「独自の多様な国力を有するグローバルに関与する大国」で地経学的に重要なプレーヤーであることだ。これは、23年3月に英国政府がまとめた安全保障・防衛・技術開発・外交の「改定版統合レビュー2023[1]」で示した自画像である。英国の多様な国力を構成するのは、主要7カ国（G7）としての経済力、国連の安全保障理事会の常任理事国（P5）としての外交・安全保障面での能力、そして高等教育への高い評価やワールドワイドに展開する公共放送BBC、公的な国際文化交流機関ブリティッシュ・カウンシル、世界的な人気を博するサッカーのプレミア・リーグなど文化的な影響力である。これらの戦略的な優位性が英国の「国家の繁栄とウエルビーイング（身体的、精神的、社会的健康）」とともに「国際環境を形成するための行動と影響力の自由度」、すなわち地経学的なパワーの源泉である。

　第2に、英国が、ブレグジット、すなわち欧州連合（以下、EU）離脱後の経済成長戦略、安全保障・防衛・技術開発・外交戦略として、欧州を超えてより広い世界に経済と外交の機会を求める「グローバル・ブリテン戦略」を掲げ、「インド太平洋傾斜」を前面に打ち出していることがある。

　第3に、英国がインド太平洋地域と歴史的な結びつきを有していることだ。

旧英国植民地を中心に構成される英連邦（コモンウエルス）の56カ国のうち19カ国はアジア・太平洋地域諸国である。スナク現首相は、東アフリカから英国に移住したインド系の両親を持つ英国初のアジア系首相であり、アジア諸国における関心も高い。

　本章では、グローバル・ブリテン戦略を掲げる英国の実像に迫ることで、インド太平洋地域における日本と英国の地経学的な連携のあり方について考察することを目的とする。続く第1節では、英国のEUとの関わりを振り返り、グローバル・ブリテン戦略とインド太平洋傾斜がEU離脱を背景として展開されてきたことを確認する。第2節ではEU離脱後の戦略としてのインド太平洋傾斜の矛盾と限界について明らかにする。第3節では、戦略の基盤となるべき英国の経済・政治の安定性について検討する。以上の検討から得られる英国との連携、協力にあたっての日本への示唆を「おわりに」でまとめる。

1. グローバル・ブリテン戦略とインド太平洋傾斜の展開

（1）グローバル・ブリテン以前

　グローバル・ブリテンは、英国が2016年6月23日の国民投票でEUからの離脱を選択した後、英国の外交姿勢を示すキーワードとなった。第2次世界大戦後、そこに至るまでの英国外交の変遷をチャーチル元首相が1948年の保守党党大会演説で示した「3つの輪」という概念に基づいて振り返りたい。これは、自由な民主主義国家には3つの輪があり、第1の輪が英連邦と英連邦王国、第2の輪が米国を中心とする英語圏諸国、第3の輪が欧州とした。これら3つの輪は相互に結びついているが、ベン図にすると英国は「そのすべてで重要な役割を果たしている唯一の国」であり、英国には「すべてを1つにする機会があり、人類に安全で幸せな未来を拓く鍵を握り、再び感謝と名声を得ることができる」と謳った。

　しかし、「3つの輪の中心で世界的な影響力を行使する英国」という自己認識はそもそも過大評価であり、3つの輪と英国との力関係とそれぞれの輪の重みは時間の経過とともに変わった。第2次世界大戦後、英国が3つの輪

の中で重視したのは第1の輪と第2の輪だった。第3の輪の欧州については、1946年9月、当時下野していたチャーチルが「チューリッヒ演説」で、仏独が主導する欧州が協調する必要性を説いたが、欧州大陸における国家主権の委譲を伴う統合への英国の参加には懐疑的であった。しかし、1960年代以降、英国の経済的な衰退が一段と進み、第1の輪の英連邦における英国の中核性は薄らぎ、第2の輪の中核である米国との力関係が変わり、第3の輪である欧州の重みが増した。EUにつながる欧州の統合は、1952年にドイツ、フランス、イタリア、ベルギー、オランダ、ルクセンブルクの6カ国でスタートし、1958年には欧州経済共同体（EEC）が発足、1968年には域内関税を撤廃し、域外関税を共通化する「関税同盟」が完成した。英国は、1960年にスウェーデン、ノルウェー、デンマーク、オーストリア、スイス、ポルトガルという国々と欧州自由貿易連合（EFTA）を立ち上げた。しかし、中小国からなる飛び地のEFTAよりも、大国を含む地理的に隣接する国々が構成する関税同盟の経済的な利益が大きいことは明らかであり、英国はEFTAから離脱、欧州共同体（EC）への加盟申請に至った。英国の加盟は、米国による「トロイの木馬」と見なすフランスのドゴール大統領（当時）の反対により、ただちには認められなかった。最終的に英国は1973年に統合に加わった。

　第1の輪の縮小と第3の輪との結び付きの強化により、英国の外交戦略では、米国と欧州の大西洋同盟の「架け橋」としての役割が強調されるようになる。うち、歴代の英国の政権がより重視したのは米国との「特別な関係」である。[3] 他方、欧州統合への違和感は時間の経過とともに拡大してきた可能性がある。英国が統合に参加した段階では、加盟国は10カ国（英国とともにアイルランド、デンマークが参加）で、財・サービス・資本・ヒトの移動の自由を原則とする単一市場、単一通貨ユーロも導入されていなかった。その後、南欧、中東欧の加盟で加盟国数は28まで増加した。統合の深化でEUのルールが適用される範囲が拡大した。英国はユーロ未導入の権利（オプトアウト）の獲得が象徴する通り、特別な地位を求めることで統合の変容に対応した。そのことが英国をEUにおける周辺国的な立場に追い込み、離脱という結果に至ったようにも思われる。

（2）EU 離脱後のビジョンとしてのグローバル・ブリテンとその実践

　先述のとおり、グローバル・ブリテンは 16 年国民投票後に示されたビジョンである。国民投票の敗北で辞任したキャメロン首相の後を継いだメイ首相は、同年 10 月の保守党党大会で、グローバル・ブリテンを「EU 離脱後の英国に対する野心的なビジョン」と述べた。メイ首相が、グローバル・ブリテンを掲げた当時、その関心は EU 離脱の戦略、すなわち EU の単一市場のアクセスを極力維持する「ソフトな離脱」か、離脱による主権の回復を重視する「ハードな離脱」かにあった。そのため、グローバル・ブリテン戦略の具体的な中身は曖昧で、メイ首相のスピーチからわかるのは「自由貿易の提唱者」、「世界の平和と繁栄を促進する役割」を果たす「欧州大陸を越えて広い世界に経済と外交の機会を求めて行く」という程度だ。しかも、メイ首相は、2017 年 3 月 29 日に EU 離脱を正式に申請したものの、離脱のあり方を巡る保守党内の対立や議会の混乱で離脱を実現できないまま、辞任に追い込まれる結果となった。

　グローバル・ブリテン戦略は、後を引き継いだジョンソン政権で実行段階に入る。2019 年 12 月の総選挙で議会の過半数を制したジョンソン首相は 2020 年 1 月末に正式離脱、同年 12 月末に激変緩和のための「移行期間」を終えて完全離脱した。EU との関係は 2021 年 1 月からは「貿易協力協定（TCA）」に基づくものに替わった。TCA の合意は完全離脱一週間前というぎりぎりのタイミングにはなったが、「合意なき離脱」は回避された。TCA は関税ゼロ、数量規制なしの FTA を柱とする。FTA としてのレベルは高いが、EU 加盟国として単一市場・関税同盟を形成してきた関係を引き継ぐ協定としてはカバレッジが低い。EU が財・サービス・資本・ヒトの 4 つの自由の「いいとこどり」は許さない交渉方針を貫き、英国政府が主権の回復を重視した結果、「ハードな離脱」となった。財貿易に関しては通関手続きなど財貿易に関わるコストが発生、サービス分野の合意は極めて限定的である。

　完全離脱によって、英国は、通商交渉の権限を回復した。EU 加盟国として締結した FTA 等の多くは移行期間終了までに置き換えられ、日英の経済連携協定（EPA）も 21 年 1 月 1 日に発効した。EU が協定を締結していない国との協定締結にも動き出し、豪州との FTA は 21 年 12 月、NZ とは 22 年 2 月に調印を終え、23 年 5 月に発効した。22 年 1 月にはインドとの交渉を開

始した。23年3月には、21年2月に加盟申請した環太平洋パートナーシップに関する包括的及び先進的な協定（CPTPP）に創設メンバー以外では初、欧州から最初の加盟が承認、同年7月に加入に関する議定書に署名した。英国政府は24年後半の発効を見込んでいる。

　安全保障、防衛、技術開発、外交政策についても大幅な見直しを行い、21年3月に「競争的時代におけるグローバル・ブリテン」というタイトルの「統合レビュー」が示され、インド・太平洋傾斜の方針を明記した。同月に示された「成長戦略」でもグローバル・ブリテンを柱の1つに据えた。専門家は、統合レビューで示されたインド太平洋傾斜の基本的な動機について、防衛産業も含めて成長期待が高い地域からの経済的な利益の追求にあると評価している。

2．EU離脱後の戦略としてのインド太平洋傾斜の矛盾と限界

（1）埋め合わせが困難なEU離脱の打撃

　第1節で見た通り、グローバル・ブリテン戦略とインド太平洋傾斜は、EU離脱という偶発的な選択への辻褄合わせという面があり、当初から矛盾を孕んでいた。EU離脱、とりわけ離脱推進派が望み、実行に移した「ハードな離脱」は、英国をEUの単一市場から切り離すものである。EU加盟国として当然のように享受してきた4つの自由は失われた。英国の財・サービスの貿易（輸出＋輸入）に占めるEUのシェアはおよそ5割である。巨大なEU市場に地理的に隣接し、深く結びつくことで、経済的に繁栄してきたわけだ。

　英国が隣接するEU市場へのアクセスの自由度が低下する不利益を埋めるようなパートナーを見出すことはそもそも難しい。しかも、英国を取り巻く環境は、世界経済の分断の深まり、主要国・地域の内向き化によって難しさを増している。

　スナク首相は、CPTPPの加盟承認を「EU離脱後の自由における本物の利益を示すもの」と表現したが、EU離脱による長期的な経済押し下げ効果

がGDPの4%と試算されているのに対して、CPTPPによる押し上げ効果は同0.08%と限定的である。米国を欠くCPTPPの市場規模は、英国が加わっても世界のGDPの15%程度に過ぎず、米国（23.7%）、中国（18.3%）、EU（17.7%）を下回る。加えて、英国はマレーシアとブルネイ以外の加盟国とは既にETAを締結していることが、追加的な効果が小さい理由である。

　米国の経済規模はEUを上回るが、英国の貿易に占める米国のシェアは財で1割、サービス貿易では4分の1程度で、今後、大きな伸びが期待できる訳ではない。EU離脱を選択した当初、英国は米国との通商協定締結に期待を抱いていた。トランプ大統領（当時）は、多国間主義を嫌い、英国のEU離脱という選択を支持し、通商交渉を最優先で進める方針も示していた。しかし、バイデン政権は、英国に限らず、新たな通商協定の締結は進めない方針だ。「インフレ抑制法（22年8月成立）」のEV補助金が示す通り、米国内や北米での生産を重視するスタンスを取る。安全保障面での米英関係は、米国、豪州、英国の3カ国による防衛・安全保障の協力枠組み（AUKUS）の立ち上げ（21年9月15日）、ロシアによるウクライナ侵攻への対応など緊密かつ良好だが、経済面での「特別な関係」深化への動きは見られない。

　中国とは、貿易拡大の余地はあるが、経済安全保障の観点からは、中国への依存度はむしろ引き下げねばならないジレンマがある。英国の財・サービス貿易における中国のシェアは着実に増加し、21年時点で財貿易は8%、20年時点でサービス貿易は1.7%である。中国市場の規模や成長力から考えれば、サービス貿易については伸びる余地が大きい。国民投票の前年の15年10月、キャメロン政権は英国を訪問した習近平主席を国賓待遇で手厚くもてなす「蜜月関係」にあった。英国は、同年3月に中国が主導したアジアインフラ開発投資銀行（AIIB）にも先進国で最も早く出資を決めた。英国には中国からの投資への期待、中国が国際化の方針を示していた人民元ビジネスの拠点化への期待があった。しかし、習近平体制の中国の自己主張の増大、ウイグルやチベットの人権状況への懸念の拡大、97年の香港返還時に基本法に盛り込んだ50年間の「一国二制度」の合意を損なう香港政策、米中対立の先鋭化などを背景に、英中の「蜜月」は維持できなくなった。但し、「統合レビュー」においても、EUと同様に、中国の評価は「システム上の競争相手」であるとともに「重要なパートナー」と両論併記で優先順位が明確でな

く、台湾有事への言及がないなど曖昧さが指摘されていた。

　2022年夏に行われたジョンソン首相の後継を決める保守党党首選では中国の脅威が焦点となり、トラス前首相は特に中国への強硬姿勢を打ち出していた。このため、ウクライナ侵攻など環境変化を反映した改定作業が進められていた「統合レビュー」では、中国をロシアと同じ「脅威」に位置付けるとの観測もあった。しかし、後継のスナク首相は、22年11月28日に就任後初の外交政策に関するスピーチで、中国との「黄金時代は終わった」と明言しつつ、「貿易が自動的に社会や経済の改革につながるという素朴な考えにも冷戦時代のレトリックにも頼るべきではない」と早い段階でその可能性を否定した。23年3月に公表された「改訂版統合レビュー2023」では、全59ページのうち2ページを割いて対中国政策の考え方が示された。曖昧とされた優先順位に関しては、中国政府の行動が「英国の核心的利益と開放的で安定的な国際秩序へのより高い関心」に一致する場合には「建設的に関与」し、これらを脅かす場合には「迅速かつ強固な行動」をとるという形に整理された。最も緊密な同盟国やパートナーが採用するアプローチと一致するものとし、欧州、米国、豪州、カナダ、日本を例示した。台湾についても一方的な現状変更に反対する立場を明記した。

　以上のように、米国がモノ作りにおいては内向き傾向を強め、中国との関係を安全保障の観点から管理しなければならない環境下では、EUとの財やサービスの貿易に規制や手続き面での障壁が出現するショックを埋め合わせることは困難である。

　英国の主力産業である金融セクターも、EUの単一市場からの離脱の負の影響を受けており、今後、規制の乖離による影響が拡大する見通しである。英国は、EU離脱後も欧州最大の国際金融センターとしての圧倒的な地位を維持しているが、離脱以前に比べると役割は縮小している。[12]規制環境の変化に対応して、EU市場に関わる業務や人員の一部がEU域内の金融都市に移管されたためだ。[13]英国が「ハードな離脱」を選んだことで、EUの「単一パスポート」によるビジネスの提供はできなくなった。EUが域外に認める「同等性評価」は、金融関係のEU規則や指令ごとにEUが一方的に認可するもので、単一パスポートほど網羅的でも安定的でもない。その上、EUは、隣接する巨大な国際金融センターが「規制のダンピング」に動くことを懸念し、

これまでのところ、英国に対して新興国並みかそれ以下の同等性しか認めていない。ハント財務相は2022年12月8日に英国を「世界で最も革新的で競争力のある国際金融センターにする」という野心を実現する金融規制の大幅な見直し案（エジンバラ改革）を発表した。本稿執筆時点では、改革案の詳細は明らかになっていないが、EU離脱の恩恵を生かして魅力的な規制環境を確立する可能性を秘める一方、「底辺への競争」につながり、大きな混乱が生じた世界金融危機前のような環境に逆戻りしかねないとの批判もある。時間の経過とともに英国とEUの金融規制の乖離は広がり、EU向けのビジネスの中心地としての英国の地位は後退することになる。

（2）EU離脱、グローバル・ブリテン戦略では解決しない英国の国内問題

2016年国民投票で離脱派は「コントロールを取り戻す（take back control）」というスローガンを掲げた。特に、離脱派がやり玉に挙げたのはEUの単一市場の原則の1つである「ヒト」の自由移動、EU予算への「カネ」の純拠出、EUの「ルール」だった。

英国は「ハードなEU離脱」で、コントロールを取り戻したが、強硬な離脱推進派以外が懸念した通り、英国経済が直面する課題の解決や経済の改善にはつながっていない。

ヒトに関わる問題は、EU離脱後の今も英国にとっての優先課題の1つであり続けている。調査会社ユーガブによる「英国が直面する課題」を3つまで選択する世論調査では「移民・難民」を選択する割合は50％を超えて第1位だった。EU離脱から3年が経過した23年8月調査では、第1位が経済（62％）、第2位が健康（同42％）、第3位が移民・難民（37％）である。移民・難民問題の割合の低下は、事態が改善したからというよりは、経済や健康への懸念が高まったことによると見られる。英国政府は、EU離脱後、高技能・高収入人材を重視する新しい移民制度を導入したが、コロナ禍の影響も加わり、EUからの労働者が支え手となっていた対面サービス業などでの人手不足、農業等の季節労働者の確保が問題となっている。EU市民の減少を埋め合わせる形でアジア系移民が増大しており、必ずしも移民の流入も減っていない。在留期限が切れた移民の不法滞在や、英仏海峡を渡る難民など、EUとのヒトの自由移動が直接関わらない問題への対処が政権の重要課

題となっている。

　カネについても、EU から取り戻した財源で国民保険サービス（NHS）の逼迫が解消するとの離脱派が主張した好循環は見られない。NHS の逼迫はコロナ禍で一段と深刻化した。2022 年末〜 2023 年初には、コロナ禍とインフルエンザの同時流行と医療従事者の不足によって救急外来の待ち時間が過去最悪になるなど危機的状況に陥った。⁽¹⁷⁾

　スナク首相は、2023 年の年頭のスピーチで、海峡を渡る難民と NHS の逼迫を「誰もが頭を悩ませている 2 つの問題」として、インフレ率半減、成長と雇用、政府債務削減とともに、優先的に対処する方針を約束した。

（3）インドとの連携強化への期待と制約

　英国内の問題が未解決、あるいは悪化していることは、グローバル・ブリテン戦略とインド太平洋傾斜の制約となる。

　この文脈で、英国はインドとの FTA の締結に期待を寄せている。21 年時点では、英国の財輸出に占めるインドのシェアは 1.5％、財輸入に占めるシェアは 1.8％に過ぎない。インド向けの輸出品は機械類、輸入品は繊維製品、医薬品が上位の品目である。サービスでは輸出が 1.5％、輸入が 4.8％程度である。⁽¹⁸⁾しかし、英連邦で最大の市場で、人口構成の面からも、今後の成長が大いに期待される。さらに、平均関税率や非関税障壁の数、サービス産業への投資に関わる規制などで保護されている度合いが高いため、協定の締結によって市場アクセスを改善することから得られる潜在的なベネフィットは大きい。巨大市場であるインドとの関係強化は、中国市場への過度の依存の是正にもつながる。EU も FTA 協定の締結に向けて 22 年 6 月に協議を再起動している。

　インドとの FTA 交渉は 2022 年 1 月に始まり、2022 年 10 月の大筋合意を目指してきたが、本稿執筆時点では合意は実現していない。インドとの交渉を開始したジョンソン政権は、暫定協定による早期締結を目指したが、数々のスキャンダルの末に退陣に追い込まれた。わずか 49 日間のトラス政権を経て、スナク政権の発足に至るまで、英国の政治情勢が目まぐるしく動いたことばかりでなく、合意優先で譲歩を重ねることへの懸念の広がりも影響していると思われる。英国とインドの FTA は 2030 年までに二国間貿易の倍

増を目指す。英国は自動車、ウィスキーなどの高関税商品の関税引き下げとデジタルやデータ、法律サービスなどの分野での市場アクセスを求めている。インド側は、革製品、繊維製品、履物、宝石、食品などの輸出拡大と、学生やビジネス用ビザの発給数の拡大を望んでいる。防衛・安全保障面でのパートナーシップも新たな関係における重要な課題とされる[19]。

　インド側にはFTAは英国の技能不足がインドによって埋められる場合に意味があるとの期待がある。一方、英国内にはビザ発給拡大による移民流入増大への懸念もあり[20]、インドが望む野心的なFTAの締結は困難である。英国の交渉上の立場は、インドに対して必ずしも優位とは言えない。IMFの世界経済見通しデータベース（2023年4月）によれば、英国の経済規模（名目ドルベース）は1980年時点でインドの3.2倍と大差でリードしていた。しかし、2021年には、インドが英国を追い抜き、世界第5位の経済大国の地位が入れ替わった。さらに、2028年までの間、インドに対する英国の小国化はさらに進むとIMFは予測している。

3．英国経済・政治の安定性

　「はじめに」で見た通り、「3つの輪」の概念は、そもそも「身の丈に合わない」ものであり、英国経済の衰退によって変容を迫られた。グローバル・ブリテン戦略とインド太平洋傾斜も、EU離脱による国力の低下が制約となるおそれがある。以下、英国の経済・政治の安定性について見て行く。

(1) トラス政権の「ミニ予算」による混乱とスナク政権による事態の収拾

　EU離脱を実現し、コロナ対策の舵をとったジョンソン政権を引き継いだトラス政権は22年9月6日の発足から僅か49日という記録的な短命に終わった。異例の短期間での退陣の直接的な原因は、トラス政権が打ち出した財政政策にあった。借入を財源とする光熱費対策と「ミニ予算」と称する大規模減税策に市場は激しく反応し、通貨ポンド、国債、株価の「トリプル安」を引き起こした。トラス政権の政策の問題点や事態収拾の経緯は別稿で論じており[21]、本稿では、詳細に立ち入らない。要すれば、高インフレ下での財源

の手当てなき財政拡張、金融引き締めを加速する中央銀行のイングランド銀行（BOE）との方向性の違い、そして、財政への信頼確保のために確立してきたルールと制度を否定するような行動によって、投資家の信頼を損なった結果が「トリプル安」であった。

　さいわい、後継のスナク政権の下で市場の信頼は回復している。ハント財務相が22年11月17日に示した「中期財政計画」ではトラス政権の減税策は大部分撤回、当面は「生活費危機」に配慮しつつ、中期的には財政の健全性を目指す方向性を示したからであり、23年3月に示された23年度予算案でも、その方向性は維持された。

（2）懸念されるインフレと景気低迷の長期化

　財政政策の軌道が健全化重視の方針に回帰したことは市場の信頼回復にはつながったが、経済情勢の改善を意味する訳ではない。英国経済の先行きは、「トリプル安」発生時ほどではないものの、物価目標を上回るインフレの持続と長い景気低迷が予想されている。

　厳しい経済の見通しは世界に共通するものだ。2022年の世界は高インフレに見舞われ、多くの中銀が異例のスピードの金融引き締めに動かざるを得なくなった。インフレには複合的な要因が作用した。コロナ禍による経済活動やヒトの移動の急停止、財政出動の規模や感染の波の違いからくる不均一な回復、人々の意識の変化、気候変動の激甚化と気候変動対策の加速の必要性の高まりは、需給両面に影響した。経済安全保障や人権を理由とするグローバルな供給網の再編圧力は、米中の覇権争いの激化、ウクライナを侵攻したロシアと西側との経済制裁と対抗措置の応酬もあり一段と強まった。さらに、気候変動の影響は広がり、対策の強化も必要となっている。世界的な低インフレを支えてきた構造そのものが変わりつつある。

　英国の場合、こうした世界共通の要因に、EU離脱の影響が加わるために、インフレも景気低迷も長期化しやすい。EUの関税同盟からの離脱による手続きの発生によりEU産品の輸入価格が押し上げられ、ヒトの自由な移動が停止したことで、人手不足への柔軟な対応が難しくなった。英国のインフレは「生活費危機」と形容されるほど深刻化し、賃金の伸びを大きく超える物価上昇で低下した購買力の回復と待遇の改善を求めるストライキが、近年見

られなかったペースで広がっている。[22]

（3）低空飛行の政権支持率

　与党・保守党は、2019年12月の総選挙で下院の過半数の議席を確保した。ジョンソン首相（当時）がEU離脱の実現を掲げ、伝統的に労働党を支持してきたイングランド北部のいわゆる「赤い壁」の選挙区で議席を獲得するなど地滑り的な勝利を収めたからだ。

　生活費危機が深刻化した2022年は、1年間で3人が首相、4人が財務相を務める異例の展開となった。保守党の支持率は、経済の低迷と政治の混乱で大きく低下、最大野党の労働党に平均20％ほどリードを許している。スナク政権の支持率は、経済的な混乱を引き起こしたトラス政権に比べれば改善しているが、低空飛行が続く。政権には早期総選挙に踏み出すインセンティブは乏しく、次期総選挙は下院の任期切れとなる24年12月から、おおきく前倒しされる可能性は低いと見られる。

　労働党は、2010年から続く保守党政権が現在の苦境を引き起こしたとして批判を強めるが、事態の打開に向けた明確な対案を示している訳ではない。国内の分裂と経済的な混乱を引き起こしたEU離脱の是非を再び問うようなこともしないだろう。次期総選挙までに、経済が方向として回復に向かうことが、保守党への追い風となる可能性はある。しかし、経済が底入れすれば、次期総選挙後には、先送りした歳出削減に踏み込まざるを得なくなる。厳しい経済環境と財政の事情は、グローバル・ブリテン戦略、インド太平洋傾斜への制約となるだろう。

（4）開放度が高く市場化が進む英国の金融システムの脆弱性

　英国は世界の金融システムのストレスが高じた際に影響を受けやすい構造でもある。英国では、BOEの金融安定委員会（FPC）が金融システムの安定性の監視を担うが、そのFPCが問題視するのは「英国の対外バランスシートの脆弱性」と「市場型金融」に潜むリスクである。「トリプル安」後初のFPCの議事要旨[23]には、英国は、「金融面での開放度が高く、外国投資家が多くの資産を保有しているため、対外資金調達のリスクにさらされて」おり、「対外的な負債の規模はG7の他の地域よりも遙かに大きい」ため、「マクロ

経済政策の枠組みに対する外国投資家の認識が英国の金融状況に重大な影響を与える」としている。

　国際金融センターを擁するという英国の強みは市場型金融のリスクの高さの裏返しでもある。英国が「トリプル安」に見舞われた局面で、BOEが、利上げと量的引き締め（QT）を決めた直後であるにも関わらず、長期国債の買入れに動いたのも、負債連動型投資（LDI）戦略をとる年金基金のレバレッジ問題に対処する必要に迫られたからだ。[24]

　英国の「英国の対外バランスシートの脆弱性」への警戒は怠れない。本節（1）項で触れた通り、BOEも含めて世界の主要な中銀は異例のピッチで同時引き締めに動き、金融環境はタイト化、ボラティリティーが高まりやすくなっている。英国は世界金融危機でも、金融システムの開放度が高く、市場化が進むが故に、国内の住宅バブルの崩壊の影響が共振する形で大きな打撃を受けた。世界金融危機からトリプル安に至るまで、過去の経験を教訓に培ってきた金融システムの強靭性、システミックリスクに対処する監督当局の能力が試される場面が訪れる可能性は排除できない。実際、23年3月には米国の中堅銀行の破綻を引き金とするリスク再評価の流れが、スイス第2位の大手行の経営危機に飛び火し、第1位の銀行による救済合併へと発展した。英国内でも、インフレの沈静化が期待するほど進まず、BOEが23年6月の金融政策委員会で利上げ幅再拡大に動き、住宅ローンの返済問題の深刻化が深刻化が懸念される。こうした最中、2節（1）項で紹介した通り、政権は、金融セクターの梃入れのために金融規制の緩和に動こうとしていることは、英国経済を一層不安定にするおそれがある。

おわりに

　英国が、多様な国力を源泉とする地経学的なプレーヤーとして地位を維持するために、同盟国、パートナー国との緊密な連携を必要としている。英国の戦略的な優位性を維持する困難さは、ロシアのウクライナ侵攻による欧州大西洋地域の安全保障環境の変化、中国、インドなど新興大国の経済力向上、EU離脱による制約の強まりによって高まっている。グローバル・ブリテン

戦略、インド太平洋傾斜への制約も、その端緒となった EU 離脱選択時よりも強くなっている。

　厳しさを増す外部環境は、16 年の国民投票以降、遠心力が働き続けていた英国と EU の関係を変えつつある。23 年 2 月末に懸案となっていた北アイルランドの通商ルールの見直しで合意が実現したことは関係改善の萌芽と言えよう。

　日本は、英国が、インド太平洋地域において、最も重要かつ有力なパートナーの一角を占め続けるよう、積極的に連携を働きかけて行く必要がある。日本は、英国が CPTPP に加盟したことで、高いスタンダードを守る意思を共有する心強い見方を得た。覇権を争う米中の、戦略的自立を目指すＥＵが規制強化や補助金を活用した戦略産業の誘致、育成を競い合う中にあって、いかに戦略的優位を確立するかは、日英共通の課題である。日本と英国は、リベラルな国際秩序から恩恵を受け、相互補完的な関係にある。東アジアの技術立国である日本と欧州の金融・専門サービス立国である英国は、地理的にも相互に補完し合い、共通の利益を追求できる。

　23 年 5 月 18 日、G7 広島サミットに合わせて、日英は「強化された日英のグローバルな戦略的パートナーシップに関する広島アコード」で合意した。経済安全保障、経済分野、グローバルな課題における協力の強化を約束するアコードは、日英が「傑出して緊密なパートナー」であることの証左と言えよう。

〔註〕
（1）"Integrated Review Reflesh 2023: Responding to a more contested and volatile world" HM Government, March 2023.
（2）"Articles WSC's three majestic circles" Author's Abstract Richard Davis ICS Finest Hour 160, Autumn 2013
（3）「不透明感強い英国の将来像──国内分裂リスクとグローバル・ブリテン戦略」力久昌幸『ブレグジット後の英国と EU　新時代の課題と展望』2022 年 3 月第 3 章 64-65 頁
（4）Britain after Brexit. A vision of a Global Britain. May's Conference speech: full text, October 2, 2016

（ 5 ） EU 離脱を巡るメイ政権期の混乱については「混乱のメイ政権期」スティーブン・デイ、力久昌幸『「ブレグジット」という激震　混迷するイギリス政治』ミネルヴァ書房、第 2 章で詳述されている。

（ 6 ） "Global Britain in a competitive age The Integrated Review of Security, Defence, Development and Foreign Policy" HM Government, March 2021

（ 7 ） "Build Back Better: our plan for growth" HM Government, March 2021

（ 8 ） "The UK Indo-Pacific Tilt: Defense and Military Implications" Ben Berry et al., IISS, June 2022 ; House of Lords "International Relations and Defense Committee, "The UK and China's security and trade relationship: A strategic void" HL Paper 62, 10 September 2021

（ 9 ） "UK strikes biggest trade deal since Brexit to join major free trade bloc in Indo-Pacific" 31 March 2023

（10） EU 離脱の影響は 23 年 3 月時点の予算責任局（OBR）の試算（"How are our Brexit forecasting assumptions performing?"）による。CPTPP の押し上げ効果は 7 月 17 日公表の英国政府の影響評価で 20 億ポンドとされた。

（11） "PM speech to the Lord Mayor's Banquet: 28 November 2022"

（12） 英国のシンクタンク Z/Yen グループなどが年 2 回作成する国際金融センター・ランキングの 2023 年 3 月版（"The Global Financial Centres Index 33" March 2023）でもロンドンはニューヨークに次ぐ第 2 位の地位を維持し、欧州の他の金融都市を大きく引き離している。同ランキングは定量的評価と定性的評価に基づくスコアを元に作成しているが、7 ページの図表から、ロンドンのスコアは EU の単一市場からの離脱の方向が明確になった時期からの低下傾向にあることが確認できる。

（13） 英国のシンクタンク New Financial の 21 年 4 月のレポート（"Brexit & The City: The Impact So Far", Eivind Friis Hamre and William Wright, New Financial, April 2021）、EU 離脱対応で移転した金融機関の数は 440 社、銀行総資産の 10％相当が移管され、7400 人のスタッフの配置が転換された。移管先はセクターごとに特定の都市に集中する傾向があり、分散化する傾向が見られる。

（14） "Overview table - Equivalence/adequacy decisions taken by the European Commission Last update: 22 October 2022" によれば、EU が同等性を認めているのは中央清算機関（CCPs）のみであり、多くの新興国に認めている資本要求規則（CRR）の同等性は認めていない。

（15） "Statement made by Jeremy Hunt on 9 December 2022" UK Parliament

（16） 改革案の概要と今後の注目点は金久直樹、中西由佳「欧州金融センターの維持を図る英国の『エディンバラ改革』」金融財政事情 2023.3.7 号で紹介されている。底辺への競争への懸念に関しては "Jeremy Hunt to outline plans for shake-up of City regulation" The Guardian, 8 December 2022 による。

（17）「Pressure on the NHS is unsustainable, medics warn」BBC NEWS 2023 年 1 月 3 日

（18） 英国は財の貿易収支は大幅な赤字、サービスの貿易収支は黒字であり、インドはサービス貿易で英国側が赤字を計上している数少ない国である。ビジネスサービス、旅行

関連が英国側の輸入超過の原因となっている。

(19) "Explained: What is the UK-India free trade agreement all about", The Times of India, April 19, 2022

(20)「イギリスの新首相に歓喜するインド、スーナク氏は英印関係をどう変えるのか」BBC NEWS JAPAN 2022 年 10 月 27 日は、ブレーバーマン内相が「在留期限切れの不法滞在者が最も多いグループはインド」と発言し、インド人へのビザの発給数の拡大への懸念を表明した事例を紹介している。

(21) 伊藤さゆり「『トリプル安』後の英国－日本が真に学ぶべきことは？－」ニッセイ基礎研究所「基礎研 REPOT（冊子版）」2 月号 [vol.311] をご参照下さい。

(22) 英国国家統計局（ONS）の推計（Labour disputes;UK;Sic 07;total working days lost;all inds. & services (000's)）による。但し、1990 年代以降は、労働争議の日数や件数は、「不満の冬」と呼ばれた 1978 年 11 月～79 年 2 月を含む 1970 年代から 1980 年代に比べて遙かに低い水準にある。

(23) "Financial Policy Summary and Record of the Financial Policy Committee meetings on 28 November 2022 and 8 December 2022" Bank of England, 13 December 2022, pp. 3-4, pp.5-7. FPC は、原則として年 4 回会合を開催し、年 2 回金融システムの安定に関する報告書をまとめる。

(24) 利上げと QT は BOE の金融政策を担う金融政策委員会（MPC）の判断であったのに対して、国債買入れは EPC の判断によるもので、「金融安定国債ポートフォリオ」と称する買入れは短期間に的を絞って行われた。

第 10 章
中国の科学技術力を用いた
「一帯一路」沿線国への影響力の拡大・浸透

伊藤和歌子

はじめに

　中国は驚異的なスピードで科学技術の進歩を遂げ、米欧に並ぶ「科学技術大国」となりつつある。化学、物理などの自然科学 8 分野の論文数が、2017 〜 19 年、2018 〜 20 年平均で連続して世界第 1 位であり、また研究者による引用回数が上位 1%、10% に入る論文数でも世界第 1 位である。世界知的所有権機関（WIPO）の発表する 2021 年の世界の特許出願件数も、中国が 5 割近くを占める。先端技術分野においても、2021 年には世界初の衛星・地上間量子通信ネットワークを構築したほか、一か国単独で初めて宇宙ステーションの運用も開始するなど、中国が「世界初」で新技術を披露するケースも見られるようになっている。

　中国が科学技術大国になればなるほど、中国が科学技術力を用いて他国に影響力を行使する機会も増えることになる。周知のとおり、第四次産業革命による技術革新は、「パワー（国力）」の構成要素としての重要性を飛躍的に高めた。軍事力向上のための技術開発競争や、技術革新を誰が／どの分野で制するかで、「ハードパワー」を左右し、「ソフトパワー」においても、技術力を高めた国は、その魅力によって、他国を惹きつける力をも高める。中国の「一帯一路」構想という外交戦略の実現において、科学技術力とその応用の果たす役割はますます重要となっている。

　その影響力は、日米欧が中心に作り上げてきた既存の国際秩序を揺るがすところまで及んでいる。地経学的視点に照らし合わせていえば、「デジタル・シルクロード」構想の下、情報通信分野における中国製機器やシステムの

導入や、アジア・アフリカにおける地上／海底ケーブルの敷設によるネットワーク構築が進むことで、それらの受益国に対する経済的強制（Economic Coersion）、経済の武器化（Economic Weaponization）、経済国技術（Economic Statecraft）といった地経学的手段の効果を高めている。中国の影響力が確固たるものになればなるほど、中国に好ましい価値観やルール・標準の形成は容易となるが、これまでの動きをみる限り、日米欧を始めとするリベラルデモクラシー諸国のそれとは相容れない、むしろ対立する方向に向かっている。

　本章では、中国がどのようにして科学技術大国となったのか、その科学技術振興政策の変遷を概観した上で、中国がこの強大な科学技術力を用いて「一帯一路」沿線国にどのようにして影響力を拡大・浸透しているのか、その手法の特徴を整理する。

1. 科学技術大国「中国」が誕生するまで
——その政策的変遷

　中国の目覚ましい科学技術の発展の背景には、1970年代末に改革開放路線に転換して以来、継続・拡大してきた科学技術振興政策がある。その転換点となった政策は以下の通りである。[(2)]

（1）改革開放萌芽期（1978年～1992年）—「科学技術は第一の生産力」
　この時期における最も重要な政策は、文化大革命での失脚から復活を遂げた鄧小平による科学技術基盤の再構築への取り組みである。文革期に迫害を受けた科学者・研究者の名誉回復や文革開始直後に停止した大学の入試試験制度の復活など、文革の「負の遺産」からの脱却に努める一方で、今なお中国の科学技術振興政策の根幹をなす、工業、農業、国防、科学技術の「四つの近代化」と「科学技術は第一の生産力である」とのスローガンが掲げられ、科学技術を経済・社会発展の礎とする考え方が定着していった。

　また、この時期には、学生や研究者の欧米日等の科学技術先進国への留学が奨励されたほか、優れた研究者や国家として重要なプロジェクトに研究費を重点配分する制度構築が進み、研究資源を特定の実験室に集中させるため

の「国家重点実験室」や、競争的資金配分機関として「国家自然科学基金委員会」制度が構築された。1986 年 3 月には、バイオ、宇宙、情報、レーザー、自動化、エネルギー、新素材など 7 分野のプロジェクトを重点研究開発対象とする「国家ハイテク研究発展計画（863 計画）」が始動した。同計画は、江沢民政権期に始動した「国家重点基礎研究発展計画（973 計画）」と双璧をなす中国の科学技術研究開発計画の柱となった[注](3)。そのほか、地域レベルの科学技術振興政策もスタートし、各地域のハイテク産業活性化をめざす「国家ハイテク産業開発区」制度が導入された。

（2）江沢民政権期（1992 年～ 2002 年）―「科教興国」

　江沢民政権になると、「科教興国（科学教育立国）」戦略が提起された。同戦略では、科学技術と教育が経済・社会発展の重要手段と位置づけられ、高等教育の重点化政策として、1995 年に「211 工程」が開始された。同プログラムでは、21 世紀に向けて 100 校の大学と一部の学科／専攻を世界トップクラス水準に引き上げることを目標に、教育や研究水準、大学の管理運営効率の向上に重点的に資金が投じられた。また、鄧小平時代の留学奨励政策により海外に滞在して活躍する研究者を呼び戻し、中国科学院の各研究所にプロジェクトリーダーを据える「百人計画」が 1994 年に開始された。また、この時期には科学技術にかかる法整備も進められた。1995 年には科学技術の進歩を加速させ、経済・社会発展の基礎とすることなどを法制化した「科学技術進歩法」（1993 年）や、インセンティブ付与のために科学技術関連の賞を設ける「国家科学技術奨励条例」（1999 年）が制定された。

（3）胡錦涛政権期（2002 年～ 2012 年）―「自主創新」

　胡錦涛政権では、「自主創新（中国独自のイノベーション）」による「創新型国家」の建設が掲げられた。

　改革開放政策の開始以来、中国は労働集約型産業により経済を牽引し、2010 年まで年率 10％という高い経済成長率を維持してきたが、2010 年代に入り、生産年齢人口の減少基調への転調、労働コストの大幅上昇等でその競争力が大きく低下し、成長率も 2015 年には初めて 6％台に突入した。このまま外国の技術に頼り、産業構造の高度化を図らず、生産性を向上させなけれ

ば中国の経済成長の低下に歯止めがかけられないとの危機感から、イノベーションを重要視するようになった。

2006年には、この「自主創新」を①原始創新（ゼロからのイノベーション）、②集成創新（イノベーションの集積）、③引進消化吸収創新（外国技術を消化・吸収して再創造する）、と整理した上で、その能力向上を核に据えた15年間の中長期的な科学技術発展計画「国家中長期科学技術発展計画綱要（2006年〜2020年）」を発表した。同綱要では、中国の経済発展においてボトルネックとなる産業の基盤技術に関連した16の最優先研究課題を中長期的に政府が支援することで、一点突破で能力向上を目指す「国家科学技術重大特定プログラム」を始動させた。

この時期に行われたもう一つの重要な政策が、2008年の「科学技術進歩法」の改正である。これは、経済発展に有用な研究開発の強化・企業の技術イノベーションを推進するための新法成立といっていい程の大幅改正であった。この改正により、国家予算における研究開発費の増加率は経常的収入の増加率を上回ること、及び研究開発費のGDP比を逐次増加させることが規定された（第59条）。その結果、2018年までの10年間で研究開発費は4倍増の約2兆元となった。

また、科学技術インフラの整備も進められた。中国は欧米等先進国と比較して科学技術インフラの整備が遅れていたが、中国独自の大型装置や施設の建設により世界の科学技術の牽引を目指すべく、上述の改正法に大型機器・設備、科学技術研究拠点、研究装置・設備、科学技術文献・データに関する情報システム等の整備を政府が進めることが盛り込まれた（第65条）。

科学技術の水準をより一層、押し上げるための人材招致計画として、「百人計画」の経験を踏まえながら、研究・教育分野のみならず産業界や金融界のトップ人材も対象とした海外人材の招致計画「海外ハイレベル人材招致計画（千人計画）」が2008年に開始された。国籍を問わず55歳以下の博士号取得者を対象とし、国家重要プロジェクトの責任者や大学・研究機関、金融機関の幹部ポストが用意され、外国籍の者には永住権が、中国籍の者には任意の都市戸籍が与えられた。

（4）習近平政権期（2013 年～）─「科技強国」

　習近平政権期は、開始時点ですでに GDP で世界第二位の経済大国であり、科学技術面でも、論文や特許等の指標のみならず、その技術力でも目に見えて先進国に迫るようになっていた。この時期には、科学技術振興政策においても、「先進国にどう追いつくか」というよりも、科学技術力を用いて、習近平の掲げる「中華民族の偉大な復興」という「中国の夢」をどのように実現するのか、という観点に主眼が置かれるようになった。その特徴は、以下の通り整理できる。

　第一に、第 14 次五か年計画（2021 年～ 2025 年）にて、科学技術の「自立自強」を国家戦略の柱に据えた、「科教興国＋人材強国＋イノベーション駆動の発展戦略」による「科技強国」の建設を提唱した。この背景には、近年、欧米による中国の技術獲得戦略への警戒感が高まる中、海外からの技術導入が困難になりつつあり、自国の研究開発能力の向上が急務となっていることも要因として考えられる。また、同五か年計画では拡充策として、ボトルネックとなっているコア技術の国産化や、これまでの特定分野の資金・人材の重点配分の方針により、応用研究に比して後手に回りがちであった基礎研究の強化等が盛り込まれている。

　第二に、外交理念とのリンケージが強化された。中国は「中華民族の偉大な復興」のため「特色のある大国外交」を進めるとして、「人類運命共同体」や「新型国際関係」という理念を打ち出しているが、その実現に科学技術との連携が強化されている。2021 年に再改定された「科学技術進歩法」では「国際科学技術協力」という章が新規に設けられ、その筆頭に、「国家は開放的・包括的、互恵的な国際科学技術協力・交流を促進し、人類運命共同体の構築を支援する」（第 79 条）という条項がある。また、自国のみならず、世界の科学技術の進歩を視野にいれるようになっており、中国の科学技術関連アクター（研究機関や高等教育機関、業界団地、企業等）による国際的な技術協力・交流を通じて世界の科学技術進歩の推進を奨励すること（第 80 条）を国家の役割として規定している。

　第三に、ハイテク技術を用いた産業・社会のデジタル化が国家戦略として進められるようになった。その背景には、中国経済発展の牽引役として、イノベーションと並び、デジタル化が重要視されるようになったことがある。

習近平によるデジタル経済と経済発展を結びつけた発言が見られるようになったのは2016年以降である。2016年の第18期中国共産党政治局第36回集団学習会では「デジタル経済が大きく強くなればなるほど、経済発展の新空間が拡大する」と強調し、2017年の第19期中国共産党政治局第2回集団学習会でも「デジタル中国の建設を加速させ、データを重要な要素とするデジタル経済を構築し、実体経済とデジタル経済の融合による発展を推進しなければならない」と言及した。

同じく2016年以降、イノベーション重視の方針と並行して、2030年までの中国AI戦略を描いた「次世代AI発展計画」、2016年〜2020年のロボット産業発展計画、ビッグデータ産業発展計画も相次いで打ち出された。この頃から、ハイテク技術を用いた産業・社会のデジタル化政策へと舵を切り、いわば「イノベーション駆動型デジタル国家」の形成を目指すようになった。特に、第14次五か年計画では、初めて「デジタル中国」建設の章が設けられ、デジタル産業の振興のみならず、他の産業・社会・行政といったあらゆる分野におけるデジタル化の同時進行が目指されている。

以上のとおり、習近平政権では、中国の科学技術振興政策はイノベーションとデジタル化を中核とし、外交理念の実現と結びつく形で進められている。

外交理念の体現手段である「一帯一路」構想と、その補完的位置づけとみられる2021年に習近平が国連総会で提唱した、途上国に対して中国が国際公共財のプラットフォームを提供し、「持続可能な開発のための2030アジェンダ」の実施を促進していく「グローバル開発構想（GDI）」においても、科学技術の果たす役割はますます大きくなっている。

2022年10月の第20回中国共産党大会で、習近平は、人類運命共同体の構築推進の下、①いかなる社会体制を採用しようともそこには干渉しないこと、②発展途上国に対して連帯・協力を強化して共通の利益を守りつつ、グローバルな開発協力に重点的に投資して経済成長の加速を支援・援助し、周辺国に対しては友好・相互信頼関係、利益の融合を深化させること、③グローバル・ガバナンス体系の改革・構築に積極的に参加し、公正で合理的な方向、すなわち国連を核心とする国際体系、国際法を基礎とする国際秩序等の断固保守やあらゆる形態の一国主義や特定の国への敵対的陣営化への反対といった方向に促すこと、④上海協力機構（SCO）やBRICSの影響力を高

めて新興国や途上国の代表性と発言力を高めること、等を方針として打ち出した。

　この発言を整理すると、中国は発展途上国に対し、経済支援をてこに関与を強めることで、①や③に示すような中国的価値観への「賛同者」（強制性が伴うかどうかは別として）を増やし、地域レベルの多国間枠組みを用いて発言権と影響力を高め、その価値観を国際秩序形成に浸透させようとしていることが窺える。中国が科学技術大国化することで、この「賛同者」を増やす過程において用いられうる地経学的手段において、技術研究開発協力やデジタルインフラの構築支援といった科学技術力を背景とした手段の有用性が増しているといえる。

　パワー（国力）における科学技術の比重も、習近平政権になってから一層強まっている。その表れが、「中央科学技術委員会」の創設にある。中国では政策決定を中国共産党指導部（政治局または政治局常務委員会）、政策実施を省庁などの政府機関が行う。そして重要課題別に、政策決定と政策実施の調整機関として党指導部と省庁トップで構成される「指導グループ（領導小組）」や「委員会」が設けられる。科学技術に関しては、国務院内に国家科学技術指導小組が設置されていたが、「中央科学技術委員会」は党中央に設けられ、科学技術に関連する指導小組（国家科学技術システム改革・イノベーションシステム構築指導小組、国家中長期科学技術発展計画業務指導小組等）を統合し、科学技術分野における戦略や計画策定に関しより統一的な権限を持つ。今後は、科学技術に関するあらゆる資源を党が一元的に管理することになることを意味している。

2．科学技術を用いた「一帯一路」沿線国への
影響力の拡大・浸透の特徴

　上述の科学技術振興政策の変遷を踏まえ、本節では、中国が通商や金融以外に科学技術力を用いて「一帯一路」沿線国にどのように影響力を拡大・浸透させているのか、その特徴を整理する。

（1）産業・社会のデジタル化支援とデジタルインフラ構築支援による経済
　　的依存度の強化

①「デジタルシルクロード」を通じた情報通信インフラの「ロックイン」

　中国は国家情報化戦略において、国内外におよぶ陸・海・空・宇宙のネットワークを統合した立体的情報通信網の構築を目指しており、「一帯一路」沿線国においては、「デジタルシルクロード」構想を掲げ、6つの経済回廊に沿った情報通信網の構築と、主要都市における受信局やデータセンター等の情報通信インフラの建設が進められている。地上では光海底ケーブルや越境光ケーブル等を敷設し、宇宙空間では「宇宙情報回廊」の建設を進め、宇宙インフラ（通信衛星、リモートセンシング衛星、測位・航法衛星）を用いて地上のICTインフラと連携させ、「一帯一路」全域をシームレスにカバーした通信網の構築を目指している。

　第14次五か年計画では「一帯一路」沿線国において、①陸・海・空・宇宙のネットワークの四位一体化の推進、②新ユーラシア・ランドブリッジ経済回廊を中心に、「中欧班列」や西部陸海新ルートなどの主要ルートや情報ハイウェイを軸とした鉄道・港湾・パイプライン網に沿った相互接続ネットワークの構築、③構築の全過程における高品質・持続可能性・リスク耐性・適正価格・包摂性を指標とする宇宙情報回廊および空中シルクロードの建設、が明記されている。

　中国は「デジタルシルクロード」構想を通じて、「一帯一路」沿線国に対し、二つの方向から影響力を行使しようとしているといえる。一つは、中国製の通信機器・システムの輸出・供与を通じた、沿線国におけるデジタルインフラの「ロックイン」である。持永によれば、中国は①国内企業や大学、研究機関に対する補助金の交付や税制上の優遇等を通じた技術力や研究開発能力の強化、②「一帯一路」における政府間の合意による紐付き融資による中国企業の受注獲得等、さまざまな手段を講じた中国由来の技術やインフラの生活への浸透、③インフラの維持・運用の契約のとりつけ、という三段階の戦略により、「一帯一路」沿線国において他国製インフラやプラットフォームへの乗り換えコストを上昇させ、「ロックイン」状態に追い込み、中国との依存関係を強化させているという[4]。

　中国製の情報通信インフラが「一帯一路」沿線国の社会インフラに組み込

まれ、その不可欠性が高まれば高まるほど、中国による地経学的手段の有効性は高まるといえよう。2018 年のフリーダムハウスの報告によると、中国企業は少なくとも全世界で 38 カ国にインターネット・モバイルネットワーク機器を設置しているという⁽⁵⁾。

　GPS の導入も、同手段の効果を顕著に高める。中国版 GPS を社会インフラや安全保障分野に採用すれば、それなくしては社会が回らなくなってしまう恐れもある⁽⁶⁾。中国は 2018 年に独自の衛星航法測位システム「北斗」の全世界運用を開始したが、2019 年時点では約 40 の「一帯一路」沿線国で交通輸送や港湾管理、土地計画、農業等の分野で利用されており⁽⁷⁾、パキスタンのようにその精度を高めるための基地局を設置している国もある。

　もう一つは、情報通信網を整備することで中国自身の通信インフラにおけるボトルネックを解消しつつ、データフローを掌握し、その受益国との経済的な連結性を強化しようとしている。

　その顕著な例が、国際データ伝送の大部分を担う海底ケーブルの敷設である。中国は、海上シルクロードの戦略的枢要都市を結ぶ海底ネットワーク構築や島嶼への海底ケーブル接続を目指す他、北南米、欧州、東南アジア、アフリカ向けの海底光ファイバーケーブルの建設への積極的参加を目指している。2018 年、ファーウェイの関連会社であるファーウェイ・マリン社は中国三大通信キャリアの一つである中国聯通（チャイナ・ユニコム）及びカメルーンの通信事業者 Camtel と共同で、ブラジルとカメルーンを結ぶ海底ケーブル South Atlantic Inter Link(SAIL) を完成させた。また、ファーウェイ・マリン社等中国企業が中心となり、パキスタンからフランスまでを結ぶ海底ケーブル Pakistan and East Africa Connecting Europe（PEACE）の敷設を進めており、2022 年にパキスタン―エジプト―ケニア、エジプト―フランス間のケーブル敷設を完了した⁽⁸⁾。パキスタン―中国間では 2018 年に陸上の光ファイバーケーブルが敷設されていることから、この陸上ケーブルと海底ケーブルを接続すると、中国とアフリカは直接回線で結ばれることになる。さらに、このケーブルのルート上には、中国人民解放軍が海外拠点として保有するジブチ保障基地があり、中国政府が国をあげて軍民融合を推進していることからも、本回線が軍事利用されている可能性も高い⁽⁹⁾。ジブチは実は世界的な通信の要衝であり、少なくとも 11 本のケーブルが敷設されているが、そのうち 5 本は

中国の三大通信キャリアが出資しているという[10]。

　地上ケーブルの敷設も着々と進められている。中国情報通信研究院『中国国際光ケーブル相互接続白書（2018年）』によれば、越境光ケーブルについては中国と隣接するロシア、モンゴル、ベトナム、ミャンマー、ラオス、カザフスタン、キルギス、タジキスタン、パキスタン、インド、ネパール、北朝鮮との間でケーブルを敷設している。そのほか、キルギス、タジキスタン、アフガニスタンと「シルクロード・光ファイバープロジェクト」、アフガニスタンと「ファイザバード－ワハン回廊－カシュガルファイバーネットワークプロジェクト」等が進められている。

　データフローの掌握という観点からは、中国企業は世界各地にデータセンターを多数建設している。ユーラシア・グループが2020年4月に発表した報告書『The Digital Silk Road: Expanding China's Digital Footprint』によると、ファーウェイ社は米国からの圧力にもかかわらず、ケニアと1億7500万ドルのスマートシティ及びデータセンターの建設契約を締結したほか、パキスタンとクラウドデータセンターの建設を、カナダとは未開拓地域向け高速無線インターネット開発プロジェクトを進めている。また、タイ東部経済回廊には東南アジア初の5Gテストベッドを設置した。

　このように、各国のデジタル経済の発展に欠かせないデジタルインフラのロックインや通信回線の掌握は、経済的・技術的に中国への依存度を高め、地経学的手段の「温床」となるばかりでなく、中国企業や政府機関が受益国のデータに触れる機会を提供することで、経済安全保障リスクを高めることにもなる。中国のサイバーセキュリティ法では、ネットワーク運営者は公安機関や安全機関に対し、国家の安全や犯罪捜査の活動のための技術サポートおよび協力が義務付けられている（第28条）。これにより、中国政府が国家の安全にかかわると判断した場合、ファーウェイ等のIT企業は政府に対して情報のアクセスに協力しなければならない。受益国がデータ移転や保護に関する規制を設けていなければ、中国企業をつうじて中国政府がこれらの機微なデータにアクセスしようとした場合、十分な対応が難しい[11]。

　にもかかわらず、「一帯一路」沿線国におけるデータ共有メカニズムの構築は着々と進められている。例えば中国主導で設立された宇宙活動に関する地域的政府間組織「アジア太平洋宇宙協力機構（APSCO）」（加盟国：中国、

バングラデシュ、イラン、モンゴル、パキスタン、ペルー、トルコ、タイ）は、宇宙物体衝突回避や加盟国の衛星追跡を目的とし、パキスタン、ペルー、イランに光学望遠鏡を備えた観測所を設け、この観測で得られた受信データの解析センターを北京の中国科学院国立天文台に設けている。今後、全加盟国に低軌道で 10㎝以上の物体を検知可能な追跡機能付望遠鏡を備えた観測所を設置予定だという。[12]

　そのほかにも、BRICS 諸国は 2021 年 8 月に「リモートセンシング衛星バーチャルネットワーク」を構築し、データ共有メカニズム構築のための協定に調印した。また、中国と ASEAN 加盟諸国は、中国・ASEAN 衛星情報（海上）サービスプラットフォーム、リモートセンシング衛星データ共有サービスプラットフォームを構築している。2018 年 9 月に開催された中国・ASEAN「一帯一路」宇宙情報回廊協力発展フォーラムでの報告によると、カンボジアで物流管理、ラオスの農林業管理、シンガポールの港湾管理に貢献しているという。[13]

②デジタル経済発展支援とセットの「中国的価値観」の普及

　中国は「デジタルシルクロード」構想の下、2022 年時点で 17 の「一帯一路」沿線国と「デジタルシルクロード」協力覚書を締結しており、前述の情報通信網のみならず、スマートシティやオンライン教育などの経済・社会のデジタル化や、そのためのデジタル技術や人材育成等、協力分野は多岐にわたる。

　下表はその一部を表にまとめたものである。

表 1　「デジタルシルクロード」協力覚書の締結国と協力分野の例

主な国名	主 な 協 力 分 野
トルコ	E コマース
サウジアラビア	スマートシティ、スマートグリッド、遠隔医療、オンライン教育、インターネット網（ブロードバンド）、衛星サービス、サイバーセキュリティ、デジタルコンテンツ、クラウドコンピューティング、E コマース、ICT 人材育成
チェコ共和国	スマートシティ、遠隔医療、オンライン教育、インターネット＋、インターネット網（ブロードバンド）、衛星サービス、クラウドコンピューティング、E コマース
韓国	スマートシティ、スマートグリッド、遠隔医療、オンライン教育、インターネット＋、E コマース
セルビア	スマートシティ、遠隔医療、インターネット＋、インターネット網（ブロードバンド）、衛星サービス、クラウドコンピューティング、E コマース

ポーランド	スマートシティ、インターネット網（ブロードバンド）、衛星サービス、Eコマース
キューバ	スマートシティ、電子政府、遠隔医療、オンライン教育、インターネット＋、インターネット網（ブロードバンド）、衛星サービス、サイバーセキュリティ、デジタルコンテンツ、クラウドコンピューティング、Eコマース、ICT人材育成
バングラデシュ	スマートシティ、遠隔医療、インターネット＋、インターネットネットワーク（ブロードバンド）、衛星サービス、クラウドコンピューティング、Eコマース、経済協力試験区建設、P2Pに関する都市協力
ペルー	公共機関・民間組織のデジタルトランスフォーメーション、Eコマース、ICT人材育成
エジプト	スマートシティ、遠隔医療、インターネット＋；インターネット網（ブロードバンド）、衛星サービス、クラウドコンピューティング、Eコマース、ICT分野の人材育成
アラブ首長国連邦	スマートシティ、インターネット＋、インターネット網（ブロードバンド）、衛星サービス、クラウドコンピューティング、Eコマース、戦略的協力

（出典）「関於報送我区"数字絲綢之路"建設合作情況的通知」杭州市濱江区発改局、2017年7月7日の別添資料「数字絲綢之路建設合作背景情況」を基に筆者作成。

　また、2022年6月に中国国際発展知識センター（CKID）の発表した「グローバル開発構想」の報告書『グローバル開発報告』では、同構想の実行にかかる政策提言において、途上国におけるデジタル格差縮小のためのデジタルインフラ構築とキャパシティ・ビルディングの強化や、農業や製造業などの伝統的産業におけるデジタルイノベーションの貢献度の向上、デジタル技術の行政や教育、医療、社会福祉等への効率化向上、に言及している。

　ただし、中国はこのような経済・社会のデジタル化支援と、サイバー空間における「中国的価値観」の当該国の法制度や社会管理システムへの浸透、それに基づく国際ルール形成における中国への同調をセットにしているようである。

　このサイバー空間における「中国的価値観」とは中国の提唱する「サイバー主権」に代表される。「サイバー主権」はサイバー空間を国の主権が及ぶ範囲とみなし、それゆえ国際法上の内政不干渉の原則が適用されるという中国独自の考え方で、2015年に習近平が公式に提唱した。このような中国の考え方に基づけば、中国の国内法によるインターネット上の情報の検閲やアクセスの遮断といった、情報通信技術を社会の安定や治安の維持・向上に用いるやり方に対する諸外国からの関与を「内政干渉」として排除することが

可能になる。中国はこのロジックを掲げつつ、自身の情報通信技術を用いた社会の管理モデルを広げようとしている。

　上述の『グローバル開発報告』では、デジタル経済支援のための提言と並び、中国が途上国と共同してサイバーセキュリティ環境の構築と規制のための法律・規則の改善を進める必要性についての言及がある。

　また、2017 年に中国、ラオス、サウジアラビア、セルビア、タイ、トルコ、UAE が発表した「デジタル経済に関する国際協力のための『一帯一路』イニシアチブ」においても、ブロードバンドアクセスの拡大やデジタルトランスフォーメーションの推進等と並び、「サイバー主権の尊重」といった文言が盛り込まれている。

　さらに 2021 年 8 月、アフリカ諸国 14 か国の参加する中国・アフリカインターネット発展・協力フォーラムにて提起された「中国・アフリカのサイバー空間における運命共同体の共同構築に関するイニシアチブ」では、インターネットインフラの共同開発や整備支援といった経済支援と、中国のサイバー空間における国際戦略目標（例：重要情報インフラの保護、戦略的相互信頼の強化、サイバー空間の平和と安定の維持）への同調と国際プラットフォーム（国連インターネットガバナンスフォーラム（IGF）、世界インターネット会議（WIC）、モバイル世界会議（MWC）、国際電気通信連合（ITU））における中国・アフリカの協力空間の創出が含まれている[15]。

　「行為国が経済力を政治的・戦略的目的達成のための手段として用いる」ことを地経学的手段の定義と踏まえれば、経済・社会支援とセットで中国のサイバー空間における「中国的価値観」への賛同を求める行為は、ゆるやかかつその効果は見えにくいものの、地経学的手段の行使に含めることができよう。

（2）技術標準の国際展開を通じた影響力の拡大・浸透

　上述の手法に加え、効果的な地経学的手段となりうるのが、中国標準の国際化である。中国は中長期的な政策目標として、技術標準の国際化を進めている。2021 年 10 月、中国政府は国家として初めて中長期的な標準化戦略「国家標準化発展要綱」を発表した。これは、2025 年までに中国国家標準における国際標準の採用率 85％の達成を数値目標とし、2035 年までの長期目標に中国国家標準と国際標準との互換性の促進を掲げ、国際標準化機構（ISO）

加盟国として国際標準化に積極的に参画することも表明している。

「一帯一路」沿線国とは、BRICs諸国、APEC等との標準化の対話の増加、北東アジア、アジア太平洋、北南米、欧州、アフリカとの標準化に関する協力の深化のほか、標準の整合化推進も明記されている。

「一帯一路」沿線国における標準化の具体的方向性に関しては、これに先駆けて「標準連通『一帯一路』行動計画（2018－2020年）」が発表されており、49カ国と85件の協定を締結している。[16]

同計画では、上述のような世界各国・地域との対話や協力の拡大のほか、「一帯一路」沿線国との標準の相互承認を進めていくことを目標に掲げ、その手段として、工業・農業・サービス分野における海外での標準化にかかるパイロットプロジェクトの実施や訓練、中国標準の翻訳、中国標準のブランド力の強化等をあげている。

このほか、2017年5月に「標準協力の強化と『一帯一路』建設推進に関する共同イニシアチブ」を共同発表したロシア、ベラルーシ、カザフスタン等12か国との間で、外交、科学技術、商業、品質検査に関する国家協力枠組み協定に標準化を含めることを推進していくという。

インフラの標準化においては、鉄道や高速道路、民間航空など交通インフラにおける技術標準体系の整備、エネルギーインフラにおけるロシア、ベラルーシ、カザフスタンとの電力、電力網、新エネルギー分野での国際標準化協力の強化、情報インフラにおける都市間の情報相互接続規格の制定の提案や、沿線国における中国のデジタルテレビ技術等の実証と普及を通じた各国のデジタルテレビ標準の共同制定、などの方針が示されている。

これらの諸政策から読み取れることは、中国は中国独自の標準を国際標準にすべく、第一にISO等の国際標準化機関に働きかけ、第二に世界各国・地域に「協力」を働きかけ、第三に「一帯一路」沿線国とは、標準の相互承認や共同制定などを通じて、中国標準が使えるようにしていく戦略をとっている。

「標準を制する者が市場を制する」といわれるように、中国標準が世界を席巻するようになれば、米中対立の激化する中、経済面で日米欧諸国にとって打撃となるが、中国標準を多く受け入れている「一帯一路」沿線国にとっては、標準そのものが有効な地経学的手段となりうる。

おわりに

　中国の科学技術振興政策を振り返ると、科学技術力の向上は当初、中国自身の経済・社会発展、および総合国力の増強に主として向けられていたが、その国力が強大になるにつれて、外交理念を実現するためのカードとしての有効性を持つようになり、世界各国・地域における経済的・技術的依存度が高まるにつれて、中国の「地経学的手段」の手数はより一層豊富になっているといえる。

　その手段をさらに強化させる取り組み例として「イノベーション・シルクロード」を紹介し、結びとしたい。

　2016 年 9 月、科学技術部らは「『一帯一路』建設科学技術イノベーション協力特別計画」と呼ばれる、「一帯一路」沿線国との科学技術イノベーション協力に関する中長期的方針を発表した。同計画では、科学技術イノベーション協力における「五通」（政策連携、インフラ連結、貿易円滑化、資金融通、文化・人材交流）の完全実現と「一帯一路」イノベーション共同体の構築を長期目標として、農業、エネルギー、交通、情報通信、資源、環境、海洋、先進製造、新素材、航空宇宙、医薬健康を重点分野に、以下の 5 つの主要任務を提示した。すなわち、①科学技術人材交流（科学技術人材育成のための訓練拠点の構築や人的交流プラットフォームの構築など）、②共同研究と技術移転のための拠点構築（共同実験室や技術移転センターの共同構築など）、③大型プロジェクトの科学技術的支援（情報通信ネットワークや電力網の相互接続の支援、データ共有プラットフォームの構築など）、④サイエンスパークの建設と企業のイノベーション・起業支援（中国企業に対する沿線国でのサイエンスパークの建設や R&D センター建設の奨励、科学技術系企業の沿線国での起業奨励など）、である。

　この計画と合わせて、「『一帯一路』科技イノベーション協力行動計画」も制定された。2017 年 5 月、習近平が第 1 回「一帯一路」国際協力フォーラムの場で明らかにしたところによると、同計画は①科学技術における人的交流、②共同実験室の共同建設、③サイエンスパークにおける協力、④技術移転の4 項目から成り、5 年以内に 2,500 人の若手科学者の中国での短期間の科学研

究業務への従事の手配、5,000人の科学技術人材・管理職人材の育成、50の共同実験室への投資・運営を目指す。これを受けて2019年4月には第2回「一帯一路」国際協力サミットフォーラムにて、中国、タイ、ロシア、南アフリカ共和国、スリランカの5か国は「『創新之路（イノベーションへの道）』協力イニシアチブ」を発表し、上記4項目に加え、「一帯一路」国家間の持続可能な科学技術イノベーション協力モデルの構築、二国間・多国間政府間科学技術イノベーション協力と対話メカニズムを通じた科学技術イノベーション協力・交流も行っていくことを明らかにした。

　実際の成果についてみてみると、2021年末時点で中国は84の「一帯一路」沿線国と科学技術協力関係を構築し、共同研究プロジェクト1118件を支援し、53の共同実験室を建設したという。[(17)]

　この共同実験室は、実に様々な分野にて多くの地域の諸国と構築が進められている。例えばロシアとは先進エネルギー動力技術、極地技術・設備、中央アジア地域ではベラルーシと電磁環境効果、ウズベキスタンと新薬、タジキスタンと石炭火力発電のクリーン化と効率的な総合利用、カザフスタンと農業、またウズベキスタン・タジキスタン・キルギス3か国の大学・研究機関とは共同で文化遺産・地質環境についての共同実験室が設立されている。アジア地域ではパキスタンと重要インフラとスマート防災および小型水力発電、モンゴルとバイオ分子、ASEANと養殖技術、中南米ではブラジルと宇宙天気、コスタリカと農作物の生物育種・インテリジェント技術、中東・アフリカではイスラエルと人間科学（造血微小環境の制御）、エジプトと再生可能エネルギー、ケニアとATC（航空交通管制）や農作物の分子生物学、灌漑、欧州ではオーストリアとAI・先進製造業、ポルトガルと海洋・宇宙分野、ルーマニアと農業分野、での共同実験室が建設されている。

　中国の「イノベーション・シルクロード」構想の特徴を整理すると、第一に、「一帯一路」沿線国を巻き込んで重点分野での技術研究開発を共同で実施し、その研究開発成果と開発経験を共有した「利益共同体」と「運命共同体」を形成しようとしている。第二に、「一帯一路」沿線国における技術問題の解決のために、科学技術ボランティアサービスを行う国際科学技術特派員プログラムの実施や、中国の科学技術、人材、情報を沿線国のニーズと結び付け、産学官連携の強化といった内容が盛り込まれていることから、沿線

国のニーズをくみ取り、カスタマイズして提供する方針であることがみてとれる。[18]

　元グーグル CEO のシュミット氏は、新技術を発明し、採用し、適応させる能力を「イノベーション・パワー」と定義し、ハードパワー、ソフトパワーの双方に貢献するものだという。[19] 中国は「一帯一路」構想の下、技術・インフラだけでなく、イノベーション・パワーを用いることでも、「一帯一路」沿線国に対し影響力を行使しており、その地経学手段の有効性をより一層強固なものとしているといえる。

〔註〕

＊本稿におけるインターネット情報の最終アクセス日は 2023 年 6 月 14 日である。

（1）　文部科学省科学技術・学術政策研究所『科学技術指標 2022』130 － 131 ページ。

（2）　中国の科学技術振興策の歴史については、林幸秀『中国における科学技術の歴史的変遷』2020 年、公益社団法人ライフサイエンス振興財団、を参考にした。

（3）　両計画は 2016 年に国家重点研究開発計画として統合された。

（4）　持永大『デジタルシルクロード』日本経済新聞出版、2022 年、127 ページ。

（5）　"Freedom on the Net 2018 --The Rise of Digital Authoritarianism", Freedom House [https://freedomhouse.org/report/freedom-net/2018/rise-digital-authoritarianism]

（6）　國分俊史『エコノミック・ステイトクラフト　経済安全保障の戦い』日本経済新聞出版、2020 年、114 － 115 ページ。

（7）「中国完成北斗系統布局：“一帯一路”立体化与中美太空競争」BBC NEWS 中文、2019 年 12 月 19 日　[https://www.bbc.com/zhongwen/simp/chinese-news-50854249]

（8）　"PEACE Cable System goes live" Submarine Cable Networks,　December 24, 2022. [https://www.submarinenetworks.com/en/systems/asia-europe-africa/peace/peace-cable-system-goes-live]

（9）　持永、182 ページ。

（10）　Jonathan E. Hillman, *The Digital Silk Road: China's Quest to Wire the World and Win the Future*, Profile Books, 2021, 149p.

（11）　持永、127 ページ。

（12）　"Ground-Based Space Object Observation Network," APSCO　[http://www.apsco.int/html/comp1/content/GBSOON/2018-07-05/44-180-1.shtml]

（13）「中国 - 東盟 “一帯一路” 空間信息走廊合作発展論壇順利召开」商務部、2018 年 9 月 12 日 [http://fec.mofcom.gov.cn/article/fwydyl/zgzx/201809/20180902785580.shtml]

（14）「中国 “数字絲綢之路” 創造新機遇（国際論道）」人民日報海外版、2022 年 10 月 10 日 [http://world.people.com.cn/n1/2022/1010/c1002-32541811.html]

（15）「中方発起"中非携手構建網絡空間命運共同体倡議"」中共中央網絡安全和信息化委員会弁公室、2021 年 08 月 25 日　[http://www.cac.gov.cn/2021-08/25/c_1631480920450053.htm]

（16）「共建"一帯一路"倡議：進展、貢献与展望」新华社、2019 年 4 月 22 日 [https://www.gov.cn/xinwen/2019-04/22/content_5385144.htm]

（17）「中国已与 84 个共建"一帯一路"国家開展科技合作」人民日報、2022 年 2 月 18 日 [http://ydyl.china.com.cn/2022-02/18/content_78056562.htm]

（18）持永、111 ページ。

（19）Eric Schmidt, "Innovation Power: Why Technology Will Define the Future of Geopolitics," *Foreign Affairs*, February 28, 2023.

第 11 章

EU とインド太平洋地経学：
国際構造変動、EU 加盟国対外戦略の複雑化と日本

岡部みどり

はじめに

　欧州のアジアや日本への接近はかつて例をみないほどの進展を見せている。
それは、1990 年代以降から続く日欧の経済関係が発展段階にあるということ
に加えて、軍事安全保障面における協力体制が新たに構築されつつあるとい
う昨今（特に 2020 年代以降）の状況に現れている。本章では、これを欧州
連合（EU）が連合体として持つ力、いわゆる「EU パワー」の相対的な低下
との関連から考察する。つまり本章の狙いは、EU や欧州諸国が日本やアジ
アとの連携を図るのは国益追求のためであり、とりわけそれが、過去 10 余
年にわたって EU が経験した危機に端を発するものであると指摘することで
ある。

　これまで、EU は「経済連携協定（EPA）」という枠組みにおいて、貿易
ルールだけでなく、より広い政治経済面での国内制度改革を余儀なくされ
るような協力関係の構築を日本に求めてきた。2011 年以降、EPA は「戦略
的パートナーシップ協定（SPA）」という枠組みによって補完されることと
なった。一連の連携をもって、民主主義、法の支配、人権尊重といった EU
が掲げる価値を日本が共有する形で経済的相互依存体制を安定させることが、
EU 側の目的であった。他方で、日本側はどこまで EU の要請に応じるかが
議論の焦点であったものの、あくまでも経済連携を進めることが一義的な交
渉目標であった。

　この間、日 EU 間の連携をめぐる焦点は、EU が日本との経済協力を締結
するにあたり、自らが掲げる規範や規制の遵守を求める EU に日本側がどの

程度対応できるか、というものであった。これは、EU のアジア - ASEAN（東南アジア諸国連合）諸国にとどまらず、中国やインド、その他南アジア諸国までが共有する問題であった。EU の立場からすれば、これは、EU が域外諸国に対して、どの程度その影響力を行使できるか、という、いわば広域地域形成の課題であった。

しかし、2016 年に日本が「自由で開かれたインド太平洋（Free and Open Indo-Pacific）」という概念を打ち出し、インド太平洋地域の安全保障上の重要性が高まってからは、このような EU とアジア諸国との間の力関係を規定する別の要因が浮上した。一つには、この時期には既に、EU は金融危機、難民危機、英国の離脱に伴う連帯危機など、様々な危機を経験し、弱体化した国家経済を立て直すためにアジア諸国など域外の協力を必要とするようになっていた。また、同時期のアジア諸国の経済成長はめざましく、とりわけ中国は世界第二位の経済大国としてのみならず、政治的にも国際社会における力を拡大しつつあった。

本章では、このような国際構造の変動期に、EU とアジア、そして日本の関係がどのように変化していったのか、その経緯を詳らかにする。考察を通じて、日本の対 EU 外交のあり方について、とりわけ地政学的な観点から一つの可能性を見出すことが、本章の目的である。

1. 国際構造変動プロセスにおける EU 諸国のパワー変化

国際社会をパワーの異なる国の集合体と見るならば、その構造的な変化は各国の相対的なパワーの分布状況の変化と捉えることが可能である。ここではひとまず、国家の経済的な規模という観点から過去と現在との違いを考えてみたい。次ページ図 1 の「グラフ：世界の GDP（名目）に占める割合」は、2005 年と 2021 年時点における世界主要国の名目 GDP（対全世界比：%）を示したものである。

最も特徴的なのは、中国の目覚ましい経済成長である（5% → 18%）。また、アジア全体では日本の相対的なパワーの減少、そして、わずか 1 ポイントとはいえ、インドの相対的なパワーの増大がみられる。同時に、目覚ましいの

図 1　グラフ：世界の GDP（名目）に占める割合

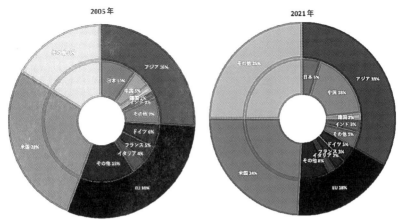

出所：総務省統計局「世界の統計」(2011 年) 及び経済局国際経済課「主要経済指標」(2022 年 12 月) より筆者作成

が EU 諸国の大幅なパワーの減少である（30% → 18%）。その減少の程度（12 ポイント）は、米国（4 ポイント）、日本（5 ポイント）と比べても格段に大きい。ここで、ドイツなど、減少の程度が比較的小さい（1 ポイント）ことに目を向ける読者もいるかもしれない。しかし、EU が「レジーム以上国家以下」の政治体であるという事実を踏まえるならば、EU 全体のパワー低下がドイツに及ぼす（マイナスの）影響は普通の国家よりも大きい。例えば金融政策など、EU（特に、ユーロ圏）において超国家的な政策の執行を余儀なくされる加盟国のうち、実質的に域内の経済的安定に向けた政策的努力を期待されているドイツは、EU のような国際連携枠組みに参加していない国に比べて、国内政治経済の運営にかかる影響が良くも悪くも大きくなる。したがって、EU 及びユーロ圏全体の低迷においては、回復に向けた割増の努力が必要となるということである。

　ともあれ、ここで重要なのは、近年 EU 諸国の相対的なパワーの低下が著しく、なぜそうなったのかという分析視座である。その原因究明は「ニワトリが先か、タマゴが先か」の議論を伴う。現時点での EU についてのさまざまな考察では、EU 諸国の経済パフォーマンス低下がドイツなど域内主要国の足を引っ張ることで EU 全体の低迷につながっているという指摘と、EU を取り巻く国際環境の変化によって EU 諸国の総体としての力が相対的に低

下しているという見解が同居している。前者は、EU が統合を進めていること、つまり、加盟国間の相互依存関係が緊密化したために EU が弱体化しているのではないかという地域統合に懐疑的な問題意識に基づく議論である。より具体的には、リーマン・ショックに大きく影響を受けたギリシャの債務危機を発端とする、いわゆる「ユーロ危機」や、アラブの春、シリア紛争などに起因するアフリカや中東地域からの大量の避難民への対処を迫られた、いわゆる「難民危機」など、欧州域外を発信源とする安定化の危機に EU がいかに対処できたか（できなかったか）、そしてその原因は何かをめぐる論争である。

　これについてのごく楽観的な見解は、EU は難題に直面すると、それを克服するためにさらに統合を加速するというものであった⁽¹⁾。確かに、2007-08年以降の金融危機に対処するために、欧州中央銀行（ECB）は欧州金融安定ファシリティー（EFSF）や、それを常設化した欧州安定メカニズム（ESM）を導入し、危機が長期化するとそれらを上回る規模での ECB の国債市場への介入を可能とする無制限国債買い入れプログラム（OMT）を 2012 年に開始した。しかし、これらの財政救済プログラムは、ときには ECB の権限を超えるとして加盟国、特に最大の出資国として大きな負担を強いられるドイツが逡巡するものであった。より厳密に言えば、ユーロ圏という主権国家を超える政治経済空間全域の安定を目的として、ドイツが実質的に域内覇権国の役割を果たすことについて、結果的にドイツはその役目を引き受けたものの、そこに至るまでの道のりは平坦ではなかったということである⁽²⁾。

　反対に、財政支援を受ける側であるギリシャ国内においても、実際の支援プログラムの受け入れをめぐって異なる意見があった。端的には、ECB や IMF、そしてドイツが課していた厳格な財政規律に従うことが、果たしてギリシャの国益につながるのかという問題であった。つまり、EU の安定・成長協定の基準に沿った財政赤字削減に向けた政府の努力が必要だとする欧州統合推進派と、それをすることで国内の再分配政策の十分な執行を妨げられ、年金システムなどが破綻し結果として政治的混乱が生じるのではないかという反対派との間の対立であった⁽³⁾。

　一連の難題を EU がいかに克服したのか、という問いに対する答えとしては、ECB が主導する救済システムが機能したという見方が一般的である。し

かし、それが恒久的な解決ではないことは、多くが共有するところであっ
た。[1] 興味深いのは、それをどのような帰結に結びつけるかということである。
EU の内部には、銀行同盟や、ゆくゆくは財政統合に進化していくことが危
機回避のために望ましいという考え方がある。特に、ユーロ圏を主導する立
場は、この見解を明瞭にしている。つまり、現状において危機がまだ払拭さ
れていないとすれば、その原因は統合が不完全であるからだという考え方で
ある。

　しかし、このような考え方には一定の留保が必要であろう。まず、それは
全ての政策領域に通じるものではない。近年、欧州が直面したもう一つの
大きな危機である「難民危機」においては、難民申請者がギリシャ、イタリ
アなど一部の沿岸諸国に集中し、特に 2015 年には債務危機に喘ぐギリシャ
が「ダブリン規則」と呼ばれる EU のルールに則った対応が十分にできない
ことが明らかになったため、欧州委員会は他の全加盟国で難民申請の責任を
分担することを提案した。通称「リロケーション案」と呼ばれるこの提案に、
ハンガリーをはじめとする中東欧諸国は真っ向から反対した。また、フィン
ランドは、この提案を EU 側が強硬に推し進めようとしたため、その手続き
に正当性がないと主張した。他の加盟国は決定自体に表立った反意は示さな
かったものの、実際に EU 側の期待をはるかに下回る執行の程度に留まって
いる。[5]

　このように金融危機への対応と異なり、難民危機に対して加盟国は、欧州
統合の進展ではなく、むしろその反対に加盟国の排他的な権限を相対的に増
大する方向へ実質的に舵を切った。これは、世論の動向、外国人排斥を公約
に掲げるポピュリスト（あるいは極右）政党の躍進などを踏まえたうえでの
加盟国の合理的な対応であったと理解できる。つまり、難民政策の分野では、
不完全な統合はより完全な統合よりも欧州国際関係の安定化につながると判
断されているのだ。

　さらにいえば、一見、統合の進展が安定化につながると期待される金融政
策領域でさえ、現状維持もしくは統合の逆行が進むこともありうる。前述の
とおり、EU レベルでは救済システムを安定化させるための銀行同盟や財政
統合に向けた政策調整が望ましいとされている。しかし、実際にその目標が
達成されるには相当の期間が必要であろう。それは、例えばギリシャのよう

な国にとっては、経済成長のために独立した金融政策を実行できない一方で、国際競争力を高める努力を自助で行わなければならないことを意味する。このような実現が極めて難しい政策課題に直面しているギリシャは、実際には、EU 域外の台頭する国々、とりわけ中国やロシアなどへ投資面での依存を余儀なくされる。【◎】

このようなギリシャの状況に例示的なのは、EU のパワーの相対的な低下が、国際的な構造変容と無関係ではないということである。ひとつには、先のグラフで示したような中国の強大化が、EU 加盟国間の結束を緩め、より多層的な国際関係を各加盟国が志向する状況を作り出している。また、2022年 2 月のロシアによるウクライナへの侵攻を機に顕在化したのは、EU 加盟国間の連帯がロシアとの関係構築のあり方にも影響するということである。いずれにも共通するのは、EU や加盟国が主導する形での対中、対露関係の構築は容易ではなく、その大半が EU（加盟国）に多くの犠牲を伴うものとなっている、ということである。つまり、パワーが相対的に縮小している EU 及び加盟国にとって、域外諸国との関係構築は、もはや単なる経済成長の手段にとどまらず、国力の回復に向けた安全保障上の生き残り戦略にもなっているのである。

2．EU-アジア連結性戦略及び
EU のインド太平洋アプローチの再検討

以上の観点を踏まえ、EU やその加盟国が志向する対域外関係を改めて検討する。まず、昨今の EU がアジアとの関係において提唱する「連結性（connectivity）」戦略に、どのような政治的含意を汲み取ることができるだろうか。EU は、その連結性の特質（あるいは条件）として、持続的、包括的かつ「ルールに基づく（rule-based）」と言う要素を挙げている。つまり、EU の連結性戦略は、特に経済面におけるリベラル国際秩序圏へのアジア太平洋諸国の囲い込みを目的としている。

しかし、この政策目的を額面通り受け取ってよいものだろうか。少なくとも、米国の対中外交戦略とは異なる文脈で理解する必要があるだろう。端的

には、EU 連結性戦略に対中包囲網形成に向けた明確な方針が含まれている
かどうかは、目下のところ未知数である。中国が EU の標榜するリベラル民
主主義的価値観への挑戦者である限りにおいては、EU はこれに対決する姿
勢をとることは間違いない。しかし、経済など非軍事的側面において、中国
が対話可能な交渉相手になれるのであれば、中国のリベラル国際秩序圏への
包摂も意図することができる。そのような玉虫色の表現として「連結性」を
理解することもできるだろう。

　そのような玉虫色の表現を選ぶ EU の政治的な意図、あるいは動機は果た
してどのようなものだろうか。これについては、従来、EU がグローバル・
パワーになりうるという観点が主流であった。EU はその民主主義、人権尊重、
法の支配という理念を域外に展開する力（規範力）、あるいはそれを標準化
することで対域外貿易を秩序立てていく力（規制力）を持っているとされた。
EU がそのリベラル民主主義的な価値観を、EU 域内の加盟国に対してだけ
ではなく、世界規模に展開させていくような、いわば「グローバル・ガバナ
ンス」を主導する力を備えているという理解である[(7)]。そのような EU の持つ
力が軍事力を伴うものであるかどうかは一部で議論があるが、事実上、軍事
力は米国に頼らざるを得ないにせよ、非軍事的な領域におけるルール形成能
力は有しているという了解が広く共有されてきた。そして、少なくとも今日
の EU の外交戦略は、そのような混合的なパワーの行使を背景に、軍事安全
保障と非軍事安全保障の接点を重視し、サイバー、環境、人間の安全保障や
エネルギー、バリューチェーン、貿易関係、ビジネスと人権など多様な領域
においてグローバル・ガバナンスの主導的役割を担うことを目標に展開され
ている。

　これは、前述のような EU の相対的なパワーの低下に伴う対域外への依存
状況として理解することができるだろう。背景には、財政が極めて不安定
で、かつ経済成長に必要な国際的競争力に乏しい南欧諸国の事情がある。最
も典型的な例はギリシャである。金融危機及び難民危機をほぼ同時期に経験
したギリシャは、中国に接近することでその克服を目指した。例えば、2016
年、ギリシャは中国の海運最大手である中国遠洋運輸集団（COSCO）によ
るピレウス湾への投資を受け入れた。2008 年に港湾の運営権の一部を獲得し
た同社は、ギリシャ国内の 2 つの港湾の 35 年リースでの管轄権を得ており、

総額で 8 億 3,120 万ユーロ相当の利権が発生したとされる[8]。また、中国最大の電力配送会社である国家電網（China State Grid）はギリシャの送電事業（IPTO/ADMIE）に投資し、同社の株式 24% を取得した[9]。中国はこのほかにも、LNG ターミナル建設案件のため、キプロスに 2 億 9,000 万ユーロを投資、また、ギリシャ北部のカバラにある地下ガス貯蔵井戸にも関心を寄せていた[10]。さらには、全長 1,200km に及ぶギリシャのクレタ島－イスラエル－キプロス間を結ぶ世界最長の海底電力供給（相互接続）システムである "EuroAsia interconnector" も物色していた。

このような中国の動きに対し、EU は対抗策を講じた。"EuroAsia interconnector" プロジェクトへの中国の投資を防ぐため、まずは、フランスの総合電線会社であるネクサンスが 2022 年 7 月 7 日に優先入札者に選抜された。また、同年 10 月には欧州委員会が大々的に介入することが決まった[12]。

他方、ギリシャの対応は EU の統一的な方針に必ずしも沿ったものではなかった。2016 年の時点では、特に投資規制のコンプライアンスとの関わりについて、ツィプラス政権による中国への投資の寛容度が EU の基準より高すぎると疑問視されていた。そして、当時のギリシャ政府は、2017 年の国連人権理事会会合において、中国の人権状況を非難する EU の声明発出を妨げた。ほかにも、EU の南シナ海領土問題についての対中決議に（ハンガリー、クロアチアと共に）反対するなど、これらの行動は全て、複合危機後の経済復興を中国に頼っているためではないかと分析されている[13]。

ロシアとの関係では、エネルギー資源を除く貿易分野においてはロシアの方が EU への依存が大きかったことに加えて、2014 年クリミア併合時点から既に部分的に貿易の収縮が始まっていたため EU にとってのダメージは比較的小さかった。しかし、EU 加盟国間での非対称な影響は無視できない。たとえば、ラトビアやリトアニア、フィンランドはロシアへの輸出度合いが比較的高く、中東欧諸国もその例外ではない。また、セクター別には、ドイツやイタリアの基幹産業である自動車産業は、ニッケルなど鉱山資源の輸入の関連から影響が比較的大きい。そして、エネルギー面での影響は広く報道されているとおり深刻である。特に、ラトヴィアやチェコは、天然ガスをロシアに 100% 依存しており、ハンガリーも相当程度のロシア依存があるといわれている。

このような、経済的相互依存状況は、EU のインド太平洋戦略になんらかの影響を及ぼすであろうか。

EU のインド太平洋アプローチは、「EU の戦略羅針盤（EU strategic compass）」という文書で展開されている。この文書において、中国は引き続き「経済的な競合相手でありシステミック・ライバル」であると記載されている。この文脈では、EU 加盟国がどの程度結束した状態で対アジア戦略を志向できるかが鍵となる。現状では、EU や、特に推進派であるフランスは、ウクライナ危機を契機に更なる統合が必要という観点から検討がなされている。これに対して、バルト／北欧諸国は、EU/NATO からの支援増加を希望する一方で、米国との独自協調路線を強化している。とりわけ、スウェーデン、フィンランドは NATO 加盟申請を行っているが、これに未だ賛同していないトルコとの調整を EU ではなく米国に頼らざるを得ない状況にある。

また、南欧諸国の状況は未知数である。たとえば、イタリアでは 2022 年 10 月にメローニ右派連合政権が誕生したばかりだが、メローニ首相は就任直後にウクライナへの武器供与を表明した。このことで、ロシアと密接なつながりがあると言われるベルルスコーニとの協調路線が安定的に持続するか否かが疑問視されている。他方、バルト／北欧諸国に比して、そもそもイタリアやギリシャ、スペインなどはロシアによって領土侵攻されるという喫緊の脅威を警戒する必要はなく、むしろ戦争の長期化に起因する経済停滞によるダメージの方が大きい。特にギリシャはロシアからの観光資源への直接投資などに頼ってきた。加えて、金融、難民、コロナといった危機のトリプルパンチのダメージから回復しきれていないこれらの国々が安全保障面での協力体制に与するかが今後の焦点となるだろう。

このほか、市民レベルの意見の分かれ方については、EU のシンクタンクである欧州外交評議会評議会（ECFR）が示した分析結果が興味深い。ここでは、2022 年 2 月のロシアのウクライナ侵攻について調査されているが、市民の回答が"Justice camp"つまりウクライナが勝利を貫徹するまで支持するという立場か、"Peace camp"つまり、どんな結果であれ早い停戦を望むという立場かが国ごとにいかに分かれるかが分析されている。

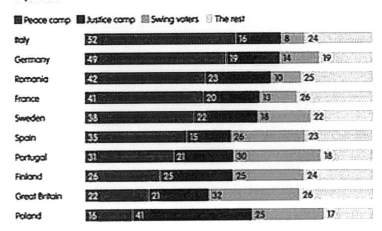

Size of Europe's voter camps in response to Russia's war on Ukraine
In per cent

⬛ Peace camp ⬛ Justice camp ⬛ Swing voters ⬜ The rest

	Peace camp	Justice camp	Swing voters	The rest
Italy	52	16	8	24
Germany	49	19	14	19
Romania	42	23	10	25
France	41	20	13	26
Sweden	38	22	18	22
Spain	35	15	26	23
Portugal	31	21	30	18
Finland	26	25	25	24
Great Britain	22	21	32	26
Poland	16	41	25	17

Segmentation based on the analysis of responses to two questions. Detailed explanation in the methodology annexe. Some lines do not add up to 100 due to rounding.
Source: Datapraxis and YouGov, May 2022.
ECFR · ecfr.eu

　興味深いことに、イタリアなど、直接的なロシアによる領土侵攻の脅威にさらされていない国では "Peace camp" への投票者が多く、他方で、ポーランドなどロシアと領土問題を抱える隣国は "Justice camp" への傾倒度合いが大きい。[16]

おわりに——日 EU 関係の行方

　以上を振り返り、特に EU の立ち位置から見た日 EU 関係の未来を見通したい。まず、当座の結論として、弱体化した欧州が今後統合を強化するか否か、という質問に対しては、解体はないものの、現状よりもさらに緩い連携への逆行はありうる、と回答できる。他方、EU の対中関係は米国のような対立ではなく、あくまで EU の「生き残り戦略」に有利なように展開される。つまり、EU は中国を「システミック・ライバル」と目しながらも、経済的な連携は外交的に有効活用していくだろう。一方で、EU のインド太平洋ア

プローチは、より広いレベルの安全保障戦略（EU strategic compass）の中で
EU及び加盟国のバランシング行為の一つの手段として同地域への関与強化
を主眼として使われていくのではないだろうか。

　また、潜在的脅威としての中国への警戒は続くだろう。それは、"EuroAsia
interconnector"を固守しようとするEU側の姿勢に表れている。しかし、短期
的には、仮にロシア・ウクライナ戦争の停戦後を視野に入れたとしても、し
ばらくは経済復興が優先であるだろう。そこでは、従前のような「EUパ
ワー」を誇示することは、戦略上不利だと判断されるかもしれない。

　日本との連携は、以上のようなEUの対中関係、そしてインド太平洋アプ
ローチをめぐる米国やその他の主要国の動向と関連づけられた形でEUの戦
略材料となるだろう。対中、親アジア経済連携からの恩恵を受けることを目
的にしつつも、EUは主に米国との協調をできるだけ図る方向で戦略的なパー
トナーシップを志向するようになっていくものと考えられる。

　2021年には、フランスが「インド太平洋戦略」を発表し、その2ヶ月前
にはフランス陸軍と日本の陸上自衛隊との間で初の合同訓練が行われた。同
年8月には、ドイツ海軍が「フリゲート艦」を、英国が新空母クイーン・エ
リザベスをそれぞれインド太平洋に派遣した。また、英国は「グローバル・
ブリテン」構想を掲げ、米軍、オランダ軍とこの地域で合同訓練を開始した。
そして、同年9月には、欧州委員会とEUの上級代表は共に、「インド太平
洋における協力のための戦略」を発出した。[17]　また、その後、日本はフランス、
英国、イタリア、ドイツとの間に「防衛装備品・技術移転協定」および「情
報保護協定」を、英国、フランスと「物品役務相互提供協定（ACSA）」を、
そして2023年1月には、自衛隊と英軍の往来を促進するための「円滑化協
定（RAA）」が締結された。このほか、2022年12月には、イタリアと次期
戦闘機の共同開発を進めることが合意された。[18]　いずれも、対中強硬姿勢を明
確に打ち出すという外交戦略と表裏一体の形で展開されたものであるが、日
本と欧州が、戦後初めて軍事安全保障分野における協力を実行したことは画
期的であり、また重要である。なぜなら、それは日本と中国との間のパワー・
バランスに変化を与えるだけではなく、日米間の同盟関係にも中長期的な影
響を及ぼすからだ。

　もちろん、日米の同盟関係が大きく根本的に変わるということは想定し難

い。日米安全保障条約の重要性は維持されるであろうし、北大西洋条約機構（NATO）の安定維持のために欧州が米国に寄せる期待度も今後高まることはあれ、低下することはないだろう。しかし、日欧 /EU 双方が、このバイラテラルな関係を構築する目的や期待する効果は、従前とは確実に異なるものとなってきている。日本はこの機会を西側、つまりリベラル国際秩序主導側の更なる結束の好機と捉えるべきだ。そして、日本政府には、インドとの連携強化を図りながらインド太平洋協力枠組みへの欧州諸国の関与を確実なものにするような外交努力を期待したい。

〔註〕

（1）最近の議論での代表的なものとして、Jones, E., Kelemen, R.D. & Meunier, S. (2021), "Failing forward? Crises and patterns of European integration", *Journal of European Public Policy*, 28(10). なお、この見解は、古典的な「スピル＝オーバー」説、即ちある政策分野（あるいは争点領域）ごとの国家間連携が次第に他の政策分野での国家間連携を促すという考え方に通じるものである。

（2）詳細な経緯については、岡部みどり編『世界変動と脱 EU/ 超 EU— ポスト・コロナ、米中覇権競争下の国際関係』（日本経済評論社、2022 年）序章を参照されたい。

（3）これについて、当時ギリシャ蔵相であったヤニス・バルファキスの回顧録が興味深い。cf.『黒い匣：密室の権力者たちが狂わせる世界の運命 — 元財相バルファキスが語る「ギリシャの春」鎮圧の深層』明石書店（2019 年）。

（4）日本語文献としては、例えば、遠藤乾『欧州複合危機 — 苦悶する EU、揺れる世界』（中公新書、2016 年）など。

（5）一連の経緯については、岡部みどり「欧州移民・難民危機と EU 統合の行く末に関する一考察」『国際問題』662 号 (2017 年) を参照されたい。

（6）"Connecting Europe & Asia: The EU Strategy," European Union External Action Service, September 2019, (https://www.eeas.europa.eu/eeas/connecting-europe-asia-eu-strategy_en. 最終アクセス 2023 年 1 月 23 日。)

（7）代表的な議論に、Manners, I. "Normative Power Europe: a contradiction in terms?" Journal of Common Market Studies, 40(2), 2002; Manners, I. "Normative Power Europe reconsidered: beyond the crossroads," *Journal of European Public Policy*, 13(2), 2006; 遠藤乾、鈴木一人編『EU の規制力：グローバル・スタンダードを左右する隠れた超大国』（日本経済評論社、2012 年）

（8）Tonchev, P. and Davarinou, P., "Chinese Investment in Greece and the Big Picture of Sino-Greece Relations," Institute of International Economic Relations, December 2017.

（9）同上。

（10） 2020 年 11 月 25 日時点（https://asia.nikkei.com/Politics/International-relations/Anti-Turkey-alliance-runs-through-Europe-Asia-electricity-link）

（11） "Nexans selected as preferred bidder for EuroAsia Interconnector", July 7, 2022, (https://www.nexans.com/en/newsroom/news/details/2022/07/nexans-selected-as-preferred-bidder-for-euroasia-interconnector.html.)

（12） "Commission participates in launch of EuroAsia Electricity Interconnector", European Commission Press Release, 14 October, 2022 (https://commission.europa.eu/news/commission-participates-launch-euroasia-electricity-interconnector-2022-10-14_en.)

（13） Tonchev, et. al., 前掲論文。

（14） "The Strategic Compass of the European Union," March 21, 2022. (https://www.strategic-compass-european-union.com.)

（15） https://ecfr.eu/publication/peace-versus-justice-the-coming-european-split-over-the-war-in-ukraine/

（16） EU 加盟国ではないが、トランスニストリア地域などといった、ロシアとの領土問題を抱えるモルドヴァやジョージアなどは、この戦争の終わり方によりセンシティブな反応を示すだろう。

（17）「日本国際問題研究所 (JIIA) 戦略年次報告書 2021」を参照。

（18） 日本経済新聞（2023 年 1 月 11 日ウェブ版記事。
https://www.nikkei.com/article/DGXZQOUA06AFD0W3A100C2000000/. 最終アクセス 2023 年 1 月 11 日。）

第12章
日本の経済安全保障政策とサプライチェーン強靭化支援

浦田秀次郎

はじめに

　米中対立、ロシアによるウクライナ軍事侵攻、新型コロナウィルス感染、気候変動による異常気象、エネルギー・食料価格の高騰など世界の経済、政治、社会に深刻な影響を与えている諸問題の収束が当分期待できない不確実性の高い状況において、欧米諸国をはじめとして世界の多くの国々が経済安全保障制度の整備を進めている。そのような中で、日本も2010年代末から経済安全保障の重要性を強く認識するようになり、経済安全保障制度の構築・整備を急速に進めてきた。2021年9月に発足した岸田文雄政権は経済安全保障担当の大臣ポストを設立すると共に閣僚が参加する経済安全保障推進会議や経済安全保障の専門家による有識者会議を立ち上げて議論を進め、2022年5月に「経済施策を一体的に講ずることによる安全保障の確保の推進に関する法律（経済安全保障推進法）」を成立させた。

　経済安全保障について確立された定義があるわけではないが、神谷（2022）によれば、経済安全保障とは国家により、自国の領土、独立および国民の生命、財産を、経済的な脅威から、経済的な手段を中心とするあらゆる必要な手段を用いて守ることである。経済安全保障に関する議論を明確化するためには経済的脅威をより具体的に捉える必要があるが、神谷は3つのタイプの経済的脅威を挙げている。第一のタイプは国際的な経済システムに意図的ではなく発生した攪乱が、自国の経済に負の影響を与えるケースである。新型コロナ感染や地震などの自然災害によるサプライチェーンの混乱や異常気象による農作物への被害などが、このタイプの経済的脅威である。第二のタイプは、他国が自国との経済関係から引き出した利益が、自国の経済や安全に

負の影響を与える場合である。例えば、企業買収や技術者の獲得などを通じて自国から他国へ技術が流出し、自国の経済に負の影響を与える場合や、流出した技術が軍事転用されて自国の安全を脅かすようなケースである。第三のタイプは、他国（敵性国）がその経済力を用いて意図的に自国の経済や安全に負の影響を与えようとするケースである。これは、敵性国がその経済力を背景に経済的手段を用いて自国に負の影響を与えるケースである。このタイプは、敵性国によるエコノミック・ステイトクラフトと称される行為であるが、地経学的脅威と捉えることができる。例としては歴史問題を理由とした中国における日本製品不買運動などが挙げられる。

　本稿では、経済面および軍事面における中国の台頭により増大する経済的脅威にさらされている日本が近年急速に進めている経済安全保障制度の整備を検討し、その中でも中心的課題である重要物資におけるサプライチェーンの強靭化に対する政策を分析する。上述した経済的脅威に関する分類に従えば、第一と第三のタイプの経済的脅威への対応であるが、特に第三のタイプの経済的脅威を意識している。

　以下第1節では、中国の経済的台頭と日本の中国への依存の高まりについて、統計を用いて分析する。第2節では近年急速に構築が進んでいる日本の経済安全保障制度を概観する。第3節では、経済安全保障政策の中でも重要性の高いサプライチェーン強靭化について、経済産業省が実施した支援事業を検討し、評価する。最後の「おわりに」では、経済安全保障政策を構築および実施するうえで重要なポイントを指摘する。

1．台頭する中国と貿易における日本の対中依存の高まり

　米中対立の激しさが増しているが、その背景には中国による経済面や軍事面での米国への追い上げがある。図1には日米中のGDP（名目米ドル）の1980年から2021年までの推移が示されている。1980年代から1990年代半ばまでは日本の米国への追い上げが注目された。1980年時点では日本のGDPは米国のGDPの約40％であったが、95年には70％を超えるまでに上昇した。第二次大戦後、1950年代半ばから始まった高成長は二つの石油ショックを経て減速するが、他の先進諸国よりも良好な経済状況を維持し

たことから、1979 年にはエズラ・ヴォーゲル・ハーバード大学教授による
『ジャパン・アズ・ナンバーワン：アメリカへの教訓』が出版されるまでに
なった。80 年代後半におけるバブル経済の発生によって経済規模は拡大した
が 90 年代初めにはバブルは崩壊してしまい、その後、長期低迷から抜け出
すことができず、2021 年時点での日本の GDP は米国の GDP の 20％まで低
下した。

図 1　日米中の GDP の推移（名目 10 億ドル）

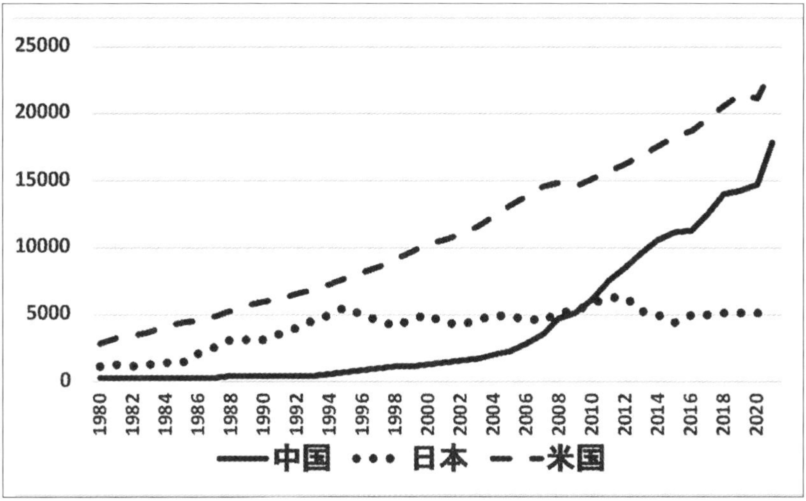

資料：World Bank, World Development Indicators online から作成

　日本の低迷ぶりとは対照的に、中国は 21 世紀に入って、急速に米国を追
い上げている。1978 年の改革開放により、計画経済体制から市場経済体制に
移行した中国は、それまで活用されていなかった労働や資本などの生産要素
が効率的に使われるようになったことで高成長を開始した。80 年代初めに
20 世紀末までに農工業生産を 4 倍に高めるという当時は不可能と考えられ
ていた計画を立て、それを実現させたが、2000 年時点では、中国の GDP は
米国の GDP の 10 分の 1、日本の GDP の 4 分の 1 に過ぎなかった。21 世紀
に入り、2001 年の世界貿易機関（WTO）への加盟の実現により中国製品に
とって海外市場が開放されたことで輸出が大きく拡大し、経済成長が加速し

た。2007年の世界金融危機によって減速を余儀なくされたが、他の国々と比べれば高成長を実現させてきた。中国のGDPは2010年には日本のGDPを追い抜き、2021年時点では米国のGDPの75%まで追い上げている。因みに、2021年時点では日本のGDPは中国のGDPの5分の1まで低下してしまっている。

　急速な経済成長により自信をつけた中国は、2049年の建国100周年までに、米国と並ぶ経済・軍事強国になることを目標に掲げ、様々な政策を実行に移している。15年にはこの目標達成への一段階として製造業の高度化推進を目的とした「中国製造2025」と称する産業政策を発表し、次世代情報技術や新エネルギー車など10の重点分野と23の品目を設定し、計画を実施に移している。対外的には2010年代半ばから中国と中央アジア、中東、アフリカ、欧州を繋げる広域経済圏構築を目的とした「一帯一路」構想の実現を目指してインフラ構築を積極的に進めている。専制主義国家である中国によるこれらの行動は第二次大戦後に米国を中心として構築された世界および地域の秩序への挑戦であり、日本や米国などの民主主義国家にとって脅威となっている。

　中国経済の高成長を可能にした一つの主要な要因として前述した対外貿易の拡大がある。78年の開放以来、原材料を海外から輸入し、低賃金労働を活用して最終製品を組み立て、それらを輸出するという加工貿易が欧米諸国との間に活発に行われたことで貿易が拡大し、経済成長に大きく貢献した。90年代に入ると、欧米諸国を始めとして、日本、韓国、台湾などの東アジア諸国・地域から低賃金労働の利用を目的とした直接投資が流入し、加工貿易のような形で原材料や部品の取引が行われる地域生産ネットワークに組み込まれるようになった。中国への直接投資の拡大の背景には、低賃金労働の存在だけではなく、整備されたインフラや安定的な社会・政治などの要因があった。さらに15年に及ぶ交渉が成立し2001年に世界貿易機関（WTO）への加盟が実現したことが、中国の輸出拡大に大きく貢献し、高成長を持続させた。直接投資の大規模な流入により地域生産ネットワークへの参加が拡大し、中国は世界の工場と称されるようになった。

　貿易拡大を梃子に高成長を実現させた中国は、多くの国々にとって重要な貿易相手国となった。図2には、日本の貿易における中国の存在が飛躍的に

拡大したことが示されている。1990年時点では、日本の輸出と輸入に占める中国のシェアは2.1%と5.2%であったが、2021年には22.0%と24.2%まで上昇した。中国とは対照的に日本の貿易に占める米国のシェアが低下した。この傾向は特に日本の輸入において顕著である。因みに、貿易相手としての中国の重要性は日本だけではなく他の東アジア諸国で見られる傾向である（図3）。

図2A．日本の輸出に占める米中のシェア（%）

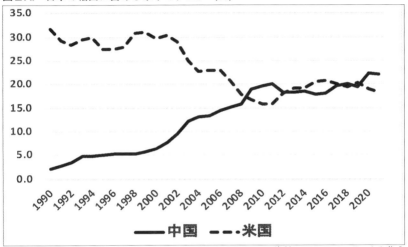

資料：StatsAPEC online から作成

図2B. 日本の輸入に占める米中のシェア（%）

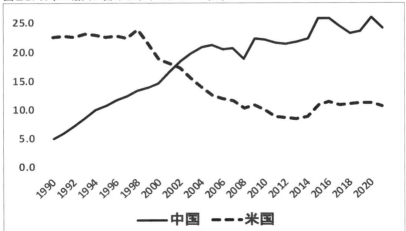

資料：StatsAPEC online から作成

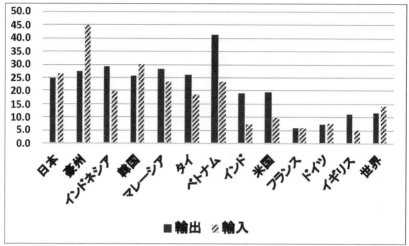

図3　各国の対中貿易依存度（％）

注：世界との貿易に占める中国との貿易のシェア
出所：Trade Map online から作成

　日本の輸入に占める中国からの輸入のシェアは商品間で大きなバラつきがある。表1はHS2桁の商品分類に基づいて計測した世界からの輸入に占める中国からの輸入のシェア（対中依存度）が40％以上の商品を示している。多くの商品は繊維製品、玩具、家具等の生産に労働を集約的に用いる最終製品であるが、鉄鋼、電気機器、原子炉、ボイラー、無機化学等のように生産に資本や高度な技術を用いる製品もある。これらの製品には最終製品だけではなく部品も多く含まれている。これらの中でも特に電気機器は輸入額が大きい。HS2桁の商品分類では個別の商品についての情報は隠れてしまうが、商品の中には中国への依存度が極めて高い製品もある。2022年度の通商白書には、それらの製品としてノートパソコン（99.4％）、携帯電話（83.7％）、光電性半導体デバイス及びLED（66.6％）、リチウム・イオン電池（66.1％）が挙げられている。[1]

　商品の供給における少数の国への依存は、商品の安定的供給の実現を困難にする。地震や洪水などの自然災害だけではなく、戦争や政治的対立なども供給を断絶する。特に中国のような専制主義国家においては通商政策などの

表1　日本の中国からの輸入（2021年）：
　　　金額（100万ドル）および世界からの輸入に占めるシェア（%）

商品分類	商品名	金額	シェア
総計	全商品	185761	24.0
第46類	わら、エスパルトその他の組物材料の製品並びにかご細工物及び枝条細工物	150	78.8
第66類	傘、つえ、シートステッキ及びむち並びにこれらの部分品	183	78.7
第95類	玩具、遊戯用具及び運動用具並びにこれらの部分品及び附属品	5354	77.3
第63類	紡織用繊維のその他の製品、セット、中古の衣類、紡織用繊維の中古の物品及びぼろ	3508	74.8
第57類	じゅうたんその他の紡織用繊維の床用敷物	416	67.1
第67類	調製羽毛、羽毛製品、造花及び人髪製品	139	67.0
第65類	帽子及びその部分品	318	65.1
第94類	家具、寝具、マットレス、マットレスサポート、クッションその他これらに類する詰物をした物品並びに照明器具（他の類に該当するものを除く。）及びイルミネーションサイン、発光ネームプレートその他これらに類する物品並びにプレハブ建築物	5752	64.2
第96類	雑品	827	61.4
第50類	絹及び絹織物	51	60.8
第68類	石、プラスター、セメント、石綿、雲母その他これらに類する材料の製品	768	60.6
第61類	衣類及び衣類附属品（メリヤス編み又はクロセ編みのものに限る。）	7541	60.2
第7類	食用の野菜、根及び塊茎	1429	59.0
第73類	鉄鋼製品	4393	57.1
第58類	特殊織物、タフテッド織物類、レース、つづれ織物、トリミング及びししゅう布	112	57.0
第62類	衣類及び衣類附属品（メリヤス編み又はクロセ編みのものを除く。）	6361	56.3
第83類	その他の卑金属製品	740	52.2
第60類	メリヤス編物及びクロセ編物	60	49.7
第84類	原子炉、ボイラー及び機械類並びにこれらの部分品	35192	49.4
第64類	履物及びゲートルその他これに類する物品並びにこれらの部分品	2236	49.2
第31類	肥料	439	48.7
第85類	電気機器及びその部分品並びに録音機、音声再生機並びにテレビジョンの映像及び音声の記録用又は再生用の機器並びにこれらの部分品及び附属品	54132	47.7
第59類	染み込ませ、塗布し、被覆し又は積層した紡織用繊維の織物類及び工業用の紡織用繊維製品	246	45.8
第53類	その他の植物性紡織用繊維及びその織物並びに紙糸及びその織物	30	44.9
第81類	その他の卑金属及びサーメット並びにこれらの製品	629	44.0
第28類	無機化学品及び貴金属、希土類金属、放射性元素又は同位元素の無機又は有機の化合物	3354	43.4
第48類	紙及び板紙並びに製紙用パルプ、紙又は板紙の製品	1272	43.0
第51類	羊毛、繊獣毛、粗獣毛及び馬毛の糸並びにこれらの織物	82	43.0
第82類	卑金属製の工具、道具、刃物、スプーン及びフォーク並びにこれらの部分品	759	42.1
第56類	ウォッディング、フェルト、不織布及び特殊糸並びにひも、綱及びケーブル並びにこれらの製品	520	41.7
第45類	コルク及びその製品	7	40.9
第25類	塩、硫黄、土石類、プラスター、石灰及びセメント	659	40.6
第20類	野菜、果実、ナットその他植物の部分の調製品	1469	40.5

資料：Trade Map　online より作成

政策決定プロセルが不透明であることから、そのような国からの商品の安定的供給は期待できない。ましてや、日本にとって中国は政治安全保障面で対立している国家であることから、供給断絶の危険性は高い。実際、2010年に尖閣列島問題で日本と中国が対立した際には、中国は日本に圧力をかけるために、電気自動車などの生産に不可欠であり、中国が圧倒的に世界市場を支配しているレアアースの日本への輸出を停止した。⁽²⁾

2．構築が進む日本の経済安全保障制度⁽³⁾

　近年の日本における経済安全保障への関心の高まりは米国のトランプ大統領政権下における経済安全保障面での対中強硬路線の強化によって触発された。⁽⁴⁾ 甘利明が会長を務め、自由民主党所属の国会議員により構成される「ルール形成戦略議員連盟」が2019年3月に経済や安全保障政策の司令塔として「国家経済会議（日本版NEC）」の創設を求める提言書をまとめ、⁽⁵⁾ 同年5月に安倍晋三首相に提出した。この提言の背景には、台頭する中国による経済覇権と安全保障上の勢力の拡大を目的としたエコノミック・ステイトクラフト（経済国政術）に対して、米国は1993年に設立したNECの再構築を始めており、日本も同様の体制の設立が必要であるという認識があった。

　このような動きを背景に、日本政府の中で経済と安全保障が重なり合う分野に焦点を絞って政策を構築する体制づくりが進んだ。2019年6月に経済産業省は大臣官房に新たに経済安全保障室を設立し、同室長は貿易経済協力局貿易管理部安全保障貿易管理政策課長が兼務している。因みに同省では2014年7月に通商政策局にルール形成戦略室を設立していた。外務省では経済局の中の資源安全保障室がエネルギー、鉱物資源、食料の安定供給の確保等を担当してきたが、2019年10月に総合外交政策局に新安全保障課題政策室が設立された。尚、同室は2020年8月経済安全保障政策室に改称された。経済産業省や外務省の他に、金融庁、防衛庁、公安調査庁、警視庁等においても経済安全保障に関する組織やプロジェクトチームが設置され、経済安全保障体制が整備された。日本の経済安全保障体制整備の最終段階として2020年4月に内閣官房の国家安全保障局の中に経済班が設置された。⁽⁶⁾ 経済班設

置の背景として経済産業省が 2018 年に米国によって実施された先端技術に
関する輸出規制の強化に対応するような政策の必要性を認識したことがある[7]。
経済産業省は 1987 年に（当時は通商産業省）東芝によるココム違反事件で
苦い経験をしており、米国の輸出管理政策には極めて敏感であった。

　経済産業省は「外国為替及び外国貿易法（外為法）」によって対内直接投
資規制の厳格化により機微な技術を所有する日本企業の買収を阻止すること
を考えていたが、外為法を実施する財務省は技術を安全保障の観点から評価
することはできなかった。技術についてはその種類によって管轄する官庁は
異なっていた。例えば、情報技術に関する技術は総務省の管轄であるのに対
して、医薬品に関する技術は厚生労働省が管轄している。しかしながら、管
轄が省庁間に跨るような技術については、また上述したような管轄が比較的
に明確な技術であっても他の省庁に跨るような状況が生じることもあり、省
庁間での調整が難しい状況が生まれるようになっていた。そこで経済安全保
障に関わるような技術を管轄することを一つの目的として内閣官房の安全保
障局の中に経済班が設立された。

　2021 年 10 月に発足した岸田政権は経済安全保障に強い関心を持ち、経済
安全保障担当の大臣ポストと共に閣僚が参加する経済安全保障推進会議を
新たに設立した。同年 11 月に開催された第 1 回経済安全保障推進会議では、
経済安全保障を強化するために取り組むべき分野として重要物資や原材料の
サプライチェーンの強靭化、基幹インフラ機能の安全性・信頼性の確保、官
民による重要技術の育成・支援、特許非公開化による機微な発明の流出防止
の 4 分野が挙げられた。同政権は「経済安全保障法制に関する有識者会議」
を立ち上げ、同会議での議論・提案を経て[8]、2022 年 2 月に「経済施策を一体
的に講ずることによる安全保障の確保の推進に関する法律（経済安全保障推
進法）」を提出し、同法案は同年 5 月に参院本会議での可決により成立した[9]。
同法では、法制上の手当てが必要な喫緊の課題に対応するため、(1) 重要物
資の安定的な供給の確保、(2) 基幹インフラ役務の安定的な提供の確保、(3)
先端的な重要技術の開発支援、(4) 特許出願の非公開に関する 4 つの制度を
創設することになっている。同法では、これらの目的を実現するために、主
に国による資金提供などの支援（(1)、(3)）や審査の強化（(2)、(4)）など
が挙げられている。経済安全保障推進法は、公布の 6 か月から 2 年以内に段

階的に施行することとされており、同年8月、上記4つの制度のうち、（1）と（3）が施行された。

　サプライチェーン強靭化では、国民の生存に必要不可欠な又は広く国民生活・経済活動が依拠している重要な物資を特定重要物資として指定し、その安定供給に取り組む民間事業者等を支援するとしている。同法では、サプライチェーン強靭化の方法として、重要物資の生産基盤の整備、供給源の多様化、備蓄、生産技術の導入、開発若しくは改良、重要物資使用の合理化、代替となる物資開発など多様な方法が挙げられている。

　政府は2022年12月20日に特定重要物資として、抗菌性物資製剤、肥料、永久磁石、工作機械・産業用ロボット、航空機の部品、半導体、蓄電池、クラウドプログラム、天然ガス、重要鉱物並びに船舶の部品の11物資を政令で指定した。[10]

　これらの特定重要物資の安定供給確保に関心のある事業者は、取り組みに関する計画を所管大臣に提出し、認定を受けたならば、取り組み実施に当たって必要な資金について、日本政策金融公庫が提供する長期・低利のツーステップローンを原資とした指定金融機関による融資等の金融支援や安定供給確保支援法人又は安定供給確保支援独立行政法人による助成等の支援を受けることができる。肥料および船舶の部品については22年12月28日に安定供給確保取組方針が策定され、安定供給確保支援法人の公募を始めたばかりであり、現時点（2023年1月末）では、支援は実施されていない。

3．サプライチェーン強靭化支援事業[11]

　本節では、経済安全保障推進法で定められたサプライチェーン強靭化支援事業とは別に、日本政府が近年実施してきたサプライチェーン強靭化支援事業について考察する。本節で考察するサプライチェーン強靭化支援事業と経済安全保障推進法で定めたサプライチェーン強靭化支援事業では対象となる商品などが異なるが、サプライチェーンの強靭化という意味では目的は同一であることから、ここでの分析は経済安全保障推進法の下でのサプライチェーン強靭化支援事業への示唆を提供する。

　新型コロナ感染は日本経済がサプライチェーンの脆弱性に晒されていることを明らかにした。最初に供給不足に陥ったのは、マスクや消毒液などの医療品であった。続いて、新型コロナの震源地とされ、電気電子部品や自動車部品などの世界で有数の供給基地となっている中国の武漢での工場閉鎖によって、それらの部品の供給が止まってしまい、日本を含めて多くの国々で電気製品や自動車の生産が大きく落ち込んだ。

　新型コロナ感染が、日本やベトナム、タイなどの東南アジア諸国に拡大したことで、日本、中国、東南アジア諸国に緊密な生産ネットワークを築いて効率的な生産を行っていた日本企業はサプライチェーンの寸断により、海外子会社からの部品供給が滞ってしまったことから、生産減少を余儀なくされた。ワクチンの普及やマスクの装着、消毒液の使用などを人々が自発的に行ったことなどから、多くの国々でコロナ感染が安定し徐々にコロナ以前の生活に戻っていったが、ゼロコロナ政策を続けた中国では経済活動が長期間にわたって停滞した。工場などの製造業部門だけではなく、港湾や輸送などのサービス部門の操業が止まってしまったことが、サプライチェーンの寸断状況を悪化させた。

　サプライチェーンの寸断に直面した日本企業は、在庫を取り崩すと共に中国以外の国々により構成されているサプライチェーンを代替的に利用することで部品を調達した。サプライチェーンの寸断は比較的に短時間で修復されたが、新型コロナ感染は日本企業によるサプライチェーンの多元化に対する関心を引き上げた。日本企業は、新型コロナ感染がなかなか収束しそうもないこと、また、新たなウィルスの発生の可能性もあることから、企業戦略を効率を追求する just-in-time からリスクに対応する just-in-case に転換させていった。

　電子部品や医療品など多くの商品の供給において中国に大きく依存していた日本企業にとって新型コロナ感染の他にもサプライチェーンの多元化を追求する理由があった。激化する米中による貿易戦争および技術覇権競争、さらには中国における強制的技術移転や技術搾取などが日本企業による中国での操業を難しくした。サプライチェーンの多元化はサプライチェーンの再構築を必要とすることからかなりの費用が発生する。また、米中貿易戦争などにみられるような政府による介入は企業にとってさらなる費用が発生する。

経産省は日本経済にとって重要かつ生産拠点の集中度が高い商品の国内供給の確保に強い関心を持ち、日本企業によるサプライチェーンの強靭化および多元化へ向けての投資を支援する補助金事業を実施した。主要な事業は、サプライチェーン対策のための国内投資促進事業と海外サプライチェーン多元化等支援事業の二つである。国内投資推進事業の目標は、国内における生産拠点等の整備を進め、製品等の円滑な確保を図ることでサプライチェーンの分断リスクを低減し、我が国製造業等の滞りない稼働、強靭な経済構造の構築を目指すとしている。補助金の対象となるのは建物・設備の導入で、補助額の上限が150億円、補助率は大企業に対しては事業規模の2分の1以内、中小企業に対しては3分の2以内となっている。2020年7月以降3回にわたって公募が行われ、有識者による審査を経て、354件、5,147億円（1件平均、14.5億円）が採択された。

　海外サプライチェーン多元化等支援事業の目的は日本・ASEANの強靭なサプライチェーンを構築するため、ASEAN等において製造拠点の多元化等を行うことを目的とした設備導入・実証試験・FS調査等を支援すること、また、現地機関・企業との連携を通じて、デジタル技術を活用したサプライチェーン最適化・効率化を実現させるための実証・FS調査等と合わせて、ネットワーク構築を支援することとしている。支援の対象となる製品として自動車、電気製品、衛生用品などが挙げられている。2020年7月以降2022年6月までに5回公募が行われ、有識者による審査を経て103件が採択されている。採択金額は非公開であるが、351.7億円の予算が組まれている。予算額を採択件数で割った平均金額は3.4億円で、国内投資促進事業と比べて、かなり小規模である。

　経済産業省による補助金事業は日本企業による国内投資およびASEAN諸国への投資を促す効果があったことは確実であるが、効果の大きさについては判断が難しい。多くの日本企業は補助金事業とは関係なく、アジアにおいてサプライチェーンの再構築を進めている。特に中国との関係でみると、中国における労働コストの上昇に対応するために、多くの日本企業は中国にある拠点をベトナムなどの周辺国に移転しており、新たに投資を行う場合には中国ではなく周辺国に投資を行うなど、所謂、チャイナ・プラスワン戦略を実施してきた。補助金は企業にとって投資を決定する一つの要因であり、そ

の他にも、候補地における市場規模、労働コスト、インフラ整備状況、貿易・投資政策など様々な要因がある。補助金事業のサプライチェーン多元化への効果を検証するには厳密な数量分析が必要であるが、そのためには、企業に関するデータと共に上述したような要素に関するデータが必要である。

　補助金事業の最終評価は、サプライチェーンの強靱化への貢献であることを忘れてはいけない。より具体的には、経済、政治、その他の様々なリスクへの対応が考慮され、日本にとって重要な商品・製品の十分な供給が確保される状況が構築されているかという視点からの評価が必要である。この点に関しては、日本への投資は、雇用の創出など日本経済へのメリットもあるが、地震発生の可能性が高いことから、日本に工場を回帰および集中させることが、リスクを拡大させてしまい、サプライチェーンの強靱化には貢献しない可能性がある。一方、海外サプライチェーン多元化事業はリスクの分散に貢献することから、サプライチェーンの強靱性を強化すると思われる。但し、補助金の供与にあたっては、資金的や人的制約の厳しい中小企業を優先することが望ましい。

おわりに

　重要物資のサプライチェーン強靱化は日本の経済安全保障の実現にあたって重要である。2022年5月に成立した経済安全保障推進法においてサプライチェーンの強靱化は4つの取り組むべき分野として指定された施策の中で第一に挙げられている。同法での支援はまだ開始されていないことから、その評価はできない。そこで本稿では2020年から経済産業省が実施しているサプライチェーン強靱化を目的とした国内投資促進事業と海外サプライチェーン多元化等支援事業を取り上げ、今後行われる経済安全保障推進法の下でのサプライチェーン強靱化支援事業への示唆を考察した。

　経済産業省の実施している支援事業についても開始からあまり時間が経っていないことから、支援事業によって中国への依存度が低下したのか、中国からの輸入が減少したのかという問いに関するデータを用いた厳格な実証分析を行うことはできない。但し、これまでサプライチェーンの強靱化・強靱

性に関する実証分析はかなり蓄積されているので、それらの分析から重要な教訓を得ることはできる。それらの分析結果から得られる最も重要な指摘はリスクを分散させるためにはサプライチェーンの多角化・多様化が有効であるということである。⁽¹²⁾この点から考察するならば、経済産業省が実施しているサプライチェーン多元化事業は支持できるが、地震などの自然災害の発生する可能性の高い日本に事業を集中させるような国内投資促進事業は支持できない。但し、同事業は低迷する日本経済の活性化には一定の効果がある。

　経済安全促進法では、サプライチェーン強靭化の方法として、重要物資の供給源の多様化だけではなく、生産基盤の整備や生産技術の導入を明示的に含めていることは評価できる。これらの目標の実現にあたっては、実施された施策の効果を検証し、検証結果を吟味することで政策を評価し、施策の継続、変更、停止などを決めなければならない。このような形で政策の方向性を決める手法は証拠に基づく政策構築（evidence-based policy making）として近年注目を集めている。

参考文献

浦田秀次郎（2023）「急速に構築される日本の経済安全保障制度」『世界経済評論』3・4月号, 54 – 64 ページ。

神谷万丈（2022）「経済安全保障をめぐる諸論点」『安全保障研究』第 4 巻第 1 号、51 – 65 ページ。

総合安全保障戦略研究グループ（1980）『総合安全保障戦略』大蔵省印刷局。

塚越康記（2015）「日本のレアアース政策と WTO 提訴——中国の輸出規制問題に対する意思決定の変遷」『海幹校戦略研究』12 月号，91 – 123 ページ。
https://www.mod.go.jp/msdf/navcol/assets/pdf/ssg2015_12_05.pdf

戸堂康之（2022）「強靭で創造的なサプライチェーン 研究成果に基づく政策的・経営的提言」。
RIETI Policy Discussion Paper Series 22-P-019 経済産業研究所（RIETI）。
https://www.rieti.go.jp/jp/publications/pdp/22p019.pdf

中西寛（1998）「日本の安全保障経験——国民生存権論から総合安全保障論へ——安全保障の理論と政策」『国際政治』117 号、141 – 158 ページ。

〔註〕

（1）283 ページ、第 II-1-2-26 図。

（2）日本は欧米諸国と共に中国によるレアアース類などの輸出制限に対して WTO に提訴し、勝利したことから、同制限は撤廃された。塚越（2015）を参照。

（3）本節は浦田（2023）の拡張である。

（4）経済安全保障概念の起源は日本が二つの石油ショックにより打撃を受けた 1980 年代初めに遡る。京都大学の故高坂正堯教授が大平政権における外交戦略の基盤となった総合安全保障の一部として「経済的安全保障」という概念を提案した（総合安全保障戦略研究グループ、1980；中西、1998）。そこでは日本の経済安全保障における関心は主に、自由貿易制度の維持、主要な貿易相手国との摩擦軽減、エネルギーおよび食料の安定供給の維持であった。

（5）ルール形成戦略議員連盟。
https://amari-akira.com/02_activity/2019/03/20190320.pdf

（6）国家安全保障局は 2014 年に設置された。

（7）兼原信克へのインタビュー、読売新聞、2020 年 5 月 20 日朝刊。

（8）経済安全保障法制に関する有識者会議での議論については、内閣府の以下のサイトを参照。
https://www.cas.go.jp/jp/seisaku/keizai_anzen_hosyohousei/index.html

（9）同法については、内閣府の以下のサイトを参照。
https://www.cao.go.jp/keizai_anzen_hosho/index.html

（10）内閣府、「重要物資の安定的な供給の確保に関する制度」。

（11）本節は浦田（2023）に依っている。

（12）例えば、戸堂（2022）を参照。

あとがき

　冷戦終焉後の世界に平和、安定と繁栄をもたらした、自由で開かれた国際政治経済秩序は、コロナ危機、米中覇権競争の激化、ロシアのウクライナ侵略を経て、時代を画する転換期を迎えている。冷戦後のグローバリゼーションにともなう経済の相互依存関係の深化は、国家間関係を促進、改善させるものと期待されたが、いまや「相互依存の罠」、「武器」として、むしろ国家安全保障上の脅威になった。こうした経済的手段を通じた新たな政治経済秩序が形成されつつある、今日の国際関係を読み解くには、従来の「政経分離的な思考」（かつての日中関係を「政冷経熱」と呼んだりするように、政治と経済を比較的独立した領域として扱う）ではなく、「政経両分野を横断する思考」が必然である。

　そこで注目されるのが、本書でとりあげる「地経学」（Geo Economics）という概念である。「地経学」とは、一見「経済的」とみられる行動が、実は政治安全保障上の帰結をもたらす可能性に着目するアプローチである。冷戦後に「地政学」（Geo Politics）と比して登場した概念だが、第四次産業革命による先端技術の標準化競争を背景に、安全保障の裾野が、経済、技術分野へ、かつ地理（Geo）空間も宇宙・サイバー空間へと急速拡大する今日こそ、政経横断的思考に根差す「地経学」の重要性が増している。体制間対立にまで進展した米中覇権競争においては、中国の一帯一路構想や米国の IPEF 構想に代表される地経学的な事象が数多く出現している。

　本書は、こうした「地経学」を切り口に、世界の国々を巻き込みながら激化の一途を辿る「米中覇権競争」の諸相を整理、分析し、その内実と行く末に迫る試みである。同時に、米中覇権競争の舞台であるインド太平洋に位置し、同盟国の米国と、隣国かつ最大貿易国の中国との間で対峙する日本の向き合い方を探る試みでもある。

　思えば、日本の近代外交では、「富国強兵」しかり「吉田ドクトリン」しかり、意外に「地経学」的なアプローチが試みられてきた。それらの功罪を

見極めつつ、21世紀日本の「地経学」外交がいかなる方向に進むべきか、シンクタンクが指針を示しながら産官学が連携し考える必要があるだろう。

さて、公益財団法人日本国際フォーラムは、1987年の創立以来、政府から独立した民間・非営利・非党派の、外交・国際問題に関する政策シンクタンクとして、自由な市民の立場から日本の対外関係や国際社会全体のあるべき姿について調査・研究し、提言してきた。この間、世界の国や地域との対話や交流を重ね、多層的なネットワークを構築しながら、常に「世界の中の日本」のトータルな将来像を構想してきた。そうしたなか、当フォーラムは、2020年度より3年にわたり、外務省の補助金を得て、大型研究プロジェクト「『多元的グローバリズム』時代の世界の多極化と日本の総合外交戦略」を発足させた。近年、既存の国際秩序の基調たる「リベラル・グローバリズム」が、中国やロシア等の新興国が展開する「非リベラル・グローバリズム」の挑戦を受けるようになり、さらにAI・サイバー等の「テクノ・グローバリズム」や新型コロナ禍のような「グローバル・パンデミック」が国際社会に不可逆的な影響を及ぼしつつある。こうした新旧様々な「多元的グローバリズム」が多層的に絡み合いながら世界の多極化が進むなかで、日本の総合外交戦略を描くことを目的としている。

本書は、本プロジェクトのもとに組織された研究会「米中覇権競争とインド太平洋地経学」（寺田貴主査）の3年にわたる活動の成果である。日本が主導するインド太平洋構想の実体化とともに、激化する米中覇権競争に対して、日本としていかに効果的に対応、協力すべきなのか、かつ更なる「地経学」の新しい地平を切り拓くことを目指し活動を行ってきた。これら活動の詳細は、当フォーラムのホームページ（https://www.jfir.or.jp/WR/181227.pdf）でご覧いただける。

なお、当フォーラムは「地経学」という概念に早くから着目し、2017年から3年間、現研究会に先駆けて、「地経学時代の日本の経済外交」研究会（河合正弘氏主査）を組織し、その成果である『JFIR World Review:「地経学」とは何か』（2018年12月刊行）（https://www.jfir.or.jp/wp/wp-content/themes/JFIR_2021/pdf/181227.pdf）を世に問い、「地経学」がわかる手引書として反響を得た。「地経学」に関する必読書『War by other Means』の著者ロバート・ブラックウィル氏との意見交換をはじめ、「地経学」についての世界の様々

な見解を示したのであった。こうした蓄積のもとに、米中覇権競争という事象にフォーカスし、「地経学」研究の深層に迫ったのが現研究会である。

最後に、本書は「日本国際フォーラム叢書」として、彩流社より刊行されることになった。同志社大学教授の寺田貴先生と彩流社の竹内淳夫氏には大変にお世話になった。お二人の理解者がいなければ、この本の上梓のめどは立っていなかったかもしれない。

また、「米中覇権競争とインド太平洋地経学」研究会のメンバーである、伊藤さゆり先生、岡部みどり先生、浦田秀次郎先生、兼原信克先生、河合正弘先生、櫻川昌哉先生、益尾知佐子先生、三浦秀之先生には、多くのご示唆をいただいた。

さらに、本書刊行にあたっては、第10章を執筆した当フォーラム常務理事・研究主幹の伊藤和歌子氏に、担当ディレクターとして企画・制作における調整役を果たしていただいた。第8章を寺田貴先生と共同執筆した研究助手の大﨑祐馬氏にもサポート役を務めていただいた。ここに名前を記した方以外にも、当フォーラムに関わるすべての方々にこの場をお借りして改めて感謝申し上げたい。

　２０２３年８月
　　　　　　　　　　　日本国際フォーラム理事長　　渡辺まゆ

事項索引

米ドル　69-72, 78- 83
貿易協力協定（TCA）　160
貿易制限　85, 88, 89
「北斗」（BDS）　106-109, 113, 114, 181
ボストン大学世界開発政策センター（Global
　　Development Policy Center, Boston
　　University）　53

人名索引

〔執筆者紹介〕 ＊執筆順

寺田　貴（てらだ　たかし）　同志社大学教授／日本国際フォーラム上席研究員。
1999 年オーストラリア国立大学院にて博士号取得。シンガポール国立大学助教授、
早稲田大学教授を経て、2012 年より現職。この間、英ウォーリック大学客員教授、
ウィルソンセンター研究員（ワシントン DC）などを歴任。主著に『東アジアとア
ジア太平洋――競合する地域統合』（東京大学出版会、2013 年）など。

兼原信克（かねはら　のぶかつ）　同志社大学特別客員教授。
1959 年山口県で生まれ。東大法学部卒業後、外務省入省。条約局国際法課長、北
米局日米安全保障条約課長、総合外交政策局総務課長、欧州局参事官、国際法局長
などを歴任。国外では欧州連合、国際連合、米国、韓国の大使館や政府代表部に勤
務。2012 年発足の第二次安倍政権で、内閣官房副長官補（外政担当）、国家安全保
障局次長を務める。2019 年退官後、2020 年より現職。2015 年仏政府よりレジオン
ドヌール勲章を受勲。

河合正弘（かわい　まさひろ）　東京大学名誉教授／日本国際フォーラム上席研究員。
東京大学経済学部卒業、スタンフォード大学経済学博士号（PhD）取得。ブルッキ
ングス研究所リサーチフェロー、ジョンズホプキンス大学准教授、東京大学教授、
世界銀行東アジア大洋州地域チーフエコノミスト、財務省副財務官・財務総合政策
研究所長、アジア開発銀行研究所長、環日本海経済研究所代表理事・所長などを
歴任。最近の編著書に、*Trauma to Triumph: Rising from the Ashes of the Asian Financial
Crisis* (AMRO and World Scientific, 2022) などがある。

櫻川昌哉（さくらがわ　まさや）　慶應義塾大学教授。
経済学博士（大阪大学）。大阪大学経済学部助手、名古屋市立大学教授を経て、
2003 年より慶應義塾大学経済学部教授。その間、イェール大学エコノミック・グ
ロース・センター、コロンビア大学ビジネス・スクールなどに客員研究員として在
籍。主著に『バブルの経済理論　低金利、長期停滞、金融劣化』（日本経済新聞出
版社、2021 年、日経・経済図書文化賞受賞、読売・吉野作造賞受賞）など。

久野　新（くの　あらた）　亜細亜大学教授／国際貿易投資研究所客員研究員。
2012 年慶應義塾大学大学院より博士号（経済学）取得。三菱 UFJ リサーチ＆コンサルティング、経済産業省（出向）等を経て、2020 年 4 月より現職。近著に「対ロシア経済制裁の有効性：予備的な評価と展望」『東亜』2022 年、「グローバリゼーションと経済安全保障の均衡点とその行方」『貿易と関税』2022 年など。

益尾知佐子（ますお　ちさこ）　九州大学大学院教授。
日本国際問題研究所研究員などを経て、2008 年に東京大学大学院総合文化研究科で博士（学術）取得。同年、九州大学に着任。その後、ハーバード大学イエンチン研究所協働研究学者、中国社会科学院訪問学者などを歴任。2021 年に第 17 回中曽根康弘賞優秀賞を受賞。著書に『中国の行動原理』（中公新書、2019 年）など。

三浦秀之（みうら　ひでゆき）　杏林大学准教授。
2011 年早稲田大学大学院アジア太平洋研究科にて博士号取得。アジア開発銀行研究所研究員、早稲田大学助手を経て、2012 年より現職。その間、日本国際問題研究所若手客員研究員などを兼任。主著に『農産物貿易交渉の政治経済学——貿易自由化をめぐる政策過程』（勁草書房、2021 年）など。

大﨑祐馬（おおさき　ゆうま）　同志社大学助教／日本国際フォーラム特任研究助手。
2023 年同志社大学大学院にて博士号取得、同年より現職。オーストラリア国立大学アジア太平洋学群クロフォード公共政策大学院豪日研究センター在籍、豪パース米国アジアセンターにてインド太平洋フェローなど。

伊藤さゆり（いとう　さゆり）　株式会社ニッセイ基礎研究所　経済研究部　常務理事。
1987 年早稲田大学政治経済学部卒。2005 年同大学大学院商学研究科修士課程修了。日本興業銀行（現みずほフィナンシャルグループ）を経て、2001 年ニッセイ基礎研究所入社。2023 年より現職。早稲田大学商学学術院非常勤講師（2015 年度〜）。経団連 21 世紀政策研究所研究委員（2017 年〜）など兼務。近著に『EU と新しい国際秩序』（日本評論社、共著）、『沈まぬユーロ』（文眞堂、共著）など。

伊藤和歌子（いとう　わかこ）　日本国際フォーラム研究主幹・上席研究員。
法政大学法学部卒業、2007 年同大学大学院にて博士号取得。2011 年日本国際フォーラムに入所し、主任研究員、研究センター長を経て 2021 年より現職。東京大学先端科学技術研究センター・シニアプログラム・コーディネーター、未来工学研究

所特別研究員を兼任。専門は中国の宇宙政策、科学技術政策、軍民融合政策。著書（分担執筆）に "The State-oriented Model of Internet Regulation: The Case of China," Tomoko Ishikawa and Yarik Kryvoi eds., *Public and Private Governance of Cybersecurity: Challenges and Potential* (Cambridge University Press, 2023) などがある。

岡部みどり（おかべ　みどり）　上智大学教授。
東京大学大学院総合文化研究科国際社会科学専攻博士課程修了。博士（学術）。専門は国際関係論、人の国際移動論、地域 (EU) 研究。国際連合大学「平和と統治プログラム」アカデミックプログラムアソシエイト、ケンブリッジ大学国際関係研究所客員研究員、上智大学法学部国際関係法学科准教授を経て、2014 年より現職。この間、オックスフォード大学移民研究所客員研究員、ジョンズホプキンス大学政治学部客員研究員などを歴任。主な編著に、『世界変動と脱 EU/ 超 EU: ポスト・コロナ、米中覇権競争下の国際関係』（日本経済評論社、2022 年)) など。

浦田秀次郎（うらた　しゅうじろう）　経済産業研究所理事長／早稲田大学名誉教授。
1978 年スタンフォード大学経済学部大学院にて博士号取得。ブルッキングズ研究所研究員、世界銀行エコノミスト、早稲田大学大学院アジア太平洋研究科教授などを経て、2023 年より現職。現在、東アジア・アセアン経済研究センターシニア・アドバイザー、日本経済研究センター特任研究員、ジェトロ・アジア経済研究所特任上席研究員などを兼務。主著に『国際経済学（第 2 版)』（日本経済出版社、2009 年）など。

インド太平洋地経学と米中覇権競争──国際政治における経済パワーの展開

2023 年 10 月 15 日発行　　　　　　　　　　　定価は、カバーに表示してあります。

編著者　寺　田　　貴

発行者　河　野　和　憲

発行所　株式会社　彩　流　社

〒 101-0051 東京都千代田区神田神保町 3-10　大行ビル 6 F
TEL 03-3234-5931 FAX 03-3234-5932
ウェブサイト　http://www.sairyusha.co.jp
E-mail　sairyusha@sairyusha.co.jp

印刷・製本　㈱丸井工文社
装丁　渡　辺　将　史

外交と戦略

978-4-7791-2929-2 C0031 (23·10)

村田晃嗣 編著

同志社大学名誉教授の故・麻田貞雄氏を偲び、その指導を受けた研究者による追悼論文集。それぞれ第一線で活躍する気鋭の研究者であり、分野は多岐にわたるものの、いずれも現下の国際情勢への示唆に富む力作。「麻田歴史学」継承の成果。　A5判上製　3,800円＋税

ウクライナ戦争と日本有事有事

978-4-7791-2925-4 C0031(23·09)

〝ビッグ3〟のパワーゲームの中で

河 信基 著

〝特異な戦争〟ウクライナをめぐる国際政治の動向、特にプーチン、バイデン、習近平、ゼレンスキー、そして岸田首相の動きを時系列的に詳述。見えてくるのは流動化する国際政治と国際秩序。日露の断裂、緊迫化する日中関係での日本の選択は？　四六判並製　2,500円＋税

移民・難民・マイノリティ

978-4-7791-2727-4 C0031(21·03)

欧州ポピュリズムの根源

羽場久美子 編

今世紀最大の社会対立を起こしている移民・難民問題の本質を問う！ なぜ移民・難民が出るのか。労働力不足に悩み移民を歓迎した先進国が今や移民・難民問題に揺れる。欧州各国で高まるポピュリズムと外国人嫌いの現状とその要因を考える。　四六判並製　3,600円＋税

戦争・革命・テロの連鎖

978-4-7791-2817-2 C0031 (22·03)

中東危機を読む

川上泰徳 著

10年ごとに繰り返される矛盾の正体と危機噴出の構図！ 2003年のイラク戦争や2011年の「アラブの春」、2014年の「イスラム国」(IS) の出現に遭遇したジャーナリストがこれまでの経験と蓄積された知識で読み解く錯綜する中東情勢への視座。四六判並製　2,200円＋税

日独伊三国同盟の虚構

978-4-7791-2825-7 C0022(22·07)

幻の軍事経済同盟

手塚和彰 著

三国同盟は、日独それぞれが短絡的な都合のもとに勝手な解釈を繰り返して成立した。陸軍や一部外交官が独走し、それに同調する無責任体制と意思疎通不足、情報不足と情勢解釈の誤りが虚構の同盟を結んだ。日本の進路を誤らせた同盟の虚構を暴く。　**A5判上製　3,600円＋税**

日本の〝中央ユーラシア〟政策

978-4-7791-2621-5 C0022 (19·10)

トゥーラン主義運動とイスラーム政策

シナン・レヴェント 著

日露戦争後の対外政策論は、南進論と北進論に整理されるが、東西に向かうベクトルがあった。アジア系民族出自のハンガリーで形成されたトゥーラン主義と提携し、日本の影響力をユーラシア大陸全体に広げようとした運動の全貌とイスラム政策を検証。A5判上製　3,200円＋税

日米の衝突

978-4-7791-2299-6 C0020 (17·04)

ペリーから真珠湾、そして戦後　W・ラフィーバー著, 土田宏 監／生田目学文 訳

日米関係は〝衝突〟と〝堪え忍ぶ〟ことだった！「同盟」と「共通の価値観」という言説で、現在は平穏に見えるが、大砲で開けられた扉は、文化や世界観、国家の戦略で大きな違いを育んだ。そして、忍耐と共通の利益が破綻するときは……。　A5判上製　5,500円＋税